Richard Saage

Faschismus

Richard Saage

Faschismus

Konzeptionen und
historische Kontexte.

Eine Einführung

VS VERLAG FÜR SOZIALWISSENSCHAFTEN

Bibliografische Information Der Deutschen Nationalbibliothek
Die Deutsche Nationalbibliothek verzeichnet diese Publikation in der
Deutschen Nationalbibliografie; detaillierte bibliografische Daten sind im Internet über
<http://dnb.d-nb.de> abrufbar.

1. Auflage März 2007

Alle Rechte vorbehalten
© VS Verlag für Sozialwissenschaften | GWV Fachverlage GmbH, Wiesbaden 2007

Lektorat: Frank Schindler

Der VS Verlag für Sozialwissenschaften ist ein Unternehmen von Springer Science+Business Media.
www.vs-verlag.de

Umschlaggestaltung: KünkelLopka Medienentwicklung, Heidelberg
Druck und buchbinderische Verarbeitung: Krips b.v., Meppel
Gedruckt auf säurefreiem und chlorfrei gebleichtem Papier

ISBN 978-3-531-15387-2

Inhalt

Abkürzungen

Abb.	Abbildung
Art.	Artikel
BDM	Bund deutscher Mädchen
Confindustria	Confederazione Generale dell'Industria Italiana
DDR	Deutsche Demokratische Republik
DAF	Deutsche Arbeitsfront
DDP	Deutsche Demokratische Partei
DNVP	Deutschnationale Volkspartei
DVP	Deutsche Volkspartei
EG	Europäische Gemeinschaft
EU	Europäische Union
Fasch. Gew.	Faschistische Gewerkschaften
FAZ	Frankfurter Allgemeine Zeitung
F.D.P.	Freie Deutsche Partei
FN	Fußnote
FU	Freie Universität
Gestapo	Geheime Staatspolizei
Gulag	Glawoje Uprawle Nije Lagerej
Hg.	Herausgeber
HZ	Historische Zeitschrift
JCH	Journal of Contemporary History
KdF	Kraft durch Freude
KP	Kommunistische Partei
KPD	Kommunistische Partei Deutschlands
KPdSU	Kommunistische Partei der Sowjetunion
KPO	Kommunistische Parteiopposition
Komintern	Kommunistische Internationale
KZ	Konzentrationslager
N. F.	Neue Folge
MdB	Mitglied des Bundestages
NPL	Neue Politische Literatur
NS	Nationalsozialismus
NSBO	Nationalsozialistische Betriebszellenorganisation
NSDAP	Nationalsozialistische Deutsche Arbeiterpartei
OT	Organisation Todt
PCI	Partito Communista Italiano
PNF	Partito Nazionale Fascista
PSI	Partito Socialista Italiano
PVS	Politische Vierteljahresschrift
RAD	Reichsarbeitsdienst
Rez.	Rezension

rd.	rund
SA	Sturmabteilung
SBZ	Sowjetische Besatzungszone
SDAPÖ	Sozialdemokratische Arbeiterpartei Österreichs
Sp.	Spalte
SPD	Sozialdemokratische Partei Deutschlands
SS	Schutzstaffeln
SU	Sowjetunion
USA	Vereinigte Staaten von Amerika
VjhZG	Vierteljahreshefte für Zeitgeschichte
WRV	Weimarer Reichsverfassung
zit. n.	zitiert nach
ZK	Zentralkomitee

Vorwort

Über sechzig Jahre nach dem Ende des Dritten Reiches lebt die Erinnerung an die dunkelste Epoche der deutschen Geschichte zwischen 1933 und 1945 weiter. Wenn ein renommierter Schriftsteller nach Jahren des Schweigens im hohen Alter zugibt, in seiner Jugend (gezogenes) Mitglied der Waffen-SS gewesen zu sein, löst dieses Bekenntnis Turbulenzen in der medialen Öffentlichkeit aus, als handele es sich um ein moralisches Delikt, das erst gestern geschehen ist.

Bei einem solchen virulenten Aktualitätsbezug verwundert es nicht, dass über das Dritte Reich eine Fülle von Publikationen erschienen sind, die ganze Bibliotheken füllen. Dieses Buch wurde auch deswegen geschrieben, um einen Leitfaden in der unübersichtlichen Forschungslandschaft aufzuzeigen – und sei es auch nur auf einer konzeptionellen Ebene. Aus Vorlesungen und Seminaren hervorgegangen, die der Verfasser von 1992 bis 2006 regelmäßig an der Martin-Luther-Universität Halle-Wittenberg durchführte, wendet es sich nicht nur an das engere Fachpublikum.

Um diesem Anspruch zu genügen und dem Leser die Auseinandersetzung mit den einzelnen Ansätzen zu erleichtern, hat der Verfasser – mit einer Ausnahme – versucht, sie in 17 Schaubildern idealtypisch vereinfacht grafisch darzustellen. Für mögliche Unzulänglichkeiten trägt er daher die alleinige Verantwortung. Herrn stud. phil. Moritz Schneider danke ich dafür, dass es ihm gelang, meine Entwürfe in eine reproduktionsfähige Form zu gießen. Für redaktionelle Hilfestellungen bin ich Dr. Andreas Heyer und stud. phil. Till Leibersperger verpflichtet. Vor allem aber gilt mein Dank meiner Frau Dr. Ingrid Thienel-Saage, die das ganze Projekt mit ihrem kritischen Interesse begleitete.

Im Übrigen wurde die Orthografie den konsensfähigen Kriterien der Rechtschreibreform angepasst. Dagegen hat der Verfasser die Zitate unverändert gelassen.

Halle im August 2006   Richard Saage

11

Erstes Kapitel
Einleitung

Als im Jahr 1976 mein Buch „Faschismustheorien"[1] veröffentlicht wurde, reagierte es auf eine ganz spezifische Forschungslage, die untrennbar mit dem damals in
der Bundesrepublik Deutschland vorherrschenden politischen Klima verbunden
war. Einer im Zeichen der sozial-liberalen Koalition stehenden Tendenz, unter
dem Einfluss der Studentenbewegung und ihrer emanzipatorischen Impulse
„mehr Demokratie" zu wagen und gleichzeitig die starre Ost-West-Konfrontation
zugunsten einer allmählichen Aufweichung des Eisernen Vorhanges, der
Deutschland in zwei Teile zerriss, zu lockern, stand eine neo-konservative Opposition gegenüber, die mit der Infragestellung des bisherigen sozio-kulturellen
Status quo den Einbruch eines neuen „Totalitarismus" befürchtete. Diese Polarisierung ging nicht spurlos an der Auseinandersetzung mit dem Dritten Reich
vorbei. Bis Ende der 60er Jahre im Schatten der identifizierenden Totalitarismustheorie einerseits und einer personalisierenden Deutung des Dritten Reiches als
eines von dämonischen Kräften verursachten „Betriebsunfalls" der Geschichte
andererseits stehend, die den an sich gesunden deutschen Staat in den abschüssigen Strudel des nationalsozialistischen Reichs der „niederen Dämonen" gerissen
habe, trat nun in Gestalt einer akademischen Marxismus-Rezeption eine Alternative gegenüber, die von vielen als Provokation empfunden wurde. Für kurze Zeit
wurden in der Faschismusforschung Fragen relevant, welche die damals herrschende Totalitarismustheorie bzw. personalisierende Deutung des Dritten Reiches relativierten: Welchen Anteil hatte die deutsche Großindustrie an der faschistischen Machtübergabe? In welchem Maße waren großindustrielle Gruppen
an der militärischen Expansion in Osteuropa beteiligt? Warum erwies sich der
Faschismus vor allem für den alten und neuen Mittelstand so attraktiv, dass er
jenem zu einer Massenbasis verhalf? Woran lag es, dass die am besten organisierte Arbeiterbewegung der Welt in Deutschland fast kampflos vor dem Faschismus
kapitulierte? War der Faschismus an der Macht wirklich identisch mit jenem
monolithischen Machtblock, als den die identifizierende Totalitarismustheorie
ihn ausgab?

---

[1] Vgl. Saage 1997.

Diesen Fragenkatalog könnte man beliebig fortführen. Auf einige von ihnen versuchte ich in meinem Band „Faschismustheorien" durch die Rezeption der einschlägigen Ansätze der Zwischenkriegszeit, aber auch der 40er Jahre sowie der Nachkriegszeit und neueren historiografischen Untersuchungsresultate eine Antwort zu geben. Heute hat sich, wie es scheint, die Situation grundlegend geändert. Die Rezeption von „Faschismustheorien", mit deren Hilfe man Klarheit zu erlangen suchte über die gesellschaftliche Basis, die Aufstiegsbedingungen, aber auch über die Funktion des Faschismus hat zur Zeit keine Konjunktur. Neue Fragen sind in der Faschismusforschung hegemonial geworden, die das Problem des Faschismus von der Strukturebene auf die Ebene der Opfer verlagerten: bis hin zu der deprimierenden Einsicht Primo Levis, dass sich die Geschichte der Konzentrationslager nicht auf die beiden Blöcke der „Opfer und Verfolger" herunterbrechen lässt. Insbesondere am Beispiel der Sonderkommandos kann Levi zeigen, dass es eine „blühende 'Grauzone von ‚protekcja' (Korruption) und Kollaboration der Opfer in den Lagern" gab, und zwar der Opfer in ihrer ganzen Bandbreite: von der ‚buntzusammengewürfelten Fauna' der mit niederen Funktionen betrauten Häftlinge, die sorgsam über die kleinen Vorteile wachten, die sie gegenüber den anderen Häftlingen genossen, über das Netz der tatsächlich privilegierten Kapos, denen es freistand, nach Lust und Laune ‚die gemeinsten Brutalitäten zu begehen', bis zu den Sonderkommandos, die das fürchterliche Schicksal hatten, ihr Leben im KZ dadurch verlängern zu können, dass sie die Gaskammern und Krematorien bedienten".[2] Sind angesichts dieses „dämonischsten Verbrechens des Nationalsozialismus" (Primo Levi), nämlich der Erfindung und Organisation von Sonderkommandos, Faschismuskonzeptionen obsolet? Für diejenigen, die in dem subjektiven Leid unzähliger Menschen, das der deutsche Faschismus zu verantworten hat, den Tatbestand sehen, der ausschließlich zählt, muss dies sicherlich der Fall sein. Wer aber die sozialen Mechanismen zu dechiffrieren sucht, welche jene menschenverachtende „Grauzone" erst ermöglichte, kommt um strukturelle, d.h. konzeptionelle Analysen des faschistischen Syndroms nicht herum.

Zugleich kann diese Option aber nur gelten, wenn sie sich um selbstreflexive Modifikationen bemüht. Daher ist im Titel dieses Buches bewusst von Faschismuskonzeptionen die Rede. Von Ernst Nolte in die wissenschaftliche Diskussion eingeführt, verwende ich freilich diesen Terminus anders als er. Nolte bezog ihn auf die politischen Lager der Zwischenkriegszeit, die als Sozialisten/Kommunisten, als Christen, Liberale, Konservative und Juden jeweils ein umfassendes Muster des Faschismus entwickelten: teils zur Behauptung ihrer

---

[2] Browning 1993, S. 244.

eigenen ideologischen Identität, teils um ihn effektiver bekämpfen zu können.[3]
Demgegenüber wird von mir der Begriff Konzeption im Sinne eines historischen
bzw. sozialwissenschaftlichen Paradigmas verstanden, das seinen Ursprung
durchaus in einem bestimmten politischen Lager der Zwischenkriegszeit haben
kann, aber auf es nicht festgelegt ist, wenn es sich in seinem Geltungsanspruch zu
einem wissenschaftlichen Muster verselbständigt hat. Dies vorausgesetzt, unterstellt der Terminus „Konzeption" drei Prämissen: In Übereinstimmung mit Nolte
geht er davon aus, dass der Faschismus als Gattungs- und Epochenbegriff ver-
wandt wird im klaren Bewusstsein der zum Teil gravierenden Differenzen zwischen den einzelnen Faschismen in ihren nationalen, kulturellen und sozialen
Kontexten.[4] Die These, der allgemeine Faschismusbegriff diene in Wirklichkeit
dazu, von der kommunistischen Diktatur abzulenken und den kommunistischen
Demokratieanspruch zu sanktionieren[5], übersieht, dass die faschistischen Bewegungen der Zwischenkriegszeit ein klares Bewusstsein ihrer Affinität hatten.[6]
Wie diese Darstellung darüber hinaus zeigen wird, kann der Faschismus gerade
auf der Basis eines Vergleichs zwischen seiner deutschen und italienischen Variante die gleiche historisch-analytische Relevanz für sich reklamieren wie das
Konzept des Feudalismus oder des Absolutismus. Über alle Unterschiede hin-
weg, berechtigen seine übergreifenden Elemente, ihn als ein relativ einheitliches
Phänomen zu begreifen: Als solches stand er auch den zeitgenössischen Beobachtern vor Augen, die in ihm entweder das Muster einer allgemeinen Krisenlösung
bürgerlich-kapitalistischer Länder in Europa oder als Ausfluss einer geistesgeschichtlichen Pathologie interpretierten.

Außerdem liegt dem Schlüsselbegriff dieser Darstellung die Annahme zugrunde, dass sich der Faschismus auf seiner Legitimations-, Struktur-, und Ak-
zeptanzebene durch spezifische Muster verdichtet hat, welche den Begriff einer
Konzeption rechtfertigen. Mit anderen Worten: Die Art, wie der Faschismus sich
rechtfertigte, welche spezifischen Strukturmerkmale er herausbildete, in welchem
Verhältnis er zu den alten Eliten der bürgerlich-feudalen Gesellschaft stand und
warum und in welchem Maß er von großen Teilen insbesondere der mittelständischen Bevölkerung akzeptiert worden ist, so wird unterstellt, sind zu relativ sta-
bilen Paradigmen geronnene Merkmale, die die Rede von einer Konzeption plausibel erscheinen lassen. So gesehen, ist der allgemeine Faschismusbegriff auch mit
dem Holocaust vereinbar: Wenn ihn der Nationalsozialismus als die radikalste
Form des Faschismus zu verantworten hat, dann ist dies nur ein Beweis dafür,

---

[3] Vgl. Nolte 1979, S. 42-47.
[4] A.a.O., S. 32f.
[5] Bracher 1980.
[6] Vgl. Nolte 1979, S. 32f.

dass er alle destruktiven Potentiale, die dem faschistischen Syndrom immanent sind, verwirklichte, während dies bei anderen Varianten so nicht der Fall war. Schließlich haben Konzeptionen eine normativ-legitimatorische, auf den politischen Gegner bezogene und eine empirisch-analytische Dimension, die wissenschaftlichen Ansprüchen genügen will. Der erste Aspekt spielt immer dann eine Rolle, wenn der historisch-gesellschaftliche Kontext ins Blickfeld gerät, innerhalb dessen eine Konzeption entstand und rezipiert wurde. Da theoretische Ansätze, sofern sie gesellschaftliche Relevanz beanspruchen, immer auch auf sozio-politische Strukturprobleme ihrer eigenen Herkunftsgesellschaft reagieren, darf sie der vorliegende Versuch nicht ausklammern. Freilich kommen sie erst dann ins Spiel, wenn sie zur Verdeutlichung der empirisch-analytischen Dimension der vorliegenden Konzeptionen beitragen. Die Grenzen und Möglichkeiten des empirisch-analytischen Potenzials der Faschismuskonzeptionen sollen vorwiegend daran gemessen werden, inwiefern sie zur Erhellung des uns vorliegenden historischen Materials und den auf diesem basierenden Forschungsresultaten beitragen. Betrieben wird also im Folgenden Paradigmenforschung und ihre ideengeschichtliche Vertiefung. Es ist also weder eine Ereignisgeschichte der Faschismen, deren Kenntnis vorausgesetzt wird, noch die Präsentation neuer Quellen intendiert.

Damit sind immer auch Grenzen und Möglichkeiten der Faschismuskonzeptionen, wie sie hier verstanden werden, im Umgang mit dem historischen Material aufgezeigt. Auch wenn sie das Wissen um den Faschismus in Italien und Deutschland nicht durch die Auswertung bisher unbekannter Dokumente erweitern wollen und können, so erhebt sie doch den Anspruch, divergierende Diskurse über Dimensionen des Faschismus zusammenzuführen. Diese Option ist im übrigen eine Konsequenz, die sich aus der gegenwärtigen Forschungslage selbst ergibt. So nehmen Historiker die Ergebnisse sozialwissenschaftlicher Untersuchungen nur im Ausnahmefall zur Kenntnis, wie umgekehrt die letzteren zeitgeschichtliche Untersuchungen über den Faschismus zu wenig beachten. Geistesgeschichtliche, auf das Dritte Reich und die Diktatur Mussolinis bezogene Zeitdiagnosen führen ebenso ein exklusives Eigendasein wie sozialpsychologische Ansätze, ohne zum Beispiel auf ökonomische Deutungen relativierend und korrigierend zurückzuwirken. Zwar mangelt es nicht an wissenschaftlichen Kontroversen über die Interpretationen des Faschismus. Doch charakteristisch ist, dass sie sich in der Regel im fachspezifischen Rahmen abspielen. Eine solche fachwissenschaftliche Parzellierung des faschistischen Syndroms, die notwendig zu seiner Verharmlosung führt, rückgängig zu machen, ist ein zentrales Anliegen der Fokussierung dieses Buches auf konzeptionelle Muster. Könnten mit ihrer Hilfe unsere Einsichten in die Struktur des Faschismus nicht allein schon dadurch vertieft werden, dass der Forscher die Ergebnisse anderer Disziplinen zur Kenntnis nimmt und sie aus seiner Perspektive zu neuen Fragestellungen bündelt?

Der Terminus „Konzeption" wurde aus zwei Gründen gewählt. Zum einen hat sicherlich die kurzzeitige Hegemonie der „Faschismustheorien" über die Totalitarismustheorie in den 70er Jahren zu einer einseitigen Betonung ökonomischer und sozialer Faktoren geführt. Auch hat sie sicherlich nicht der Vernichtung der europäischen Juden den ihnen gebührenden Stellenwert innerhalb des faschistischen Syndroms beigemessen. Vor allem ist in normativ legitimatorischer Hinsicht der Begriff „Faschismustheorien" in den 70er und 80er Jahren des vergangenen Jahrhunderts als Gegenbegriff zum „Totalitarismus" durch den, wie diese Darstellung zeigen wird, unberechtigten Vorwurf polemisch aufgeladen worden, dass er Gefangener der sowjet-marxistischen Orthodoxie bleibe: „Da nach orthodox-marxistischer Lehre nur der Kapitalismus den Faschismus hervorbringen kann, wird der Kommunismus als Gefahrenpotential ausgeblendet oder – wie insbesondere unter trotzkistischen Vorzeichen üblich – bürokratietheoretisch verharmlost".[7] Polemisch bis auf den heutigen Tag dermaßen stigmatisiert, erscheint der Terminus „Faschismustheorien" gegenwärtig für eine analytische Leitkategorie in der Forschung wenig tauglich, und zwar auch dann, wenn das „Feindbild der Sowjetunion", auf das die Kontroverse bezogen war, unterdessen der Geschichte angehört. Es kommt aber noch ein empirisch-analytischer Grund hinzu, der die Sache selbst angeht. Der Begriff „Konzeption" entspricht aufgrund seiner mehr pragmatischen und multidimensionalen Ausrichtung den Erkenntnisinteressen des vorliegenden Versuchs besser als der auf die ökonomischen und sozialen Aspekte des Faschismus zentrierte Terminus „Theorie". Konzeptionen sollen nämlich Faschismustheorien mit ihrer marxistischen Stoßrichtung ebenso umfassen wie solche Ansätze, die sich vorwiegend auf zentrale Teilaspekte, zum Beispiel die Struktur faschistischer Herrschaftssysteme, ihr Verhältnis zur Modernisierung etc., beziehen.

Das eine Extrem innerhalb der heuristischen Skala der Konzeptionen bezeichnet Ansätze mit einem gesamtgesellschaftlichen Erklärungsanspruch. Tatsächlich zielen diese darauf ab, den Rechtsextremismus der Zwischenkriegszeit nicht als isoliertes oder nationales Phänomen zu untersuchen. Vielmehr deuten sie ihn entweder im Kontext einer gesamtgesellschaftlich polit-ökonomischen Analyse oder eines langfristigen sozialgeschichtlichen Umbruchs. Als Ansätze „mittlerer Reichweite" sind sie unverzichtbar für die analytische Hypothesenbildung hinsichtlich der gesellschaftlichen Voraussetzungen, der sozialen Basis, der Funktion und der Zielsetzungen der einzelnen Faschismen. Im mittleren Bereich

---

[7] Kraushaar 1996, S. 464.

der genannten Skala der Faschismuskonzeptionen sind Interpretationsmuster angesiedelt, welche sich mit wichtigen Teilaspekten, z.B. der Struktur faschistischer Herrschaftssysteme, beschäftigen. Sie verweisen zwar auf bestimmte faschismustheoretische Ansätze, blenden aber gesamtgesellschaftliche Zusammenhänge aus ihrem analytischen Fokus eher aus, um so schärfer die konkreten Strukturen und Mittel faschistischer Repression analysieren zu können. Im unteren Bereich der Skala möglicher Faschismuskonzeptionen sind solche Ansätze zu finden, welche die Ursachen des Faschismus in gravierenden geistesgeschichtlichen Umbrüchen und diese vor allem in einer Krise des öffentlichen Bewusstseins suchen. Diese Analysen dürfen deswegen nicht vernachlässigt werden, weil jener umfassende Ausnahmezustand bürgerlich-kapitalistischer Gesellschaften, welcher den Faschismus ermöglichte, nicht nur sozio-ökonomischer und politischer Natur ist, sondern auch eine geistig-psychologische Dimension hat.

Alle diese Ansätze überlappen sich, sind aber analytisch voneinander zu trennen. In der vorliegenden Darstellung wird es darauf ankommen, 1. ihre historische Genesis zu rekonstruieren, 2. ihre Strukturmerkmale in Konfrontation mit realhistorischen Fakten der einzelnen Faschismen herauszuarbeiten und sie schließlich 3. unter dem Gesichtspunkt ihrer analytischen Potenziale und Grenzen zu analysieren. Eine zweite Besonderheit dieser Darstellung besteht darin, Faschismuskonzeptionen im hier gemeinten Sinn nicht, wie oft geschehen, ausschließlich im Kontext ihrer radikalsten Variante, nämlich des Nationalsozialismus, darzustellen. Die Grenzen eines solchen Versuches wurden oft aufgezeigt: Sie unterstellen einen allgemeinen Faschismusbegriff, ohne zu diskutieren, wie er empirisch zu rechtfertigen ist angesichts der gravierenden historischen, politischen und ideologischen Differenzen z. B. zwischen dem Nationalsozialismus, dem italienischen Faschismus und der rechtslastigen Diktatur General Francos in Spanien. Ein Vergleich der schulemachenden Konzeptionen unter Berücksichtigung der neuesten Forschungsergebnisse über die wichtigsten Faschismen in der Zwischenkriegszeit sowohl in ihrer Entstehungs- bzw. Bewegungs- als auch in ihrer Regimephase existiert bisher nicht. Diese Lücke kann in der vorliegenden Darstellung nicht geschlossen werden. Doch entnimmt sie das empirisch-historische Material zur kritischen Überprüfung der hier rekonstruierten Faschismuskonzeptionen dem italienischen und deutschen Beispiel. Dass dabei neben den Übereinstimmungen auch die Differenzen in deren Bewegungs- und Regimephasen im Auge zu behalten sind, versteht sich von selbst.

Die entscheidende Trennlinie zwischen dem deutschen und dem italienischen Faschismus ist der von den Nazis begangene Genozid an den Juden: Dieser im Dritten Reich möglich gewordene Tatbestand ist so ungeheuerlich, dass ein Blick in amerikanische Universitätsbuchhandlungen den Eindruck vermittelt, als reduziere sich die gesamte deutsche Geschichte auf diesen mit industriellen Mitteln begangenen Völkermord. In der Tat muss sich der Erklärungswert von Faschismuskonzeptionen heute an den von Primo Levi geschilderten Tötungsmechanismen in Auschwitz messen lassen. Alle Versuche, eine „Normalität" insbesondere des Dritten Reiches nachweisen zu wollen, stehen unter diesem Vorbehalt. Wie jeder methodologische Zugriff, so haben auch Faschismuskonzeptionen zu klären, was sie analysieren können und was nicht. Sicherlich sind sie wenig geeignet zur Rekonstruktion des subjektiven Leidens, der Demütigung, ja, der Entmenschlichung unzähliger Individuen in den Vernichtungs- und Konzentrationslagern. Um einen Vorschein des Grauens und der Unmenschlichkeit auf der Ebene des subjektiven Betroffenseins auch nur ahnen zu können, sei auf die Lektüre von Primo Levis „Die Untergegangenen und die Geretteten"[8] verwiesen. Und selbst Daniel Goldhagens „Hitlers willige Vollstrecker"[9] ist ein historiografisches Werk, das trotz seiner methodologischen Defizite das massenhafte Morden und seine subjektiven Voraussetzungen als das Werk und die es ermöglichende Motivation „gewöhnlicher Deutscher" erscheinen lässt.

Trotzdem stehen „Faschismuskonzeptionen" diesem „Zivilisationsbruch" (D. Diner) nicht hilflos gegenüber. Im Gegenteil: Sie sind unverzichtbar, wenn es um die Analyse der gesellschaftlichen, politischen und ideologischen Rahmenbedingungen geht, die den abschüssigen Weg nach Auschwitz überhaupt erst ermöglichten. Gerade in dem Aufweis, dass der deutsche Faschismus z. B. die von dem bonapartismustheoretischen Modell beschriebene „Normalität des starken Staates" gesprengt hat, kann zumindest die sozio-politischen Voraussetzungen verdeutlichen, welche den Weg zu dieser Katastrophe im Dritten Reich ebneten, während sie in Italien so nicht stattfand: Was beide Varianten trennt, ist die systematische Zerstörung aller rechtsstaatlichen Strukturen in Deutschland, welche, unterstützt durch die selbstinduzierte Radikalisierung permanenter „Feindbekämpfung"[10], erst jene Handlungsräume gegenüber dem „Ordnungsdenken" der traditionellen Eliten schuf, die das bis zu diesem Zeitpunkt Undenkbare möglich machten. Dem Verfasser war von Anfang an klar, dass man der Ungeheuerlichkeit der im Dritten Reich verübten Verbrechen nicht mit der Haltung einer naiven Neutralität bzw. Objektivität – gleichsam standpunktlos – gerecht werden kann. Sein erkenntnisleitendes Interesse ist den regulativen Prinzipien einer selbstreflexiven Aufklärung verpflichtet, die bewusst auf den trügerischen Anspruch einer geschichtsphilosophischen Konzeption verzichtet, welche a priori zu wissen vorgibt, was „richtig" und was „falsch" ist.

---

[8] Levi 1990.
[9] Vgl. Goldhagen 1996.
[10] Vgl. Broszat 1970, S. 384-409 sowie Broszat 1983, S. 52-76.

Dennoch vertritt der Verfasser nicht die Position eines prinzipienlosen Relativismus. Die Menschheit hat im Zuge ihrer Evolution eine Stufe der moralischen Reflexion erreicht, auf der sie sehr wohl die selbstdestruktiven Kräfte zu erkennen vermag, die sie existentiell bedrohen: eine Aussage, die am Vorabend und während des Dritten Reiches ebenso gültig ist wie heute. Sie im historischen Kontext zu verdeutlichen, um einer Wiederholung rechtzeitig den Boden zu entziehen, ist eine wesentliche Intention dieses Buchs. Dass Faschismuskonzeptionen in diesem Zusammenhang um eine Historisierung ihres Gegenstandes freilich nicht herumkommen, darf nicht verschwiegen werden. Aus diesem Grund verdienen der Aufsatz Broszats „Plädoyer für eine Historisierung des Nationalsozialismus"[11] und die Antworten von Kulka[12], Diner[13] und Friedländer[14] besondere Aufmerksamkeit. Doch die Kritik der letzteren verliert viel von ihrer Brisanz, wenn, wie in dieser Darstellung intendiert, die Historisierung des Nationalsozialismus nicht im Gegensatz zum moralischen Bewusstsein als unverzichtbarem Reflexionsmedium der faschistischen Erfahrung steht. Nur unter der Bedingung, dass man die Mechanismen des faschistischen Terrors auch in seiner extremsten Gestalt rücksichtslos der empiriegesättigten Analyse unterwirft, kann man dem moralischen Postulat Rechnung tragen, seine Wiederkehr mit allen Mitteln zu verhindern.

Klar ist auch, dass eine Darstellung der wichtigsten Faschismuskonzeptionen nicht von einer *tabula rasa* ausgehen kann. Einen wichtigen Vorläufer hat der vorliegende Versuch in meinem Buch „Faschismustheorien". Doch abgesehen von den zahlreichen neu erschlossenen Quellen, haben sich, wie schon angedeutet, die Fragestellungen, aber auch die Erkenntnisinteressen der Faschismusforschung in den letzten 30 Jahren so gravierend geändert, dass eine neue Darstellung notwendig wurde. Zwar erhielt ich beim Schreiben dieses Buches von vielen einschlägigen Untersuchungen und Darstellungen wertvolle Anregungen.[15] Doch möchte ich eine Arbeit besonders hervorheben. Ian Kershaws „Der NS-Staat"[16], in dritter Auflage erschienen, war für mich ein wichtiger Garant dafür, dass ich mich in meinen Überlegungen im Großen und Ganzen auf gleicher Augenhöhe

---

[11] Vgl. Broszat 1987a, S. 159-173.
[12] Vgl. Kulka 1988, S. 151-186.
[13] Vgl. Diner 1993, S. 62-73.
[14] Vgl. Friedländer 1993, S. 34-50.
[15] Vgl. Agnoli o.J.; Fetscher 1962, S. 42-62; Haug u.a. 1965, S. 1-35; Haug 1967; Schieder 1968, Sp. 438-478; Abendroth 1970, S. 251-257; Mansilla 1971; Alff 1971; Clemenz 1972; Kuhn 1973, Kühnl 1972; Kühnl 1974; Grebing 1974; Wippermann 1976; Kitchen 1976; Thamer/Wippermann 1977; Hennig 1977; Felice 1977; Winkler 1978; Kühnl 1979; Falter 1979, S. 3-21; Payne 1980; Larson u.a. 1980; Bracher 1980; Kocka 1980, S. 3-15; Martin 1981, S. 48-73; Schieder 1983, S. 438-478; Beetham 1983; Wippermann 1983; Wippermann 1983a; Winkler 1983, S. 3-15; Wehler 1983, S. 43-54; Schmidt 1985, S. 41-53. Nolte 1984; Mühlberger 1987; Griffin 1991; Reichardt/Nolzen 1995; Payne 1995; Breuer 2005; Paxton 2006.
[16] Vgl. Kershaw 2002.

mit dem Forschungsstand und den konzeptionellen Debatten der Historiker befinde. Dass sich aber gleichwohl meine Darstellung gravierend von Kershaws Buch unterscheidet, muss nicht eigens betont werden. Die wichtigste Differenz besteht darin, dass ich mich nicht so sehr auf historiografische Tendenzen und deren Bewertung konzentriere. Mir geht es vielmehr um eine Rekonstruktion der Genesis und Geltung von Paradigmen der Faschismusforschung als Gegenstand der politischen Ideengeschichte. Auch ist im Blick auf den italienischen Faschismus die vergleichende Perspektive, in der das spezifische Profil des Dritten Reiches erst deutlich wird, viel stärker ausgeprägt als in Kershaws wichtigem Buch.

Wenn wir die Faschismusdiskussion von den 20er Jahren des vergangenen Jahrhunderts bis zur Gegenwart Revue passieren lassen, kristallisieren sich im Ganzen die folgenden Schwerpunkte heraus, denen sich die hier vorliegende Darstellung konfrontiert sieht: Zunächst sind die sowjetmarxistischen Ansätze (Kapitel II) zu nennen. Im Mittelpunkt dieses Kapitels steht vor allem die Frage, wie es zur Formulierung der „Sozialfaschismusthese" der Komintern kam, die darauf hinauslief, den „Hauptfeind" des Weltkommunismus in der Sozialdemokratie zu sehen. Zugleich ist die Frage zu beantworten, welche marxistischen Quellen für diese Sicht der Dinge sprechen könnten, wie sich dieser Ansatz auf den Widerstand gegen den Faschismus ausgewirkt hat und warum er insbesondere bei deutschen Kommunisten auf erhebliche Resonanz stieß. Ferner ist zu klären, wie und warum die Sozialfaschismusthese zur Dimitroff-Formel auf dem VII. Weltkongress der Komintern mutierte und welche Auswirkung sie auf die Historiografie über den Faschismus in der DDR hatte. Zugleich mit dem sowjetmarxistischen Ansatz entstand das bonapartismustheoretische Muster (Kapitel III) einer Faschismuskonzeption. Nach einem Versuch der Klärung der politischen Verankerung dieses Ansatzes im sozialdemokratischen und Teilen des oppositionellen kommunistischen Lagers gilt es, zunächst den Bonapartismus bei Marx als analytisches Muster der 48er Revolution in Frankreich darzustellen. Anschließend kommt es darauf an, dessen Übertragung auf den Faschismus bei Thalheimer, Trotzki und Poulantzas einerseits sowie bei Otto Bauer und Ernst Fraenkel andererseits zu diskutieren. Schließlich ist die ambivalente Reichweite des bonapartismustheoretischen Musters zu vermessen. Der konflikttheoretische Ansatz als „Strukturalismus" (Kapitel IV) hat zweifellos gemeinsame Schnittmengen mit dem bonapartismustheoretischen Muster. Nach einer kurzen ideengeschichtlichen Vertiefung dieses Paradigmas sind zunächst dessen frühe Anwendung auf das Dritte Reich bei Otto Kirchheimer und Franz L. Neumann zu diskutieren. Es folgt die Rekonstruktion der Modernisierung dieses Musters bei Martin Broszat und Hans Mommsen, um am Ende dessen analytische Reichweite und Grenzen zu erörtern.

Der analytische Fokus bei der Darstellung des totalitarismustheoretischen Ansatzes (Kapitel V) konzentriert sich zunächst auf die „Erfindung" des modernen Totalitarismus in der Auseinandersetzung mit dem Faschismus in Italien. Anschließend gilt es, die klassischen Ansätze bei Hannah Arendt, Carl Joachim Friedrich und Zbigniew Brzezinski herauszuarbeiten. Es folgt eine Auseinandersetzung mit der historischen Empirisierung der totalitarismustheoretischen Interpretation des Nationalsozialismus bei K.D. Bracher und K. Hildebrand. Thematisiert wird sodann der Streit zwischen „Intentionalisten" (Bracher, Hildebrand, Funke) und den „Strukturalisten" (Broszat, Mommsen), um schließlich die Möglichkeiten und Grenzen der differenzierenden Totalitarismustheorie zu erörtern. Es schließt sich der Faschismus als Gegenstand der Modernisierungstheorie (Kapitel VI) an. Zunächst sind frühe Versuche der Übertragung der Modernisierungstheorie auf die Entstehung des Faschismus (Parsons und Lukács) und dessen Funktion als Modernisierungsinstanz (Borkenau) vorzustellen. In der Perspektive dieses Ansatzes geht die Untersuchung ein auf die Interpretation des Faschismus als „soziale Revolution" (Dahrendorf, Schoenbaum, Turner und Zitelmann). Abschließend gilt es, die Restriktionen und Potentiale eines solchen Ansatzes auszuloten. Geistesgeschichtliche Faschismusdiagnosen (Kapitel VII) stehen anschließend zur Diskussion. Am Beispiel der Auseinandersetzung von Friedrich Meinecke und Gerhard Ritter mit dem Dritten Reich, die beide keine Nationalsozialisten waren, sind zwei geistesgeschichtliche Interpretationen vorzustellen, welche im deutschen Idealismus und in der nationalpolitischen Tradition der deutschen Historiografie verankert sind. Ihnen soll der auf die Traditionen der Aufklärung verweisende Ansatz Helmuth Plessners und Ernst Noltes phänomenologische Deutung der geistesgeschichtlichen Grundlagen des Faschismus konfrontiert werden, um deren analytische Grenzen und Möglichkeiten bestimmen zu können. Kapitel VIII ist schulemachenden sozialpsychologischen Faschismuskonzeptionen gewidmet, wie sie von Wilhelm Reich, Erich Fromm, Franz Neumann sowie von Klaus Theweleit entwickelt worden sind: Sie erzwingen ihre Präsenz in diesem Buch, weil sonst undiskutiert bliebe, wie Millionen von Menschen durch ihre Option für den Faschismus massiv gegen ihre eigenen materiellen und vitalen Interessen der Selbsterhaltung handeln konnten. Im Epilog (Kapitel IX) wird Bilanz gezogen. Das Erkenntnisinteresse konzentriert sich auf die Frage, welche Alternativen zum Faschismus die diskutierten Konzeptionen bewusst oder unbewusst vertreten.

Die vorliegende Darstellung hat zu keinem Zeitpunkt Vollständigkeit der theorierelevanten Faschismuskonzeptionen angestrebt. Erkenntnisleitend für war den Verfasser stets das Exemplarische bzw. Paradigmatische in der Auseinandersetzung mit dem Faschismus. Daher stehen im Zentrum dieses Buches ausschließlich Positionen, die nachweisbar eine gewisse hegemoniale Bedeutung in ihrem zeitgeschichtlichen Kontext hatten. Zwar verweisen sie auf strukturelle sozio-politische Konstellationen, die entweder dem Faschismus vorauszusetzen sind oder von ihm maßgeblich beeinflusst wurden. Doch ihre Rekonstruktion verdankt sich auch der analytischen Kraft jener Autoren, die sich als „Faschismustheoretiker" einen Namen gemacht haben. Um dieser subjektiven Dimension wenigstens annähernd Rechnung zu tragen, sind die Kurzbiografien ihrer wichtigsten Vertreter im Anmerkungsteil aufgeführt worden. Selbstverständlich hat die Reihung der verschiedenen konzeptionellen Schwerpunkte mit dem Zeitpunkt ihrer historischen Entstehung zu tun. Allen hier diskutierten Konzeptionen ist die mehr oder weniger ausgeprägte kritische Distanz zum Phänomen des Faschismus gemeinsam: Faschismuskonzeptionen im hier gemeinten Sinne würden ihre Identität verlieren und zu bloßen Ideologien herabsinken, wenn es ihr Ziel wäre, im Faschismus ein affirmatives Phänomen zu sehen. Andererseits besteht sicherlich eine Korrelation zwischen dem Grad der Radikalität, mit welcher der Faschismus abgelehnt wurde, und dem Ausmaß der existentiellen Bedrohung, der die Kritiker des Faschismus durch dessen Vernichtungswillen ausgesetzt waren.

Die kritische Auseinandersetzung mit dem Faschismus begann in der kommunistischen und sozialdemokratischen Arbeiterbewegung nicht zufällig am frühesten: Da sie für den Faschismus in der Prioritätenliste seiner „inneren Feinde" ganz oben standen, wurde für sie die Auseinandersetzung mit ihm zu einer Existenzfrage. Daher wenden wir uns zunächst in den beiden folgenden Kapiteln kommunistischen und sozialdemokratischen Faschismuskonzeptionen zu.

Zweites Kapitel
Sowjetmarxistische Interpretationen des Faschismus

§ 1 Die Sozialfaschismusthese und ihr zeitgenössischer Hintergrund (Komintern, Sinowjew)

„Die Geschichte der faschistischen Theorie selbst ist im wesentlichen eine Geschichte der Theorien *über* den Faschismus. Der Faschismus begriff sich erst im Spiegel seiner Gegner", schreibt der Historiker Wolfgang Schieder. „Vor allen anderen haben die kommunistischen Gegner des Faschismus dessen allgemeinen, nicht an sein Ursprungsland Italien gebundenen Charakter erkannt. Die kommunistische Interpretation hat das historische Verdienst, damit den Grund für die gesamte spätere Theorie gelegt zu haben. Ihre Schwäche lag jedoch – von Anfang an – in ihrer mangelnden Differenziertheit".[17] Allerdings muss diese ambivalente Evaluation eingeschränkt werden auf die Zeit unmittelbar nach dem Zustandekommen einer faschistischen Regierung in Italien 1922 und dem Scheitern der kommunistischen Aufstandsversuche in Deutschland ein Jahr später. Beide Ereignisse standen quer zu der von der Komintern noch immer vertretenen Revolutionstheorie. Zwei Möglichkeiten boten sich an, sie in dieses noch immer geltende Dogma einzuordnen. Die eine Variante wurde von Kommunisten wie Clara Zetkin und Karl Radek vertreten. Wie Schieder zeigen kann, erkannten beide im Faschismus *die* tödliche Bedrohung des Marxismus schlechthin. Außerdem bemühten sie sich um deren soziologische Analyse, die Radek 1923 auf die Formel brachte: „‚Der Faschismus ist der Sozialismus kleinbürgerlicher Massen'. Ihm war auch klar, daß es eine ‚lange Herrschaft des Fascismus' geben werde, wenn es nicht gelänge, eine neue Revolutionstheorie zu entwickeln, durch welche die proletarischen und kleinbürgerlichern Massen gegen den Faschismus mobilisiert würden".[18]

Für die andere Variante, die sich aufgrund der inneren Machtverhältnisse in Sowjetrussland durchsetzte, standen der Vorsitzende der Komintern Sinowjew und seine Anhänger. Er analogisierte ursprünglich den Faschismus mit bekann-

---

[17] Schieder 1968, Sp. 454.
[18] Ebd.

ten Erscheinungen der russischen Revolutionsgeschichte wie die reaktionäre Bewegung der russischen Schwarzhundertschaft während der Herrschaft Nikolaus II. Diese Zurückführung des Faschismus auf ältere konterrevolutionäre Kräfte begünstige zwar einen Allgemeinbegriff des Faschismus. Aber sie verbaute zugleich die Einsicht in den Charakter des Faschismus als einer zumindest teilautonomen Größe zwischen Kapital und Arbeit und verhinderte zugleich eine kritische Bestandsaufnahme des Weltkommunismus selbst.[19] Vor allem aber führte diese instrumentalisierende Sicht zu einer solchen Ausweitung des Faschismusbegriffs, dass sich am Ende, wie noch gezeigt wird, das antifaschistische Lager auf den Kommunismus selbst reduzierte. Ausdruck dieser Tendenz war die so genannte Sozialfaschismusthese, die in ihrer Bedeutung für den Weltkommunismus nicht unterschätzt werden darf und auch von differenzierenden Kommunisten wie Zetkin und Radek mitgetragen wurde. Abgesehen von Unterbrechungen zwischen 1924 und 1928 war sie bis zum VII. Weltkongress der Komintern 1935 verbindlich, wo sie von der so genannten Dimitroff-Formel abgelöst wurde.[20] Ihre Ursprünge gehen freilich bereits auf die Epoche unmittelbar vor Mussolinis „Marsch auf Rom" zurück, der die Entstehungsphase der faschistischen Diktatur in Italien einleitete.

Wie der Faschismusforscher Wolfgang Wippermann zeigen kann, wurden die italienischen Sozialisten auf dem III. Kongress der Kommunistischen Internationale vom 22. Juni bis 12. Juli 1921 kritisiert, sie hätten „nicht genügend Widerstand" geleistet. Die bekannte Kommunistin Clara Zetkin warf den italienischen Sozialisten ihre Unfähigkeit vor, den Faschismus mit gewaltsamen Mitteln zu zerschlagen. „In einem Aufruf der Exekutive der Komintern vom 25. Juli 1922 wurde ebenfalls die ‚Zaghaftigkeit' und ‚Furcht der sozialistischen Führer vor der Revolution' für den Sieg des Faschismus verantwortlich gemacht. Während der italienische Kommunist Edmondo Peluso in diesem Zusammenhang auf das ‚verräterische Verhalten der zentristischen Führerschaft' hinwies, meinte sein deutscher Genosse Paul Böttcher, daß sich die Sozialdemokraten den ‚faszistischen Bedingungen widerstandslos' unterworfen hätten, ja daß ‚ein Teil der Gewerkschaften (...) offen faszistenfreundlich' sei. „Die Schuld für die jetzige furchtbare Lage der italienischen Arbeiterklasse' trage in ‚vollem Umfange die Sozialdemokratie'".[21] Bereits in diesem Stadium der Entstehung der kommunistischen Sozialfaschismusthese, so kann Wippermann zeigen, wird der Faschismus tendenziell nicht nur auf die Sozialdemokratie ausgeweitet, sondern auch als In-

---

[19] Vgl. a.a.O., S. 455.
[20] Vgl. u.a. Bahne 1960, S. 168-178; Bahne 1965, S. 211-244; Lange 1969; Eichwede 1971; Weingartner 1970; Poulantzas 1973; Schäfer 1973; Wippermann 1981, S. 59-111; Ulpins 1983.
[21] Wippermann 1981, S. 59.

strument der Bourgeoisie gedeutet, das, von den italienischen Großbanken und Großagrariern finanziert, der gewaltsamen Niederschlagung der organisierten Arbeiterbewegung gedient habe. Gleichzeitig sei ein inflationärer Gebrauch des Faschismusbegriffs zu beobachten. „Während hier der italienische Faschismus mit ausländischen Erscheinungen wie den Weißen Garden in Russland, Ungarn etc. oder den deutschen Freicorps verglichen und gleichgesetzt wurde, ist nach dem ‚Marsch auf Rom' der umgekehrte Vorgang zu beobachten, nämlich die Übertragung und damit die Generalisierung des Faschismusbegriffs auf Bewegungen und Regime außerhalb Italiens".[22]

In keiner Sektion der Komintern war allerdings die Sozialfaschismusthese (Abb.1) so verankert wie in der Kommunistischen Partei Deutschlands und ihrem Anhang. Dieser Tatbestand ist dem Umstand geschuldet, dass es „nie in der neueren deutschen Geschichte einen Zeitabschnitt gegeben (hat), der für eine sozialistische Revolution so günstig gewesen wäre wie der Sommer 1923. Im Wirbel der Geldentwertung hatten sich alle hergebrachten Begriffe von Ordnung, Eigentum und Gesetzlichkeit aufgelöst. Dabei konnte niemand die Verantwortung für die schauerlichen Verhältnisse, die sich seit der Ruhrbesetzung entwickelt hatten, den Sozialisten oder Republikanern aufbürden. Die Regierung Cuno war aus den sogenannten nationalen Kreisen hervorgegangen. Sie war sozialistenrein".[23] Die Konsequenzen ließen nicht auf sich warten: Sowohl für die Arbeiterschaft als auch für den von der Inflation ausgeraubten Mittelstand waren die Verhältnisse zunehmend untragbar. Eine „revolutionäre Gärung" machte sich in Deutschland schichtenübgreifend breit; sie drängte auf „eine Abrechnung mit dem kapitalistischen Schiebertum".[24] Gleichzeitig gab es im Lager der Arbeiterparteien eine Verschiebung der Kräfteverhältnisse zwischen der SPD und der KPD zugunsten der letzteren. „Die SPD mußte 1923 für die Fehler einer Politik büßen, an der sie völlig unschuldig war, nur weil ihre legale Taktik eine Bejahung der Gesetze und damit des bestehenden Staates zu enthalten schien. Die KPD hatte zwar auch keine revolutionäre Politik, aber kritisierte wenigstens laut und heftig die Regierung Cuno und verwies auf das russische Vorbild. (...) Ohne Zweifel hatte im Sommer 1923 die KPD die Majorität des deutschen Proletariats hinter sich".[25] Obwohl die revolutionäre Stimmung auch nach der Währungskonsolidierung anhielt, konnte die KPD sie nicht nutzen. Nach der erfolgreichen Reichsexekution gegen die kommunistisch-sozialdemokratischen Koalitionsregierungen in Sach-

---

[22] A.a.O., S. 60.
[23] Rosenberg 1974, S. 135.
[24] Ebd.
[25] A.a.O., S. 136.

sen und Thüringen war klar, dass die Kräfte der Gegenrevolution gegen Ende des Jahres 1923 das Ruder wieder fest in der Hand hielten.

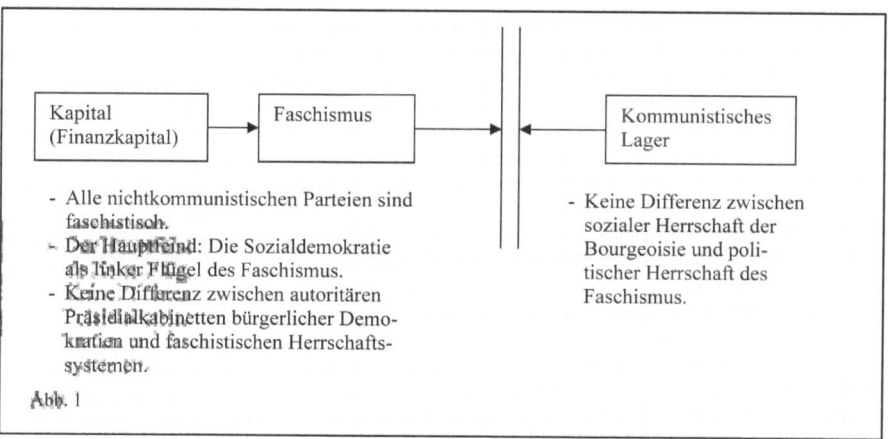

| Kapital (Finanzkapital) | → | Faschismus | → | ← | Kommunistisches Lager |

- Alle nichtkommunistischen Parteien sind faschistisch.
- Der Hauptfeind: Die Sozialdemokratie als linker Flügel des Faschismus.
- Keine Differenz zwischen autoritären Präsidialkabinetten bürgerlicher Demokratie und faschistischen Herrschaftssystemen.

- Keine Differenz zwischen sozialer Herrschaft der Bourgeoisie und politischer Herrschaft des Faschismus.

Abb. 1

Da die SPD aus kommunistischer Sicht nicht nur keinen Weg zeigte, wie man aus den bestehenden Zuständen der Weimarer Republik herauskommen konnte, sondern der sozialdemokratische Reichspräsident Ebert durch die erwähnte Reichsexekution gemäß Art. 48 WRV aktiv an ihrer Konsolidierung teilnahm, übertrug sich die Erbitterung großer Teile der Arbeiterschaft auf die Sozialdemokraten und schuf damit den Resonanzboden für die Sozialfaschismusthese. Tatsächlich kollidierte die Niederlage der KPD im Oktober 1923, für die eine Erklärung gefunden werden musste, mit dem immer noch revolutionären Selbstverständnis der Komintern. Auf ihrem IV. Weltkongress in Petrograd-Moskau stellte Karl Radek fest, er sehe im Sieg des Faschismus in Italien „die größte Niederlage, die der Sozialismus und der Kommunismus seit Beginn der Periode der Weltrevolution erlitten habe".[26] Wer war verantwortlich für diese aus der Sicht der Komintern katastrophalen Fehlentwicklungen in Deutschland und Italien? Insbesondere der Vorsitzende des Exekutivkomitees der Komintern Sinowjew[27] wies

[26] Protokoll des IV. Weltkongresses der Kommunistischen Internationale (Reprint), Bd. I., Erlangen 1972, S. 310.
[27] Grigorij Jewsejewitsch Sinowjew wurde am 11. 9. 1883 in Jelisawtgrad geboren und am 25.8.1936 hingerichtet. 1903 schloss er sich den Bolschewiki an. Nach der Oktoberrevolution war er von 1919 bis 1926 Mitglied des Politbüros, Sekretär der Parteiorganisation von Leningrad und Vorsitzender des Exekutivkomitees der Komintern. Nach Lenins Tod 1924 unterstützte er Stalin im Kampf gegen Leo D. Trotzki. 1925 geriet er mit Stalin in Konflikt und verlor mit L. B. Kamenew als Exponent der „Linken Opposition" alle Ämter. 1927 erstmalig, 1935 endgültig aus der KP ausgeschlossen, wurde Sinowjew 1935 wegen „moralischer Komplizenschaft" bei der Ermordung S. Kirows (1934) zu zehn Jahren Gefäng-

immer wieder auf einen angeblichen Ursachenzusammenhang hin, der die Grundlage für die Sozialfaschismusthese darstellte. Bereits in seiner Eröffnungsrede ließ er keinen Zweifel daran aufkommen, dass die dringendste Aufgabe darin bestehe, *„die Sozialdemokratie zu besiegen,* diesen wichtigsten internationalen Faktor der internationalen Konterrevolution, diese Bremse auf dem Siegeszug der internationalen Arbeiterklasse".[28] Und auch bei der Erörterung des Faschismus während der 30. Sitzung stellte Sinowjew apodiktisch fest: „1. Der Reformismus ist unser Hauptfeind. 2. Der Zentrismus wird lebensgefährlich für eine proletarische Partei. (...) In dem Moment, wo die Masse der Arbeiterklasse wirklich auf Kampf drängt, dürfen wir nicht mit dieser flachen Idee der Einheit um jeden Preis kommen, nicht mit der Parole der Vermengung der Sozialdemokraten mit den Kommunisten, des Paktes mit den Reformisten, sondern wir müssen mit Hingebung und mit kühner kommunistischer Taktik den Massen vorangehen".[29]

Damit brachte Sinowjew das zweite Element der Sozialfaschismusthese ins Spiel, welches notwendig auf die Gleichsetzung von Sozialdemokratie und Faschismus hinauslief: das Polarisierungstheorem. *„Zwei* Lager – *zwei* Gebiete", rief Sinowjew den Delegierten zu. „Auf der einen Seite steht die 2. Internationale der Sozialverräter, die Internationale der Verbrecher an der Sache der Arbeiterklasse, auf der anderen Seite steht unser Bruderverband der ganzen Welt, unsere Association der Arbeiter aller Länder, die als Kommunistische Internationale bezeichnet wird".[30] Und bei der Erörterung des faschistischen Syndikalismus zog Sinowjew dann auch aus dieser Polarisierung die einschlägige Konsequenz, dass es sich um eine kleinbürgerliche Ideologie handele, „die eigentlich nicht so weit von der Sozialdemokratie entfernt ist, wie man dies manchmal denkt. Die Ideologie ist im Grunde genommen dieselbe in anderer Form. Es ist die noskitische Form (abgeleitet von Gustav Noske, dem sozialdemokratischen Wehrminister, R.S.) der Sozialdemokratie unter italienischen Bedingungen. (...) Der moderne Fascismus in Italien ist nicht so weit von der Sozialdemokratie Noskes entfernt, angepaßt an die italienischen Verhältnisse. Es ist kein Zufall, dass die Reformisten, die italienischen Noskes, sich mit den Fascisten verbrüdern".[31] Zwei Jahre später, auf dem V. Weltkongress der Komintern, verkündete der deutsche Delegierte Freymuth ganz im Sinne Sinowjews: „Sozialdemokratie und Faschismus sind zwei verschiedene Methoden zur Erreichung desselben Zwecks. Beide Bewegungen, Sozi-

---

nis, im Zuge der Großen Tschistka (1935-39) zum Tod verurteilt (Quelle: Brockhaus Enzyklopädie, 22. Auflage, Bd. 20, S. 321).
[28] Protokoll 1972, Bd.I , S. 6.
[29] Protokoll des IV. Weltkongresses der Kommunistischen Internationale (Reprint), Bd. II, Erlangen 1972, S. 915.
[30] Protokoll 1972, Bd.I, S. 6.
[31] Protokoll 1972, Bd. II, S. 950.

aldemokratie wie Faschismus sind die Kampfesmittel der großkapitalistischen Diktatur gegen das um die politische Macht kämpfende revolutionäre Proletariat". Sie hätten „in der Periode der rücksichtslosen kapitalistischen Diktatur die gleiche Aufgabe zu erfüllen, nämlich die Sicherung und Verteidigung der Diktatur der Großbourgeoisie über das Proletariat. Sozialismus und Faschismus sind also keine Gegensätze, sondern trotz ihres scheinbaren Streites von gleichem Fleisch und Bein".[32]

Aber auch die dritte Komponente der Sozialfaschismusthese war auf dem Vierten Weltkongress der Internationale von 1922 bereits klar ausgeprägt. Der Stigmatisierung aller nichtkommunistischen Parteien und Bewegungen entsprach die Gleichstellung faschistischer Regime mit allen Varianten bürgerlicher Regierungsformen. Den Grund nannte der Delegierte Freymuth auf dem V. Weltkongress der Komintern: Nicht die mittelständische Massenbasis des Faschismus sei entscheidend, sondern welchen Zwecken das Instrument des Faschismus dienen soll, nämlich „die Klassenherrschaft der Bourgeoisie aufrecht zu erhalten und zu sichern".[33] Zwar ließ der italienische Delegierte Bordiga auf den ersten Blick durchaus realistische Einsichten in die Struktur des italienischen Faschismus erkennen: Sie reichten von dessen Einstufung als dritter Kraft zwischen Kapital und Arbeit[34] bis hin zu der bonapartismustheoretischen Interpretation des Faschismus als einer über den Klassen schwebenden Kraft, die dem zersplitterten italienischen Bürgertum zu einer neuen geschlossenen Hegemonie verhalf.[35] Doch daran, dass diese bonapartismustheoretischen Elemente nur „scheinbar" gültig seien und sich das faschistische Kabinett in der Kontinuität bürgerlicher Regierungen bewege, ließ er keinen Zweifel: „Genau so wie der Fascismus sich nach verschiedenen republikanischen und rätselhaften Gesten angesichts des Problems: Monarchie oder Republik? zum loyalen Monarchismus entschlossen hat, so hat er auch, nach vielem Geschrei über die parlamentarische Korruption, völlig die Praxis des Parlamentarismus übernommen".[36] Auch auf dem V. Weltkongress sah Bordiga keinen Anlass zur Korrektur dieser Einschätzung. Der Faschismus, so führte er aus, bedeute „nicht einmal die geschichtliche Verneinung der alten bürgerlichen Regierungsmethode; er bedeutet lediglich die vollkommen logische dialektische Fortsetzung der vorhergehenden Phase der bürgerlichen sogenannten demokratischen und liberalen Regierungen".[37]

---

[32] Protokoll des V. Weltkongresses der Kommunistischen Internationale (Reprint), Bd. II, 2. Auflage, Erlangen 1973, S. 767f.
[33] A.a.O., S. 754.
[34] Vgl. a.a.O., Bd. II, S. 717.
[35] Protokoll 1972, Bd. I, S. 341,
[36] A.a.O., S. 343.
[37] Protokoll 1973, Bd. II, S.720f.

Es liegt auf der Linie dieser Argumentation, wenn die Kommunisten ab 1930 die autoritären Präsidialkabinette in der Endphase der Weimarer Republik unter Brüning, von Papen und Schleicher als „faschistisch" bezeichneten. Zwar kannten die Väter des historischen Materialismus den Terminus „faschistisch" nicht. Doch wenn, wie in der kommunistischen Terminologie geschehen, „bürgerlich" per se mit „faschistisch" gleichgesetzt wird, entspricht diese Identifikation der Logik eines radikalisierten Polarisierungsparadigmas, wie es von Marx und Engels im Kommunistischen Manifest entwickelt worden war.

§ 2 Die ideengeschichtlichen Quellen des sowjetmarxistischen Ansatzes (Marx/Engels)

Tatsächlich kommt, wer nach den historischen Quellen der kommunistischen Faschismuskonzeption sucht, um die Lektüre des „Kommunistischen Manifests" von Marx und Engels nicht herum. Bekanntlich entwarfen beide 1848 das Szenario einer Kapitalisierung der Produktionsverhältnisse im Weltmaßstab, deren Motor die sich seit der Frühen Neuzeit allmählich herausbildende revolutionäre Bourgeoisie ist. Diese Entwicklung erfolgte Marx und Engels zufolge in Stufen. Bis zum Beginn des 19. Jahrhunderts herrschte in den fortgeschrittenen Ländern des Westens die Technologie der Manufakturen vor. „Die bisherige feudale oder zünftige Betriebsweise der Industrie reichte nicht mehr aus für den mit neuen Märkten anwachsenden Bedarf. Die Manufaktur trat an ihre Stelle. Die Zunftmeister wurden verdrängt durch den industriellen Mittelstand; die Teilung der Arbeit zwischen den verschiedenen Korporationen verschwand vor der Teilung der Arbeit in der einzelnen Werkstatt selbst. Aber immer wuchsen die Märkte, immer stieg der Bedarf".[38] Die zweite Stufe der Entwicklung wurde erreicht, als sich am Ende des 18. Jahrhunderts herausstellte, dass auch das Manufaktursystem die steigende Nachfrage nicht mehr zu befriedigen vermochte. Mit dem Beginn der ersten Industriellen Revolution veränderte „der Dampf und die Maschinerie die industrielle Produktion. An die Stelle der Manufaktur trat die moderne große Industrie, an die Stelle des industriellen Mittelstandes traten die industriellen Millionäre, die Chefs ganzer industrieller Armeen, die modernen Bourgeois".[39] Die dritte Stufe war mit der Herausbildung eines Weltmarktes erreicht, „den die Entdeckung Amerikas vorbereitete. Der Weltmarkt hat dem Handel, der Schiffahrt, den Landkommunikationen eine unermeßliche Entwick-

---

[38] Marx/Engels 1970, S. 27.
[39] Ebd.

lung gegeben. Diese hat wieder auf die Ausdehnung der Industrie zurückgewirkt, und in demselben Maße, worin Industrie, Handel, Schifffahrt, Eisenbahnen sich ausdehnten, in demselben Maße entwickelte sich die Bourgeoisie, vermehrte sie ihre Kapitalien, drängte sie alle vom Mittelalter her überlieferten Klassen in den Hintergrund".[40]

Es sind drei für das von Marx und Engels beschriebene Transfomationsmuster wichtige Kategorien, welche die Grundlage der sowjetmarxistischen Faschismusinterpretation darstellen: die These, dass im Zeitalter des kapitalistischen Weltmarktes der Staat jede Eigenständigkeit verloren hat. Ruhte zur Zeit der Manufaktur die absolute Monarchie noch auf einem Gleichgewicht zwischen dem feudalen Adel und dem aufstrebenden Bürgertum, so erkämpfte sich die Bourgeoisie „im modernen Repräsentativstaat die ausschließliche politische Herrschaft. Die moderne Staatsgewalt ist nur ein Ausschuss, der die gemeinschaftlichen Geschäfte der ganzen Bourgeoisklasse verwaltet".[41] Durch den Primat der Kapitalverwertung gezwungen, musste sie sich des Staates bemächtigen, um die Produktionsmittel zu zentralisieren, den Besitz in wenigen Händen zu konzentrieren und die Bevölkerung zu agglomerieren. Die notwendige Folge war „die politische Zentralisation. Unabhängige, fast nur verbündete Provinzen mit verschiedenen Interessen, Gesetzen, Regierungen und Zöllen wurden zusammengedrängt in *eine* Nation, *eine* Regierung, *ein* Gesetz, *ein* nationales Klasseninteresse, *eine* Douanenlinie".[42] Diese Instrumentalisierung des Staates durch die industrielle Bourgeoisie ergänzt das Kommunistische Manifest durch das Polarisierungstheorem. Interpretieren Marx und Engels den gesamten Verlauf der bisherigen Geschichte als die Geschichte von Klassenkämpfen, so haben diese doch in der „Epoche der Bourgeoisie", also um die Mitte des 19. Jahrhunderts, eine spezifische historische Form durch ihre Vereinfachung angenommen: „Die ganze Gesellschaft spaltet sich mehr und mehr in zwei große feindliche Lager, in zwei große, einander direkt gegenüberstehende Klassen: Bourgeoisie und Proletariat".[43]

Dieser gesellschaftlichen Polarisierung, so prognostizierten Marx und Engels, falle der gesamte Mittelstand, also die kleinen Industriellen, Kaufleute, Rentiers, Handwerker, Bauern etc. zu Opfer: Sie „fallen ins Proletariat herab, teils dadurch, daß ihr kleines Kapital für den Betrieb der großen Industrie nicht ausreicht und der Konkurrenz mit den größeren Kapitalisten erliegt, teils dadurch, daß ihre Geschicklichkeit von neuen Produktionsweisen entwertet wird. So re-

---

[40] Ebd.
[41] A.a.O., S. 28.
[42] A.a.O., S. 30.
[43] A.a.O., S. 27.

krutiert sich das Proletariat aus allen Klassen der Bevölkerung".[44] Umgekehrt erstarkt aber auf diese Weise das moderne Proletariat im dialektischen Gegenzug; „es wird in größeren Massen zusammengedrängt, seine Kraft wächst, und es fühlt sie mehr. Die Interessen, die Lebenslagen innerhalb des Proletariats gleichen sich immer mehr aus, indem die Maschinerie mehr und mehr die Unterschiede der Arbeit verwischt und den Lohn überall auf ein gleich niedriges Niveau herabdrückt".[45] Dem Aufstieg des Proletariats zu einer welthistorischen Größe entspricht nach Marx und Engels die führende Rolle der Kommunisten im Prozess der Transformation vom Kapitalismus zum Sozialismus. Zwar waren sie der Überzeugung, dass „von allen Klassen, welche heutzutage der Bourgeoisie gegenüberstehen, (...) nur das Proletariat eine wirklich revolutionäre Klasse (ist). Die übrigen Klassen verkommen und gehen mit der großen Industrie, das Proletariat ist ihr eigenstes Produkt".[46] Doch politisch handlungsfähig könne es nur durch die Kommunisten werden. Sie waren in ihren Augen „praktisch der entschiedenste, immer weitertreibende Teil der Arbeiterparteien aller Länder; sie haben theoretisch vor der übrigen Masse des Proletariats die Einsicht in die Bedingungen, den Gang und die allgemeinen Resultate der proletarischen Bewegung voraus".[47]

Innerhalb dieses Musters (Abb. 2) bewegten sich die zeitdiagnostischen Analysen der Kommunistische Internationale, als spätestens 1924 klar wurde, dass mit dem Sieg des italienischen Faschismus und der vorläufigen Konsolidierung der Weimarer Republik in Deutschland die prognostizierte Weltrevolution ausbleiben würde. Es ist sicherlich kein Zufall, dass bei ihrem Versuch einer Erklärung dieses Phänomens alle drei Kategorien des „Kommunistischen Manifests" eine zentrale Rolle spielen: die Instrumentalisierung des Staates durch bürgerliche Interessen, die extreme gesellschaftliche Polarisation zwischen Kapital und Arbeit und die Avantgardefunktion der Kommunisten. Hatten jedoch Marx und Engels die Entwicklung der bürgerlichen Gesellschaft in der Epoche ihrer Industrialisierung erst vor sich, so waren ihre kommunistischen Erben 70 Jahre später mit einer kapitalistischen Entwicklungshöhe und einer entsprechenden Differenzierung des sozialen und politischen Systems der bürgerlichen Gesellschaft konfrontiert, dass die genannten drei Kategorien nur um den Preis einer mechanischen Analogisierung auf die durch den Ersten Weltkrieg erschütterten kapitalistischen Sozietäten in Deutschland und Italien übertragbar schie-

---

[44] A.a.O., S. 33.
[45] A.a.O., S. 34.
[46] A.a.O., S. 35.
[47] A.a.O., S. 38.

nen. Wie wirkte sich der Reduktionismus dieses Vorganges auf den analytischen Wert der Sozialfaschismusthese aus?

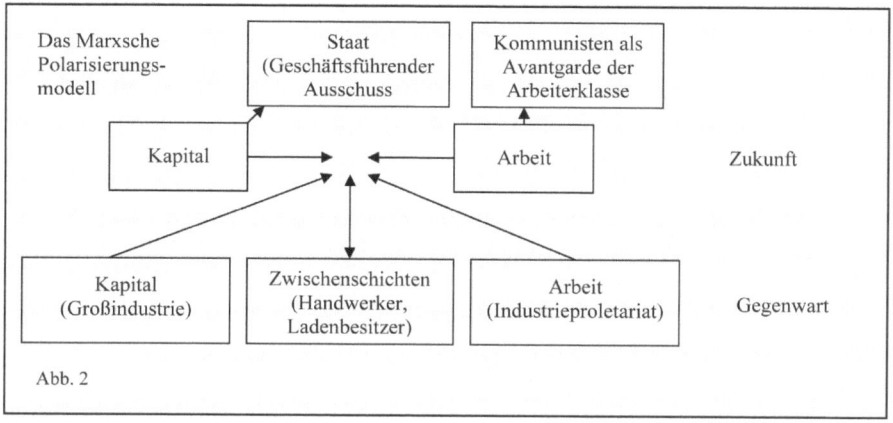

Abb. 2

Es kann im Folgenden nicht darum gehen, alle Varianten und Nuancen der Sozialfaschismusthese zu resümieren. Doch die drei aus dem Kommunistischen Manifest entlehnten Elemente, nämlich der von bürgerlichen Interessen instrumentalisierte Charakter des Staates, das gesellschaftliche Polarisierungsparadigma sowie die Avantgarde-Funktion des Kommunismus wurden durch drei Elemente ergänzt, welche diesem Ansatz eine gewisse soziologische, revolutionstheoretische und tagespolitische Plausibilität verleihen sollten. So erklärten deutsche Kommunisten die soziale Basis des Sozialfaschismus mit einer modifizierten Variante der von Lenin so apostrophierten *Arbeiteraristokratie*. Diese bestehe im Kern aus zwei Blöcken. Die eine Schicht setze sich aus der Masse hochqualifizierter Facharbeiter zusammen, welche auf Grund kapitalistischer Extraprofite bestochen worden seien. Während die ältere Facharbeiterschaft vor dem Ersten Weltkrieg ihre Sonderstellung aufgrund des Rationalisierungsprozesses eingebüßt habe, bestand ihre neue Variante aus Meistern, Vorarbeitern, Akkordschiebern etc.. Gemeinsam mit den sozialdemokratischen Betriebsräten arbeiteten sie loyal mit der Betriebsleitung zusammen, setzten deren Anordnungen durch und sorgten für den reibungslosen Verlauf des Produktionsvorganges. Mit dem Ausbruch der Weltwirtschaftskrise habe sich die Servilität dieses Teils der Arbeiteraristokratie gegenüber den Werkleitungen noch gesteigert. Die andere Säule der Massenbasis des Sozialfaschismus sahen die kommunistischen Theoretiker in der korrumpierten *Arbeiterbürokratie*. Sie beherrsche immer noch große Teile der sozialdemokratischen Arbeiterschaft. Das materielle Interesse, ins Kleinbürgertum aufzusteigen, und die gleichzeitige Angst vor den rebellierenden unteren Schichten des Proletariats erhöhe die Korruptionsanfälligkeit und damit die „Faschisierung" der bürokratischen Führungsschichten innerhalb der Sozialdemokratie.[48]

Wenn außerdem die Bestimmung der Sozialdemokratie als „Hauptfeind" für die Kommunisten die entscheidende strategische Stoßrichtung der Sozialfaschismusthese markiert, dann geschah dies mit der expliziten Begründung, sie stelle, wie schon hervorgehoben, das entscheidende Hindernis der proletarischen Weltrevolution dar. Diese These unterstellt aber eine zumindest potentiell revolutionäre Situation: eine Prämisse, die mit einer geschichtsphilosophischen Dreistadientheorie begründet wurde. In der ersten Periode, die ihren Höhepunkt in der Französischen Revolution hatte, musste sich der Kapitalismus im Rahmen seiner großen Revolutionen gegen Absolutismus und Feudalismus durchsetzen. Die zweite Phase des Kapitalismus begann im 19. Jahrhundert und endete mit dem Ersten Weltkrieg: Es ist die klassische Phase des Imperialismus, der gleichsam alle Potentiale des Kapitalismus realisiere. Die dritte Zäsur ist nach Auffassung der Komintern durch den Niedergang des Kapitalismus gekennzeichnet. Seine allgemeine Krise setzte nach dem Ende des Ersten Weltkrieges ein. Vor allem ab 1928 beginne mit der in der Weltwirtschaftskrise erfolgten Verschärfung der sozialen Gegensätze die letzte Etappe des „sterbenden" Kapitalismus. Die jetzt einsetzende Faschisierung der bürgerlichen Gesellschaften sei nichts anderes als ein letztes Sich-Aufbäumen des Kapitalismus gegen seine tödliche Krise. Die historische Schuld der Sozialdemokratie bestehe darin, dass sie durch ihre Stützung der bürgerlichen Gesellschaft, etwa in Form der Tolerierung des Präsidialkabinetts Brüning, das Überspringen der letzten Etappe verhindert habe. Dieses Krisenszenario ist auch konstitutiv für die Unterscheidung zwischen dem Nationalfaschismus qua NSDAP oder dem PNF auf der einen und der SPD oder dem PSI auf der anderen Seite. Als Instrument des Finanzkapitals unterscheidet sich ihre soziale Basis dadurch, dass sich erstere vorwiegend auf den alten und neuen Mittelstand sowie auf lumpenproletarische Elemente, die letztere, wie gezeigt, auf die so genannte „neue Arbeiteraristokratie" und die „Arbeiterbürokratie" stützt. Um ihre Aufstiegsambitionen in den mittelständischen Bereich der Gesellschaft zu verdecken, operiere sie mit einer Ideologie, die diese Intention durch eine soziale Phraseologie vernebelt.[49]

Die Sozialfaschismusthese, die in der faschistischen Partei einen „besoldeten Agenten" des Großkapitals sah, hat sich wenigstens in zwei Hinsichten fatal auf

---

[48] Vgl. die Belege bei Ulpins 1983, S. 31-33.
[49] Vgl. a.a.O., S. 34-35.

die politische Strategie der Kommunisten in der Weimarer Republik ausgewirkt. Auf der einen Seite lenkte sie die Aufmerksamkeit zu sehr auf die Hintermänner und Geldgeber der faschistischen Organisationen, „obgleich das organisatorische Verhältnis der faschistischen Partei zur Bourgeoisie viel komplexer ist".[50] Auf der anderen Seite betonte man aufgrund des Zusammenspiels des regulären italienischen Heeres mit den faschistischen *squadre d'azione* den *militärischen* Aspekt des Faschismus so stark, dass er weitgehend isoliert wahrgenommen wurde und seine *politische* Dimension in den Hintergrund trat. In Wirklichkeit wurde das militärische Element im Faschismus ständig von politischen Zielsetzungen beherrscht, so dass diese „mit Ausnahme der allerletzten Etappe die dominierenden Rolle einnahmen".[51] Diese Fehleinschätzung wurde nur noch durch eine andere Konsequenz der Sozialfaschismusthese übertroffen. Die Gleichsetzung aller nichtkommunistischen Parteien, einschließlich der Sozialdemokratie, mit dem Faschismus, musste sich insbesondere in Deutschland ab 1929 angesichts des erstarkenden Nationalsozialismus katastrophal auswirken. Wie war an einen gemeinsamen Kampf gegen den Faschismus zu denken, wenn man seinen potentiellen Verbündeten als „Hauptfeind" stigmatisierte? Wie konnte man eine Einheitsfront verwirklichen, wenn die kommunistische Publizistik dazu aufrief, nicht nur die Funktionäre der Sozialdemokratie, sondern auch ihre einfachen Mitglieder von ihren Arbeitsplätzen und aus ihren Organisationen zu verjagen? Selbst die italienischen Sozialisten, von den eigentlichen Faschisten blutig verfolgt und unterdrückt, wurden noch 1930 als „Sozialfaschisten" beschimpft. Auch in Deutschland waren Sozialdemokraten und Gewerkschaftler neben den Kommunisten die ersten Opfer der Nazis. Sie wurden ermordet, in Konzentrationslager eingeliefert oder konnten nur durch die Flucht ins Exil überleben. Der Faschismus liquidierte alles, wofür die Sozialdemokratie stand: den sozialen Rechtsstaat, die parlamentarische Demokratie des allgemeinen Wahlrechts sowie die Kodifizierung der individuellen und sozialen Grund- und Menschenrechte als Gradmesser der Entwicklung einer Zivilisation.

Auch erschien der revolutionäre Erwartungshorizont der kommunistischen Sozialfaschismusthese den nichtkommunistischen Zeitgenossen als völlig irreal. Die deutsche Arbeiterbewegung war am Ende der Weimarer Republik sowohl subjektiv als auch objektiv in die Defensive gedrängt. Am Ende musste die längst obsolet gewordene revolutionäre Phraseologie dafür herhalten, die Sozialdemokratie als den „linken Arm des Faschismus" für die Verzögerung des revolutionären Vormarsches des Weltkommunismus verantwortlich zu machen. Ferner

---

[50] Poulantzas 1973, S. 86.
[51] Ebd.

blieb die Bestimmung des Begriffs „Arbeiteraristokratie" so ungenau, dass sie willkürlichen Zuordnungen Tür und Tor öffnete und temporäre Interessengegensätze innerhalb der Arbeiterschaft verabsolutierte. Schließlich waren die Vertreter der kommunistischen Sozialfaschismusthese blind gegenüber den bedeutsamen Unterschieden zwischen der bürgerlich-liberalen Demokratie, autoritären Regimen wie den Präsidialkabinetten in der Endphase der Weimarer Republik sowie der faschistischen Diktatur des Dritten Reiches. Ausschließlich auf die soziale Funktion von Regimen in der bürgerlich-kapitalistischen Gesellschaft fixiert, mussten innerhalb dieses Paradigmas *alle* bürgerlichen Staats- und Regierungsformen und die sie stützenden Parteien als „faschistisch" gelten: mit der notwendigen Konsequenz der Verharmlosung der eigentlichen faschistischen Diktaturen in Italien und Deutschland. Dieses Defizit trifft auch auf die Einschätzung der sozialen Basis des Faschismus als Massenbewegung und die suggestive Wirkung seiner Ideologie zu. Auf seine soziale Funktion als Krisenmanagement bürgerlich-kapitalistischer Systeme reduziert, ist der Faschismus lediglich Ausfluss einer von Kapitalisten finanzierten Propaganda-Maschinerie.

Es fällt es schwer nachzuvollziehen, wie die Sozialfaschismusthese von deutschen Kommunisten – und nicht nur von deren Funktionären – ernster genommen wurde als in anderen Fraktionen des Weltkommunismus. Vielleicht trugen zu ihrer Akzeptanz im kommunistischen Lager der Weimarer Republik Ereignisse bei, für die Kommunisten Sozialdemokraten verantwortlich machten. Zu erwähnen sind hier die Niederschlagung des Spartakusaufstandes im Januar 1919 unter dem sozialdemokratischen Wehrminister Gustav Noske, die von dem sozialdemokratischen Reichspräsidenten Friedrich Ebert gemäß Art. 48 der WRV veranlasste Reichsexekution gegen Thüringen und Sachsen, durch die rechtmäßige Koalitionsregierungen aus Sozialdemokraten und Kommunisten gewaltsam abgesetzt wurden. Und nicht zuletzt könnten die blutigen Unruhen am 1. Mai 1929 in Berlin, als der sozialdemokratische Polizeipräsident Zörgiebel im Wedding auf kommunistische Demonstrationszüge schießen ließ, zur Plausibilität der Sozialfaschismusthese für viele Anhänger der KPD beigetragen haben. Selbst ein oppositioneller, 1934 aus der KPD ausgeschlossener Kommunist wie Wilhelm Reich schrieb noch ein Jahr nach der Machtübergabe an Hitler: „Die kommunistische Behauptung, dass die sozialdemokratische Politik den Faschismus in den Sattel hebe, trifft (...) nicht nur politisch, sondern, was wesentlich ist, auch massenpsychologisch zu".[52]

Immerhin ist bemerkenswert, dass das Wählerpotential der sozialistischen Parteien (Kommunisten und Sozialdemokratien) weitgehend konstant blieb (1928

---

[52] Reich 1934, S. 113.

40,5% im Vergleich zu 1932 36,2%), auch wenn es zu einer Umschichtung zugunsten der KPD kam.[53] Jedenfalls sind die Einbußen vernachlässigenswert im Vergleich zu den Wählerströmen, die von den bürgerlichen Parteien seit den Septemberwahlen von 1932 an die NSPAP abwanderten. Konnten diese (ohne Zentrum) 1928 auf 41,8% der Wählerstimmen zurückgreifen, so schrumpfte ihr Potential 1932 auf 10,7%.[54] Dass also die Sozialfaschismusthese objektiv falsch und strategisch verhängnisvoll war, weil sie zur Fehleinschätzung der faschistischen Massenbasis führte und die Spaltung der Arbeiterbewegung vertiefte, wurde im kommunistischen Lager zu spät, nämlich erst zwei Jahre nach der Machtübergabe an Hitler, erkannt.

§ 3   Von der Sozialfaschismusthese zur Dimitroff-Formel

Wir haben gesehen, dass die Kommunistische Internationale von der These ausging, der angebliche „Verrat" der Sozialdemokratie in Deutschland und der Sozialisten in Italien an den Idealen des revolutionären Kommunismus habe ursächlich den Sieg des Faschismus in beiden Ländern herbeigeführt. Zwar seien alle nichtkommunistischen Parteien in der weltpolitischen Polarisierung als faschistisch anzusehen. Doch erblickten sie den gefährlichsten Gegner der Weltrevolution im linken Flügel des Faschismus, nämlich den sozialdemokratischen Führungsgremien mit ihrem Massenanhang sowie der „Arbeiteraristokratie". Der Faschismus als National- und als Sozialfaschismus sei nichts weiter als ein Instrument in den Händen des Großkapitals zur Stabilisierung des bestehenden Status quo, der die faschistische Massenbewegung durch propagandistische Beeinflussung mit Hilfe finanzieller Zuwendungen künstlich aus dem Boden gestampft habe.

Nach der Machtübergabe an den Nationalsozialismus im Januar 1933 wurde diese These abgemildert. Der kommunistischen Doktrin konnte nicht verborgen bleiben, dass die faschistische Diktatur ihre Herrschaft auf industrieller Basis mit neuartigen Repressionsmitteln ausübte. Das dichte Netz von Konzentrations- und Todeslagern, das das gesamte Deutsche Reich innerhalb kurzer Zeit überzog, um die politischen Gegner des Dritten Reiches physisch und moralisch zu zerstören, hatte die These, alle Regierungen, die den Kapitalismus stützten, seien „faschistisch", unhaltbar gemacht. Ein weiteres Ereignis kam hinzu, das die Komintern bewog, ihren linksradikalen Kurs zu modifizieren. In Frankreich machten

---

[53] Vgl. Broszat 1986, S. 13.
[54] Vgl.ebd.

1934 faschistische und halbfaschistische Bünde gegen die Regierung Daladier mobil. „Am 6. Februar 1934 inszenierten sie einen halben Aufstand und griffen mit dem Ruf ‚Daladier au poteau' die Abgeordnetenkammer an. Der Putsch misslang jedoch; und innerhalb einer Woche rief er einen Generalstreik der Arbeiter von Paris hervor, bei dem Sozialisten und Kommunisten spontan eine Einheitsfront bildeten – die erste seit Jahren. Das ereignete sich gerade, als die Komintern ihre ‚ultralinke' Taktik aufgab; und die Einheitsfront vom 12. Februar statuierte ein Exempel. Im Juli kamen Sozialisten und Kommunisten überein, ‚gemeinsam die Republik gegen jeden faschistischen Angriff zu verteidigen'. Die Radikale Partei schloß sich ihnen noch nicht an. Die Volksfront, der auch sie angehören sollte, entstand erst im folgenden Jahr. Aber es hatte ein neues Kapitel begonnen: Die Regierung Daladier war von einer Volksfront gerettet worden und immer mehr auf ihre Unterstützung angewiesen; das politische Gleichgewicht Frankreichs hatte sich verschoben; die Arbeiter fühlten sich von einer Welle der Energie emporgetragen, und es kam zu einem Wiederaufleben des Klassenkampfes".[55] Die Erfahrung der neuartigen totalitären Qualität der faschistischen Diktatur in Deutschland und das Beispiel der Volksfront in Frankreich als scheinbar erfolgreiche antifaschistische Strategie sind die historischen Erfahrungen, vor deren Hintergrund die Sozialfaschismusthese durch die Dimitroff-Formel ersetzt worden ist. Auf dem VII. Weltkongress der Komintern 1935 verkündete der Generalsekretär der Komintern, der bulgarische Kommunist Georgi Dimitroff[56], der Faschismus sei die *„offen terroristische Diktatur der reaktionärsten, am meisten chauvinistischen, am meisten imperialistischen Elemente des Finanzkapitals".*[57] Diese Neuformulierung der kommunistischen Definition (Abb.3) implizierte eine Reihe von Korrekturen am bisherigen Paradigma, innerhalb dessen die Komintern den Faschismus beurteilte.

---

[55] Deutscher 1963, S. 258.
[56] Georgi Michajlow Dimitroff wurde am 18.6.1882 in Kowatschewzi bei Pernik geboren. Er starb am 2.7.1949 bei Moskau. Von Beruf Drucker schloss er sich 1902 der Sozialdemokratie an. 1913-1923 war er Abgeordneter. 1919 beteiligte er sich an der Gründung der bulgarischen KP. Später nahm er führend an Aufständen (1923) und Terroraktionen (Sofia 1925) teil. Nach dem Verbot seiner Partei (1923) im Ausland, wurde er 1933 in Deutschland im Prozess um den Reichstagsbrand von der Anklage der Brandstiftung freigesprochen. Als Generalsekretär der Komintern (1935-44) mit Sitz in Moskau propagierte Dimitroff die Volksfront. Nach der sowjetischen Besetzung Bulgariens 1944 führte er dessen Umwandlung in einen kommunistischen Staat durch. 1946 bis 49 war er Ministerpräsident, 1948 bis 49 Generalsekretär der KP. Eine von Dimitroff geplante Balkanföderation scheiterte am Widerspruch Stalins (Quelle: Brockhaus Encyklopädie, 22. Auflage, Bd. 5, S. 510).
[57] Dimitroff 1974, S. 58. Zum Gesamtzusammenhang vgl. auch Pieck/Dimitroff/Togliatti 1957.

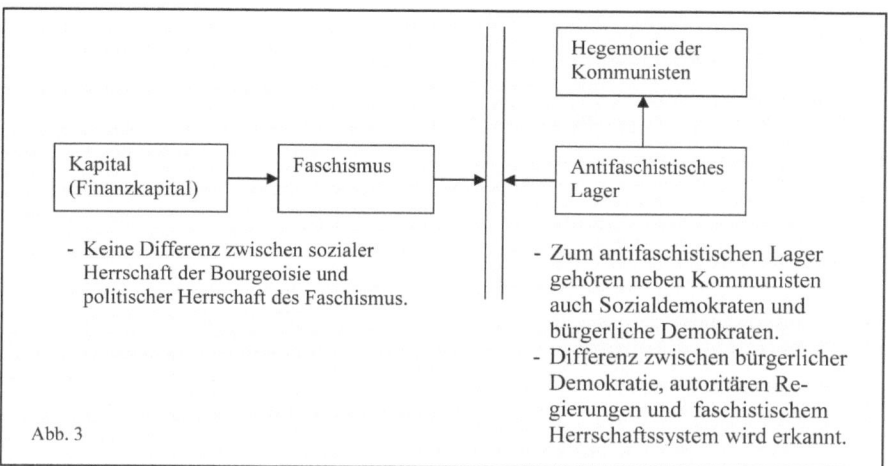

Kapital (Finanzkapital) → Faschismus →	Antifaschistisches Lager → Hegemonie der Kommunisten
- Keine Differenz zwischen sozialer Herrschaft der Bourgeoisie und politischer Herrschaft des Faschismus.	- Zum antifaschistischen Lager gehören neben Kommunisten auch Sozialdemokraten und bürgerliche Demokraten. - Differenz zwischen bürgerlicher Demokratie, autoritären Regierungen und faschistischem Herrschaftssystem wird erkannt.

Abb. 3

Zunächst distanzierte sich Dimitroff von der These, alle Regierungen, die zur Stabilisierung des Kapitalismus beitragen, seien faschistisch. „Der Machtantritt des Faschismus ist *keine einfache Ersetzung* der einen bürgerlichen Regierung durch eine andere, sondern eine *Ablösung* der einen Staatsform der Klassenherrschaft der Bourgeoisie – der bürgerlichen Demokratie – durch eine andere Form – durch die offene terroristische Diktatur. Die Ignorierung dieses Unterschiedes wäre ein ernster Fehler".[58] Ausdrücklich kritisierte Dimitroff die Ignorierung der qualitativen Differenz zwischen den autoritären Präsidialkabinetten in der Endphase der Weimarer Republik und der faschistischen Diktatur Hitlers. „Als der Nationalsozialismus bereits zu einer drohenden Massenbewegung in Deutschland wurde, da erklärten Genossen, wie Heinz Neumann, für die die Brüning Regierung bereits eine Regierung der faschistischen Diktatur war, in prahlerischer Weise: ‚Wenn das Dritte Reich Hitlers einmal kommen sollte, dann nur anderthalb Meter unter der Erde, über der Erde aber werden wir eine siegreiche Arbeitermacht haben'".[59] Auch wurde die deutsche Sozialdemokratie nicht mehr als „faschistisch" stigmatisiert. Zwar listete Dimitroff die „Fehler" der Sozialdemokratie aus kommunistischer Sicht auf: Sie reichen von dem Vorwurf, die Führer der Sozialdemokratie hätten den Klassencharakter des Faschismus verhüllt[60], die Einheitsfront mit den Kommunisten durch ihre Zusammenarbeit mit bürgerlichen Parteien sabotiert[61], in Preußen keine antifaschistischen Verteidigungs-

---

[58] Dimitroff 1974, S. 59.
[59] A.a.O., S. 58.
[60] Vgl. a.a.O., S.60.
[61] Vgl. ebd.

maßnahmen ergriffen[62], die Verbindung zu den Bauern als Bündnispartner abgebrochen[63] und die Jugend vom Klassenkampf abgelenkt.[64]

Doch diese Kritik an der Sozialdemokratie wird insofern relativiert, als ihr auch eine Kritik an einer „Reihe von *Fehlern der kommunistischen Parteien*" gegenübersteht, „die unseren Kampf gegen den Faschismus hemmten".[65] Dimitroff nannte die „unzulässige Unterschätzung der faschistischen Gefahr, die auch bis auf den heutigen Tag nicht überall liquidiert ist". Er meinte die „Einstellung, wie sie früher in unseren Parteien zu finden war, daß ‚Deutschland nicht Italien' sei, in dem Sinne, daß der Faschismus in Italien siegen konnte, daß aber sein Sieg in Deutschland ausgeschlossen sei, weil wir hier ein industriell hochentwickeltes Land haben, das eine 40jährige Tradition der Arbeiterbewegung besitzt, ein Land, in dem der Faschismus unmöglich sei".[66] Auch erweise sich die Annahme als falsch, Länder mit einer „klassischen" bürgerlichen Demokratie entzögen dem Faschismus den Boden. Außerdem hätten fehlerhafte Analysen zur schlichten Überrumpelung der Kommunisten geführt. Man habe ferner dem gekränkten nationalen Selbstbewusstsein der Deutschen durch den Versailler Vertrag zu wenig Rechnung getragen und die Bedürfnisse der Bauernschaft und des Kleinbürgertums zu wenig beachtet.[67] Das strategische Interesse, das hinter diesen Modifikationen der älteren kommunistischen Faschismustheorie steht, ist evident: die Bildung einer Einheitsfront gegen den Faschismus, freilich unter der Voraussetzung des „Vorhandenseins einer starken revolutionären Partei"[68], nämlich die der Kommunisten. Kämen aber gemeinsame Aktionen der Parteien der beiden Internationalen gegen den Faschismus zustande, so würde dies nicht nur ihren Einfluss auf ihre sozialdemokratischen und kommunistischen Anhänger erhöhen. Sie müsste auch ihre Attraktivität für christliche, anarchistische und unorganisierte Arbeiter ebenso stärken wie für die Bauernschaft, das städtische Kleinbürgertum und die Intellektuellen.[69]

Trotz dieser Korrekturen sind die Defizite der Dimitroff-Formel evident. Sie steht nämlich insofern in der Kontinuität der Sozialfaschismusthese, als sie wie diese an der instrumentalistischen Deutung des Faschismus als der Agentur führender Kapitalfraktionen festhält. „Der Faschismus", so betonte Dimitroff ausdrücklich gegen bonapartismustheoretische Deutungen, „ist nicht eine Form

---

[62] Vgl. ebd.
[63] Vgl. a.a.O., S. 63.
[64] Vgl. ebd.
[65] Ebd.
[66] A.a.O., S. 64f.
[67] Vgl. a.a.O., S. 65.
[68] A.a.O., S. 66.
[69] A.a.O., S. 67.

der Staatsmacht, die ‚angeblich über beiden Klassen, dem Proletariat und der Bourgeoisie steht', wie das z.B. Otto Bauer behauptet hat. Das ist nicht das ‚aufständische Kleinbürgertum, das von der Staatsmaschine Besitz ergriffen hat', wie der englische Sozialist Brailsford erklärt hat. Nein, der Faschismus ist keine über den Klassen stehende Macht und keine Macht des Kleinbürgertums oder des Lumpenproletariats über das Finanzkapital. Der Faschismus ist die Macht des Finanzkapitals selbst. Das ist die Organisierung der terroristischen Abrechnung mit der Arbeiterklasse und dem revolutionären Teil der Bauernschaft und der Intelligenz. Der Faschismus in der Außenpolitik ist der Chauvinismus in seiner brutalsten Form, der einen tierischen Haß gegen andere Völker kultiviert".[70] Damit kommt auch das zweite Element der Sozialfaschismusthese erneut ins Spiel: das Fehlen einer „authentischen Massenbasis". Die Anhänger der faschistischen Bewegungen und ihrer Regime sind das Opfer einer propagandistischen Sozialdemagogie. Zugleich ist aber diese durch einen manipulativen Akt geschaffene Massenbasis in der Sicht Dimitroffs die Achillesferse des Faschismus. „Da aber der Faschismus die Diktatur der Großbourgeoisie ist, so muß er unvermeidlich mit seiner sozialen Massenbasis in Konflikt geraten, um so mehr, als gerade unter der faschistischen Diktatur die Klassengegensätze zwischen der Meute der Finanzmagnaten und der erdrückenden Mehrheit des Volks am krassesten hervortreten".[71]

Die Dimtroff-Formel avancierte zur verbindlichen Leitlinie der DDR-Historiographie des Faschismus. Der Streit um ihre analytische Relevanz angesichts der Resultate der neueren historischen Faschismusforschung nach dem Zweiten Weltkrieg kulminierte 1966 in der Zeitschrift „Das Argument" zwischen dem britischen Geschichtswissenschaftler Tim Mason und den DDR-Historikern Eberhard Czichon, Dietrich Eichholtz und Kurt Gossweiler. Auf diese Kontroverse wird im folgenden einzugehen sein.

§ 4 Die Dimitroff-Formel des Faschismus und die DDR-Historiographie

Tim Mason eröffnete seine Kritik an der Dimitroff-Definition mit der These, diese sei „angesichts der späteren Entwicklung des nationalsozialistischen Deutschlands, nur begrenzt als Ausgangspunkt einer Untersuchung und schon gar nicht als Antwort auf die Frage nach dem Verhältnis von Wirtschaft und Politik im Nationalsozialismus"[72] geeignet. Denn in Wahrheit liefen im Dritten Reich kei-

---

[70] Vgl. a.a.O., S. 58f.
[71] A.a.O., S. 70f.
[72] Mason 1966, S. 474.

neswegs die Fäden in der Hand des Großkapitals zusammen. Vielmehr wurde ab 1936 „die Innen- und Außenpolitik der nationalsozialistischen Staatsführung (...) in zunehmenden Maße von der Bestimmung durch die ökonomisch herrschenden Klassen unabhängig".[73] Sie lief ihren Interessen sogar in wesentlichen Punkten zuwider. So könne ab 1936 von einer geschlossenen Interessenvertretung des deutschen Kapitals nicht mehr die Rede sein, „wie sie der Reichsverband der deutschen Industrie in der Weimarer Republik noch dargestellt hatte. In der forcierten Aufrüstung der letzten Vorkriegsjahre verloren die Spitzenverbände den Überblick und die Kontrolle über die gesamte wirtschaftliche Entwicklung – es gab nur noch die Sonderinteressen von Firmen, höchstens die von Wirtschaftszweigen".[74] In dem Maße aber, wie sich das kollektive Interesse des kapitalistischen Wirtschaftssystems aufgelöst habe und zu einer Anhäufung von Firmenegoismen mutierte, avancierte die öffentliche Hand dank ihrer finanziellen Macht als Auftraggeber der Rüstungsgüter zum Interpreten der Interessen der Wirtschaft, also dieselbe Instanz, welche die Außenpolitik bestimmte: die faschistische Diktatur. Von den entscheidenden Fragen der Strategie und der Außenpolitik ausgeschlossen, erschöpfte sich die Kompetenz der in sich fragmentierten kapitalistischen Wirtschaft im Dritten Reich „eindeutig auf das *Wie*".[75]

Doch Mason beharrte nicht nur auf dem Primat der Politik gegenüber der Wirtschaft; er insistierte auch darauf, dass er Konsequenzen hervorbrachte, welche der kapitalistischen Verwertungslogik schlicht widersprechen. Er nannte in seinem Aufsatz ein besonders gravierendes Beispiel, um diese Aussage zu konkretisieren. Im Herbst 1942, am Wendepunkt des Zweiten Weltkriegs, befanden sich unter den vergasten polnischen Juden Tausende von gelernten Rüstungsarbeitern. „Die Wehrmacht wies nachdrücklich auf die Irrationalität dieses Verfahrens hin, das die Kriegswirtschaft nur schwächen konnte, war aber nicht imstande, die jüdischen Rüstungsarbeiter für die Industrie zu retten. Der beschwerdeführende General wurde seines Postens enthoben. Der Verwendung knapp gewordener Eisenbahneinrichtungen für den Abtransport jüdischer Verfolgter gegen Ende des Krieges lag dasselbe interne Machtverhältnis zugrunde".[76] Auch ökonomisch begründete Warnungen vor der systematischen Versklavung der Bevölkerung Osteuropas, Sklavenarbeit sei politisch und technisch unzuverlässig und unproduktiv, wurden von Hitler mit der Begründung abgelehnt, es fehle die Zeit zur Rationalisierung der Wirtschaft und der für die Frau einzig angemessene Ort seien Haushalt und Familie. „Eine ideologisch bestimmte Politik siegte wie-

---

[73] Ebd.
[74] A.a.O., S. 483.
[75] A.a.O., S. 488.
[76] A.a.O., S. 492.

der über wirtschaftliche Kalkulation".[77] Wir haben es im Dritten Reich, so müssen wir Mason interpretieren, aufgrund dieses Primats einer ideologisch angeleiteten Politik mit einem neuartigen Imperialismus zu tun. Während seine klassischen Varianten an die Bedingungen der Selbsterhaltung ihrer Herkunftsgesellschaft gebunden blieben, tendierte ihm zufolge das nationalsozialistische Herrschaftssystem „zwangsläufig zur *Selbstzerstörung,* denn eine Politik, die nicht auf den Bedürfnissen der gesellschaftlichen Reproduktion basiert, kann sich selbst keine begrenzten Aufgaben mehr setzen. Die Verselbständigung der Politik führte zu einem blinden Selbstlauf des Systems auf allen Gebieten, wofür die kapitalistische Konkurrenzwirtschaft besonders anfällig war".[78]

Dass sich der Verselbständigungsgrad der Politik im Dritten Reich weitaus stärker durchsetzte als im faschistischen Italien, so könnte man die Analyse Masons ergänzen, erhellt aus der großindustriellen Interessendurchsetzung im Rahmen der Außenpolitik beider Länder. Auch in Italien folgte aus der Privilegierung großindustrieller Interessen gegenüber den mittleren und kleineren Unternehmen sowie vor allem der Arbeiterschaft keineswegs, dass Mussolini lediglich eine Marionette an den Fäden der Großindustrie gewesen wäre. Zwar war der Einfluss des PNF ab 1928 nicht zuletzt deswegen zugunsten des faschistischen Staates zurückgedrängt worden, um den in der „Confindustria" organisierten Industriellen stabile Rahmenbedingungen zu garantieren. Doch auf die massenmobilisierende Wirkung der faschistischen Partei konnte Mussolini in der Ausübung seiner charismatischen Herrschaft nach wie vor setzen: Diese plebiszitäre Legitimation seines Regimes entzog ihn von Anfang an dem schlicht instrumentalisierenden Zugriff der alten Eliten und auch der Großindustrie. Zwar konnte er deren Interessen vor allem in der Konsolidierungsphase der Regierung nicht ignorieren. Aber umgekehrt lässt sich auch sagen, dass er ihnen stets dann Konzessionen abverlangte, wenn die Stabilität und das außenpolitische Prestige seines Regimes es verlangten. In keinem Bereich des faschistischen Staates lässt sich das so bestimmte Verhältnis von Ökonomie und Politik besser illustrieren als in der Außenpolitik: Ihre Bedeutung im faschistischen Selbstverständnis kann auch in Italien nicht hoch genug eingeschätzt werden. Nicht anders als im nationalsozialistischen Deutschland sollte die innere Homogenität, die auf die gewaltsame Ausschaltung aller oppositionellen Strömungen hinauslief, den Handlungsspielraum nach außen erst sichern. In dieser Hinsicht Hitler folgend, war der Primat der Außenpolitik für Mussolini so zentral, dass sie ausschließlich von ihm und seinen Beratern konzipiert wurde.[79] Auf diesem Politikfeld konnte von einer

---

[77] Ebd.
[78] A.a.O., S. 493.
[79] Vgl. Sarti 1971, S. 125.

gegenseitigen Durchdringung ökonomischer und politischer Oligarchien nicht die Rede sein.

Tatsächlich spricht vieles dafür, dass Mussolinis „neue Außenpolitik" seit Mitte der 30er Jahre, die in der Eroberung Abessiniens gipfelte, nicht primär wirtschaftlich motiviert war. Im Vordergrund stand vielmehr die „Vollendung der faschistischen Revolution" durch Wiederherstellung des „Imperio Romano"; die wirtschaftlichen Voraussetzungen der militärischen Expansion spielten für ihn – wie für Hitler – eine zweitrangige Rolle. Nicht zuletzt aus diesem Grund wurde sie von den meisten Großindustriellen skeptisch beurteilt. Eine aggressive Außenpolitik drohte die internationalen Handelsbeziehungen mit den westlichen Ländern zu unterbrechen, die Devisen- und Goldbestände, die die Stabilität der Lira garantierten, zu schwächen und vor allem der faschistischen Diktatur Möglichkeiten zu eröffnen, sich in die Kontrolle der Produktion einzuschalten. Auch rief der erhöhte Finanzbedarf des kriegsführenden Staates neue und höhere Steuern hervor.[80] Vor allem aber bedrohte das Bündnis Mussolinis mit Hitler und der Eintritt Italiens in den Zweiten Weltkrieg die Eigenständigkeit der italienischen Industrie, die den Produktionskapazitäten des Dritten Reiches kein wirtschaftliches Gegengewicht entgegenzusetzen vermochte.[81] Trotz dieser Bedenken verhielten sich die italienischen Großindustriellen jedoch nach dem bekannten Muster: Nachdem die politische Entscheidung für die militärische Expansion gefallen war, wirkten sie entschlossen an der wirtschaftlichen Ausbeutung der eroberten Gebiete mit.

Wenn die deutsche Großindustrie im Zweiten Weltkrieg in ähnlicher Weise an der Ausplünderung besonders Polens und der Sowjetunion beteiligt war, so darf freilich ein wesentlicher Unterschied nicht übersehen werden: Die in der „Confindustria" organisierte italienische Großindustrie verlor trotz der außenpolitischen Dynamik des Regimes ab 1936 die sozio-ökonomischen Grundlagen ihrer sozialen Herrschaft nie aus den Augen: In jeder Phase der Diktatur, auch unter Kriegsbedingungen, konnte sie die geschlossene Artikulation und Durchsetzung ihrer Interessen wahren; eine Aufsplittung der italienischen Großindustrie in individuelle Firmenegoismen, wie sie in Deutschland ab 1936 zu beobachten war, fand nicht statt. Unter dieser Voraussetzung war es ihr möglich, sich vom faschistischen Regime in dem Augenblick zu lösen, in dem Mussolinis militärische Niederlage unabwendbar erschien.[82] Ebenso charakteristisch für das Verhältnis von Politik und Wirtschaft im italienischen Faschismus war aber auch die Antwort Mussolinis auf diese Umorientierung: Er nationalisierte im Februar

---

[80] Vgl. a.a.O., S. 126f.
[81] Vgl. a.a.O., S. 129.
[82] Vgl. a.a.O., S. 133.

1944 alle Industrieunternehmen Norditaliens mit einem Kapital von über einer Million Lira. Gleichzeitig dekretierte er, dass frei gewählte Arbeitervertreter in die Aufsichtsräte sowohl der nationalisierten als auch der privaten Betriebe zu senden seien. Mit diesen Vorstößen versuchte er nicht nur – wenn auch erfolglos – innerhalb der Arbeiterschaft Anhänger zu gewinnen. Er verstand sie auch als sanktionierende Maßnahme gegen die Mehrheit der italienischen Industrieführer, die den in seinen Augen „verräterischen Waffenstillstand vom 8. September 1943" mit zu verantworten hatten.[83]

Die Aufgabe der marxistischen Methode besteht, so müssen wir Mason interpretieren, nicht darin, empirisches Material für die Stützung der Dimitroff-Formel zu sammeln, sondern den für die Geschichte der bürgerlichen Gesellschaft einmaligen Tatbestand einer extremen Verselbständigung der Politik gegenüber der Wirtschaft im Dritten Reich zu erklären. Hypothesen für einen solchen Ansatz finden sich in Masons Text: Ausgehend von einer gesamtgesellschaftlichen Analyse verweist er auf den Ausbruch der Weltwirtschaftskrise ab 1929 und auf den Beginn des Vierjahresplanes ab 1936. Am Ende der Weimarer Republik habe es aufgrund der Fragmentierung der Gesellschaft und ihrer besitzenden Klasse keine „Gesamtrepräsentation" des deutschen Volkes gegeben. Die ins Stocken geratene gesellschaftliche Reproduktion konnte nur von einer Regierung erneut in Gang gesetzt werden, die folgende Regelungen durchsetzte: „1. Die auseinanderklaffenden Interessen von Schwer- und Konsumgüterindustrie auszugleichen und die Sonderinteressen der Landwirtschaft zu wahren; 2. der Wirtschaft allgemeine Ruhe und Ordnung zu verschaffen; 3. den Lebensstandard der breiten Bevölkerung vorerst auf dem Krisenniveau festzuhalten – das hieß effektiv Ausschaltung der Gewerkschaften (...); 4. eine strenge Bewirtschaftung der sehr knapp gewordenen Devisen durchzusetzen; 5. der tief verwurzelten Inflationsangst im Volk wirksam entgegenzutreten, um somit eine staatliche Kreditexpansion zu ermöglichen".[84] Diese Bedingungen habe 1933 nur der Nationalsozialismus erfüllen können, indem er durch Ausschaltung der liberalen Demokratie, des Mehrparteiensystems, des Verbandspluralismus und der organisierten Arbeiterbewegung eine neue Gesamtrepräsentation mit Gewalt herbeiführte. Der daraus resultierende Primat der Politik der Nazis bedeutete, so Mason, für die Vertreter der „alten Eliten" „ihre größte Niederlage".[85] Eine Ahnung dieses Desasters kündigte sich bereits 1932 an, als Hindenburg, Thyssen und Spengler Bedenken „gegen die Mobilisierung der NS-Gefolgschaft und die damit

---

[83] Vgl. a.a.O., S. 132.
[84] Mason 1966, S. 477.
[85] A.a.O., S. 478.

verbundene Unruhe und scheinbar große Rolle ‚der Straße'"[86] erhoben. Der zweite den Primat der Politik radikalisierende Schub resultierte Mason zufolge aus der Zersplitterung des industriellen Machtblocks, als an der Schwerindustrie vorbei die Neuen Industrien (Chemie, Elektro) mit der Verkündigung des zweiten Vierjahresplans im September 1936 eine Schlüsselfunktion in der deutschen Rüstungsindustrie erlangte. Das Zerbrechen der hegemonialen Stellung der deutschen Schwerindustrie habe das Ende der einheitlichen Interessenvertretung des deutschen Kapitals eingeleitet.[87]

Es ist klar, dass ein Ansatz, welcher in einer faschistischen Diktatur die Möglichkeit des Auseinanderfalls von Kapitalinteressen unter bestimmten gesamtgesellschaftlichen Bedingungen in Rechnung stellt, im diametralen Gegensatz zur Faschismus-Definition Dimitroffs steht. DDR-Historiker lehnten dann auch vehement diese Kritik ab. So widersprach Eberhard Czichon der These Masons, der Nationalsozialismus habe eine neue Gesamtrepräsentation des Volkes bewirkt. „Die frühen Manipulatoren des Nationalsozialismus, die Industriellen und Bankiers der montanen Schwerindustrie wollten sich gegenüber ihren konkurrierenden Rivalen mit Hilfe des nationalsozialistischen Machtapparates nun auch ihre Prioritätsposition im Oligopol sichern, um selbst die Grundlinien der weiteren militanten Entwicklung zu prägen. Insofern muss der deutsche Faschismus als die ‚offen terroristische Diktatur der reaktionärsten, am meisten chauvinistischen, am meisten imperialistischen Elemente des Finanzkapitals' bezeichnet werden".[88] Auch der Aufstieg der Neuen Industrie ab 1936 habe keine Zersplitterung des großindustriellen Machtkomplexes bewirkt. Ganz im Sinne der Dimitroff-Formel handele es sich lediglich um „eine eindeutige Machtverschiebung im Oligopol". Weit von einem Strukturwandel entfernt, sei dieser Führungswechsel mit dem Ziel vollzogen worden, „die nationalsozialistische Aufrüstung auf einer autonomen Wirtschaftsgrundlage zu beschleunigen. (...) Die neue Führungsgruppe übernahm nun die Gesamtrepräsentanz der herrschenden Klasse und bestimmte in den folgenden Jahren die Grundlinien der nationalsozialistischen Innen- und Außenpolitik".[89] Auch widersprach Czichon der These Masons, der Faschismus stehe in seiner ungebremsten Dynamik im Gegensatz zur Struktur des „klassischen Imperialismus". In Wahrheit habe er nicht einen einzigen nichtkapitalistischen Inhalt hervorgebracht. Die Kategorie der „Selbstzerstörung" im Kapitalismus stelle kein „Spezifikum des nationalsozialistischen

---

[86] Ebd., FN 17.
[87] Vgl. a.a.O., 493.
[88] Czichon 1968, S. 173.
[89] A.a.O., S. 185.

Herrschaftssystems dar".[90] Die Geschichte der modernen kapitalistischen Länder zeige, „daß diese Kategorie ein immanentes Moment jedes Kapital-Konkurrenz-Systems darstellt und sich in Krisen und Expansionen durchsetzt".[91]

Auch Dietrich Eichholtz und Kurt Gossweiler ließen sich nicht von Masons Kritik der Dimitroff-Formel beeindrucken. Selbstverständlich stehe Dimitroffs Definition des Faschismus auf einer hohen Stufe wissenschaftlicher Abstraktion. Als ein Produkt seiner Zeit, habe die historische Entwicklung viel Material zu ihrer Ergänzung und Präzisierung geliefert; „beispielsweise waren die extremen Formen der Barbarei und Massenvernichtung, die der Faschismus deutschen Schlages hervorbrachte, im Jahr 1933 und selbst 1935 noch nicht klar erkennbar".[92] Dennoch habe er die marxistischen Erkenntnisse über den Faschismus verbindlich formuliert. Das Ergebnis jahrelanger Klassenkämpfe gegen den Faschismus besonders in Italien und Deutschland und niedergelegt in zahlreichen Dokumenten der KP Italiens und der KPD aus den Jahren vor 1933, habe die Geschichte für den Wahrheitsgehalte der Dimitroff-Definition „die schlagendste Bestätigung" geliefert[93]. Gleichzeitig warfen Eichholtz und Gossweiler Mason eine mangelnde Kenntnis der Imperialismustheorie Lenins vor. „Gestützt auf Erkenntnisse Rudolf Hilferdings, gelangte Lenin im Jahr 1916 zu jener prinzipiellen, nach wie vor hochaktuellen Feststellung: ‚Der politische Überbau über der neuen Ökonomik, über dem monopolistischen Kapitalismus (....) ist die Wende von der Demokratie zur politischen Reaktion. Der freien Konkurrenz entspricht die Demokratie. Dem Monopol entspricht die politische Reaktion'".[94] In dem Maße, wie Mason diese Einsicht ignoriere, verbaue er sich auch die Erkenntnis des staatsmonopolkapitalistischen Inhalts des Faschismus. In Wahrheit könne keine Rede davon sein, „daß das Großkapital 1936 insgesamt an Macht und Einfluß im Herrschaftsmechanismus des ‚Dritten Reiches' verloren oder der deutsche Kapitalismus sich gar ‚aufgelöst' hätte, daß die bürgerliche Gesellschaft zu einer bloßen Anhäufung von sich kreuzenden Firmenegoismen atomisiert worden wäre. Damit verliert die Konstruktion eines Machtvakuums ihren Boden, das durch einsame, abenteuerliche Entschlüsse Hitlers auszufüllen gewesen wäre".[95]

Die Defizite der von der Dimitroff-Formel inspirierten Faschismusforschung liegen auf der Hand. Sie wurde von Oppositionellen im kommunistischen Lager wie Leo Trotzki schon früh erkannt. „Die Stalinisten", so schrieb er bereits im Juli 1934, „machten sich den Gedanken zu eigen, daß in unserer Zeit das Finanzkapi-

---

[90] A.a.O., S. 190.
[91] Ebd.
[92] Eichholtz/Gossweiler 1968, S. 213.
[93] Ebd.
[94] A.a.O., S. 215.
[95] A.a.O., S. 226.

tal sich der parlamentarischen Demokratie nicht anpassen kann und gezwungen ist, zum Faschismus Zuflucht zu nehmen".[96] Dabei würden sie vergessen, „a) daß der Kapitalismus sich auch in der Vergangenheit nie der ‚reinen' Demokratie angepasst hat, sondern sie durch ein Regime offener Unterdrückung bald ergänzte, bald ersetzte; b) daß ein ‚reiner' Finanzkapitalismus nirgendwo existiert; c) daß, selbst wenn das Finanzkapital eine beherrschende Position einnimmt, es nicht in einem Vakuum agiert, sondern mit den anderen Schichten der Bourgeoisie und dem Widerstand der unterdrückten Klassen rechnen muß; d) daß sich schließlich notwendigerweise zwischen die parlamentarische Demokratie und das faschistische Regime eine Reihe von Übergangsformen einschieben, die einander bald ‚friedlich', bald durch Bürgerkrieg ablösen".[97] Tatsächlich reduzieren die Anhänger der Dimitroff-Formel die Entstehung des Faschismus auf eine politische Soziologie des monopolkapitalistischen Machtkartells, das als ein angebliches Subjekt der Geschichte sich den Faschismus ohne Rest inkorporiert hat. Die empirische Rekonstruktion der faschistischen Politikformulierung und Durchsetzung in der Regimephase wird ersetzt durch deren Deduktion von a priori gegebenen Prämissen, welche in Dimitroffs Faschismusdefinition und in Lenins Imperialismuskonzeption wurzeln. So verwundert es kaum, dass sich der sowjetmarxistische Begriff des Faschismus als Agentur des Großkapitals in der Faschismusforschung dauerhaft nicht hat durchsetzen können. Nach dem Zweiten Weltkrieg von Anfang an ein geschichtspolitisches Instrument im Interesse der sowjetischen Außenpolitik während des Kalten Krieges, konnte er das Sowjet-Imperium nicht überleben.

Die dezidiertesten Kritiker des sowjetmarxistischen Ansatzes sowohl in seiner Spielart als „Sozialfaschismusthese" als auch in seiner Ausformung als „Dimitroff-Formel" waren Theoretiker, die sich in ihrer eigenen Analyse auf die Schrift „Der achtzehnte Brumaire des Louis Bonaparte" von Karl Marx beriefen. Ob ihrer berechtigten Kritik an der sowjetmarxistischen Faschismuskonzeption eine ebenso fundierte Auseinandersetzung mit dem italienischen und deutschen Faschismus entsprach, wird im Folgenden zu untersuchen sein.

---

[96] Trotzki 1971, Bd. II, S. 677.
[97] A.a.O., S. 678.

Drittes Kapitel
Bonapartismustheoretische
Faschismusinterpretationen

§ 1 Frühe Varianten des bonapartismustheoretischen Ansatzes und ihre ideengeschichtlichen Wurzeln (Marx, Linzer Programm)

Während die sowjetmarxistischen Anätze zur verbindlichen Doktrin der Komintern erhoben wurden, scheint die bonapartismustheoretische Sicht des Faschismus[98] zu keinem Zeitpunkt einen solchen Status erlangt zu haben. Allerdings sollte nicht übersehen werden, dass sie in der österreichischen Sozialdemokratie der Zwischenkriegszeit zu einem zentralen Element eines Parteiprogramms erhoben wurde, das als Herzstück des so genannten Austromarxismus gilt: des berühmten Linzer Programms von 1926. Bereits 1923 hatte der führende austromarxistische Theoretiker Otto Bauer[99] die Entwicklung der 1918 aus dem Zusammenbruch der Habsburger Monarchie hervorgegangenen Ersten Österreichischen Republik in Anlehnung an die Marxsche Analyse der 48er Revolution in Frankreich[100] in drei Phasen unterteilt: „Die Vorherrschaft der Arbeiterklasse" in der Zeit unmittelbar nach dem Ersten Weltkrieg 1918/19[101], deren Entsprechung analog der Marxschen Analyse die Frühphase der 1848er Revolution in Frankreich war. Marx charakterisierte sie mit den Worten: „Von dem Proletariat, die Waffen in der Hand, ertrotzt, prägte es ihr seinen Stempel auf und proklamierte sie als soziale Republik".[102] Die „Zeit des Gleichgewichts der Klassenkräfte" von

---

[98] Zum Gesamtzusammenhang dieses Ansatzes, der sich nicht auf seine Anwendung auf den Faschismus reduzieren lässt, vgl. Wippermann 1983.

[99] Otto Bauer wurde am 5.9.1881 in Wien geboren; er starb am 4.7. 1938 in Paris. Seit 1907 Redakteur der „Arbeiter-Zeitung", profilierte er sich als einer der Hauptvertreter des Austromarxismus. Schon sehr früh verband er das Nationalitätenprogramm seiner Partei mit der marxistischen Theorie. Als Staatssekretär des Auswärtigen (von November 1918 bis Juli 1919) trat er nach dem militärischen Zusammenbruch Österreich-Ungarns für die Eingliederung der am 12.11.1918 ausgerufenen Republik Deutschösterreich an das Deutsche Reich ein. Das Linzer Programm von 1926 wurde federführend von ihm beeinflusst. In ihm suchte Bauer einen Ausgleich zwischen den revolutionären und reformistischen Kräften seiner Partei zu erreichen. Nach dem Scheitern des sozialdemokratischen Februaraufstandes von 1934 floh Bauer in die Tschechoslowakei und ging 1938 ins Exil nach Paris (Quelle: Brockhaus Enzyklopädie, 22. Auflage, Bd. 2, S. 640).

[100] Zum Ablaufmodell der 48er Revolution bei Marx vgl. Kap. III, S. 50-52.

[101] Bauer 1923, S. 116-195.

[102] Marx 1970a, S. 231.

1920 – 1922[103] in Österreich entsprach nach Bauer der Situation während der aus Wahlen hervorgegangnen Nationalversammlung in Frankreich, als es zwischen den Kräften des proletarischen und des bürgerlichen Lagers zu einer Konfrontation kam, die zum Juli-Aufstand der Arbeiter führte, „dem kolossalsten Ereignis in der Geschichte der europäischen Bürgerkriege".[104] Und schließlich nennt Bauer die einsetzende „Restauration der Bourgeoisie" ab 1923 in Österreich.[105] Ihr korrespondierte in Frankreich nach der Niederschlagung des Arbeiteraufstandes die Zeit der konstitutionellen Republik: Bauer setzte sie mit der Bürgerblock-Regierung in Österreich unter dem christlich-sozialen Kanzler Ignaz Seipel gleich.

Programmatischen Charakter bekam freilich die bonapartismustheoretische Konzeption des „Gleichgewichts der Klassenkräfte" erst im berühmten „Linzer Programm" von 1926.[106] Dessen federführender Architekt war ebenfalls Otto Bauer. Bauer konnte sich mit seinen an der Marxschen Analyse der 1848er Revolution in Frankreich orientierten Vorstellungen durchsetzen, weil dieses Theorem eine doppelte Qualität im Hinblick auf die politischen Kräfteverhältnisse in der Ersten Österreichischen Republik hatte. Natürlich zielte es nicht darauf ab, eine arithmetische Gleichheit zwischen den beiden großen politischen Lagern zu behaupten. Gleichwohl konnte es als Instrumentarium der Grobeinschätzung der politischen Kräfteverhältnisse in der Ersten Republik eine erhebliche empirisch-analytische Relevanz für sich reklamieren. In den großen Industriegebieten um Linz und Wiener Neustadt sowie in Wien selbst befand sich tatsächlich der entscheidende Anteil der politischen Macht in den Händen der Arbeiterschaft. In den Agrargebieten hingegen, die nur wenige größere Städte aufwiesen, war die Arbeiterbewegung zwar nicht machtlos. Doch bestimmten hier eindeutig die politischen Organisationen der Bauernschaft sowie des alten und neuen Mittelstandes den politischen Entscheidungsprozess. Es war also unmöglich, das große Industriegebiet gegen die Arbeiterschaft bzw. das Agrargebiet gegen die Bauernschaft zu regieren. Die wirtschaftliche Struktur des Landes stellte einen Gleichgewichtszustand her, der in den ersten Nachkriegsjahren nur durch einen Bürgerkrieg hätte beendet werden können. Dieser wirtschaftlichen und sozio-kulturellen Polarisierung entsprach im Großen und Ganzen das politische Kräfteverhältnis der Ersten Republik, weil einer geschlossenen Bürgerblockregierung eine nicht weniger homogene Sozialdemokratie mit ihrem Machtschwerpunkt im „Roten Wien" gegenüberstand.

---

[103] Vgl. Bauer 1923, S. 196-248.
[104] A.a.O., S. 232f.
[105] Vgl. a.a.O., S.249-291.
[106] Vgl. zum historischen Kontext des Programms Feichter 1975, S. 233-339.

Andererseits kann man die Konzeption des „Gleichgewichts der Klassen-kräfte" aber auch als ein normativ-legitimatorisches Theorem bezeichnen, das die Funktion hatte, eine bestimmte Politik gegenüber den sozialdemokratischen Parteimitgliedern zu rechtfertigen und sie gleichzeitig in ihrer ideologischen Orientierung zu stabilisieren. Gemeint ist also die Akzeptierung des parlamenta-rischen Systems und seines gewaltlosen, durch Wahlen vermittelten Wechsel-spiels von Regierung und Opposition, verbunden mit der Möglichkeit einer Koa-lition auch mit bürgerlichen Parteien, ohne freilich das Ziel des demokratischen Sozialismus aus den Augen zu verlieren. Allerdings musste das Linzer Pro-gramm von der Erfahrung ausgehen, dass nach dem erfolgreichen Widerstand der Christlich-Sozialen Partei gegen die geplanten Sozialisierungen unmittelbar nach dem Ersten Weltkrieg und die Vereinheitlichung des bürgerlichen Lagers durch den Prälaten Ignaz Seipel der parlamentarische Kampf um die Macht nur aus der Opposition heraus erfolgreich geführt werden konnte. In einer solchen Kräftekonstellation musste das bonapartismustheoretische Muster des „Klassen-gleichgewichts" dann eine normativ-legitimatorische Schlüsselposition erlangen, wenn das sozialdemokratische Lager in demokratischen Wahlen die absolute Mehrheit der Stimmen auf sich vereinigte. Wie würde der bürgerliche Klassen-gegner reagieren, wenn das Gleichgewicht zwischen den Lagern sich zugunsten der sozialdemokratischen Arbeiterschaft veränderte? Dieses strategische Problem stand im Zentrum des Linzer Programms. Seiner Beantwortung lag die ernüch-ternde Erkenntnis zugrunde, dass die unter christlich-sozialer Hegemonie ste-hende Bürgerblockregierung gewaltlos nur unter der Bedingung ihre Machtposi-tionen auf dem Boden der Demokratie räumen würde, dass sie sich aufgrund der politischen Kräfteverhältnisse dazu gezwungen sähe. Daher sei es für die Sozial-demokratie ein kategorisches Gebot, sich in ständiger Abwehrbereitschaft zu üben, ihre außerparlamentarischen Machtpositionen zu stärken und ihren Ein-fluss auf das Bundesheer zu stabilisieren: „Die sozialdemokratische Arbeiter-schaft muß daher", so das Linzer Programm, „die Arbeiterklasse in ständiger organisierter geistiger und physischer Bereitschaft zur Verteidigung der Republik erhalten, die engste Geistesgemeinschaft zwischen der Arbeiterklasse und den Soldaten des Bundesheeres pflegen, sie ebenso wie die anderen bewaffneten Korps des Staates zur Treue zur Republik erziehen".[107]

Doch das Linzer Programm wurde aus einem anderen Grund zu Recht be-rühmt: Als eines der wenigen sozialdemokratischen Parteiprogramme stellte es die Frage, wie die SDAPÖ reagieren sollte, wenn sich das bürgerliche Lager ge-waltsam gegen den sozialdemokratischen Versuch wendet, „mit den Mitteln der

---

[107] Protokoll 1926, S. 175f.

51

Demokratie die Klassenherrschaft der Bourgeoisie"[108] zu brechen. Die Macht-übernahme Mussolinis in Italien vor Augen, kalkulierte man die Möglichkeit ein, dass das bürgerliche Lager dem demokratischen Sozialismus eine „monarchisti-sche oder *faschistische Diktatur* (Hervorhebung von mir, R.S.)"[109] entgegenstellt. Es könne also, so die Annahme, zu einer Konfrontation kommen, in der es notwen-dig wird, „die demokratische Republik gegen jede monarchistische oder *faschisti-sche* (Hervorhebung von mir, R.S.) Gegenrevolution zu verteidigen".[110] In einem solchen Fall, so das „Linzer Programm", wäre die Arbeiterklasse gezwungen, „den Widerstand der Bourgeoisie mit den Mitteln der Diktatur zu brechen".[111] Wir können also im Linzer Programm drei bonapartismustheoretische Elemente entdecken, die in ihren späteren Versionen ab 1930 eine zentrale Rolle spielen sollten: 1. Faschismusgefahr besteht dann, wenn sich das bürgerliche Lager auch gegen eine demokratisch agierende sozialistische Partei in die Defensive ge-drängt fühlt, weil sich das „Klassengleichgewicht" zu ihren Ungunsten verändert oder ihre Profitmaximierung erschwert zu werden droht. 2. Faschismustheoreti-sche Konzeptionen haben ihren Ursprung in der Frage, mit welchen Mitteln die Arbeiterbewegung antworten soll, wenn sie einer faschistischen Offensive gegen-übersteht. 3. Die „faschistische Konterrevolution" wird nicht auf eine Soziologie der „herrschenden Klasse" reduziert, sondern als Ausfluss einer *gesamtgesell-schaftlichen Klassenkonstellation* interpretiert. Als in Deutschland der Nationalsozi-alismus 1930 zu einer Massenbewegung geworden war, wenige Jahre später im Januar 1933 an die Macht gelangte und sich der italienische Faschismus trotz aller gegenteiligen Prognosen konsolidieren konnte, ist freilich dieses Muster um wei-tere Dimensionen erweitert worden. Sie geraten aber nur dann unverstellt in den Blick, wenn wir uns ihren ideengeschichtlichen Ursprüngen zuwenden.

Wie schon hervorgehoben, finden sich die ideengeschichtlichen Wurzeln des bonapartismutheoretischen Ansatzes in der Schrift „Der achtzehnte Brumaire des Louis-Bonaparte" von Karl Marx. In dieser Analyse der 1848er Revolution in Frankreich glaubte Marx, eine ganz spezifische Konstellation erkennen zu kön-nen, die eine für die bürgerliche Gesellschaft ansonsten untypische Verselbst-ständigung der Politik gegenüber ökonomischen Klasseninteressen ermöglichte. Einerseits sei das bürgerliche Lager zerfallen in großagrarische und industriell-kapitalistische Interessen. In sich zerstritten, führe diese Konstellation zur Hand-lungsunfähigkeit der auf dem Zensuswahlrecht beruhenden Nationalversamm-lung. Nicht mehr stark genug, die politische Herrschaft durch seine eigenen Re-

---

[108] Ebd.
[109] A.a.O., S. 175.
[110] Ebd.
[111] A.a.O., S. 176.

präsentanten auszuüben, sehe sich andererseits das bürgerliche Lager konfrontiert mit einem jungen Proletariat, das weder von der Zahl seiner Mitglieder noch qualitativ aufgrund der Kompetenz seiner Anführer zu schwach war, selbst die politische Herrschaft auszuüben. Die Folge dieser Selbstblockade des Parlaments ist Marx zufolge eine Machtakkumulation in der Hand der staatlichen Bürokratie und die Erkenntnis der bürgerlichen Kräfte, dass es angesichts der noch immer vorhandenen Bedrohung durch das Proletariat zu einer Diktatur keine Alternative gebe, welche die soziale Herrschaft der kapitalistischen Eliten garantiere: „Indem also die Bourgeoisie", so lautete die berühmte Schlussfolgerung Marx', „was sie früher als ‚liberal' gefeiert, jetzt als ‚sozialistisch' verketzert, gesteht sie ein, daß ihr eignes Interesse gebietet, sie der Gefahr des *Selbstregierens* zu überheben, daß, um die Ruhe im Lande herzustellen, vor allem ihr Bourgeoisparlament zur Ruhe gebracht, um ihre gesellschaftliche Macht unversehrt zu erhalten, ihre politische Macht gebrochen werden müsse; daß die Privatbourgeois nur fortfahren können, die anderen Klassen zu exploitieren und sich ungetrübt des Eigentums, der Familie, der Religion und der Ordnung zu erfreuen, unter der Bedingung, daß ihre Klasse neben den andern Klassen zu gleicher politischer Nichtigkeit verdammt werde; daß, um ihren Beutel zu retten, die Krone ihr abgeschlagen und das Schwert, das sie beschützen solle, zugleich als Damoklesschwert über ihr eignes Haupt gehängt werden müsse".[112]

Mit dem politischen Bekenntnis des bürgerlichen Lagers, dass es „seine eigne politische Herrschaft loszuwerden schmachte, um die Mühen und Gefahren der Herrschaft loszuwerden"[113], schlug nach Marx die Stunde des Abenteurers Louis Bonaparte. „Die Staatsmaschine hat sich der bürgerlichen Gesellschaft gegenüber so befestigt, daß an ihrer Spitze der Chef der Gesellschaft vom 10. Dezember genügt, ein aus der Fremde herbeigelaufener Glücksritter, auf den Schild gehoben von einer trunkenen Soldateska, die er durch Schnaps und Würste erkauft hat".[114] Frankreich, so Marx, scheine „der Despotie einer Klasse entlaufen, um unter die Despotie eines Individuums zurückzufallen, und zwar unter die Autorität eines Individuums ohne Autorität. Der Kampf scheint so geschlichtet, daß alle Klassen gleich machtlos und gleich lautlos vor dem Kolben niederknien".[115] Doch diese Diktatur hat Marx zufolge ihre Grenze darin, dass sie auf einer Art Bündnis mit den traditionellen Eliten beruht. Denn die „verselbständigte Exekutive" mit ihrem Primat der Politik bleibt insofern der bürgerlichen Gesellschaft verhaftet, als ihre Inhaber im Gegenzug zum Verzicht auf die Selbstre-

---

[112] A.a.O., S. 264.
[113] A.a.O., S. 294.
[114] A.a.O., S. 306.
[115] A.a.O., S. 305.

gierung des Bürgertums die Garantie der privaten Verfügung über die Produktions- und Arbeitsmittel, also dessen soziale Herrschaft, zu sichern haben. Auch ist die Diktatur Louis-Bonaparte, s nicht ohne eine gesellschaftliche Basis. Neben seinem Anhang im Pariser Lumpenproletariat konnte er mit der Unterstützung der großen Masse der politikunfähigen Parzellenbauern rechnen. Sie seien außerstande, so Marx, „ihre Klasseninteressen im eigenen Namen, sei es durch ein Parlament, sei es durch einen Konvent, geltend zu machen. Sie können sich nicht vertreten, sie müssen vertreten werden. Ihr Vertreter muß zugleich ihr Herr, als eine Autorität über ihnen erscheinen, als eine unumschränkte Regierungsgewalt, die sie vor den anderen Klassen beschützt und ihnen von oben Regen und Sonnenschein schickt. Der politische Einfluß der Parzellenbauern findet also darin seinen letzten Ausdruck, daß die Exekutivgewalt sich die Gesellschaft unterordnet".[116] Die relevanten Kategorien des Bonapartismus-Modells im Kontext der Marxschen Schrift „Der achtzehnte Brumaire es Louis Bonarparte" sind damit genannt (Abb. 4).

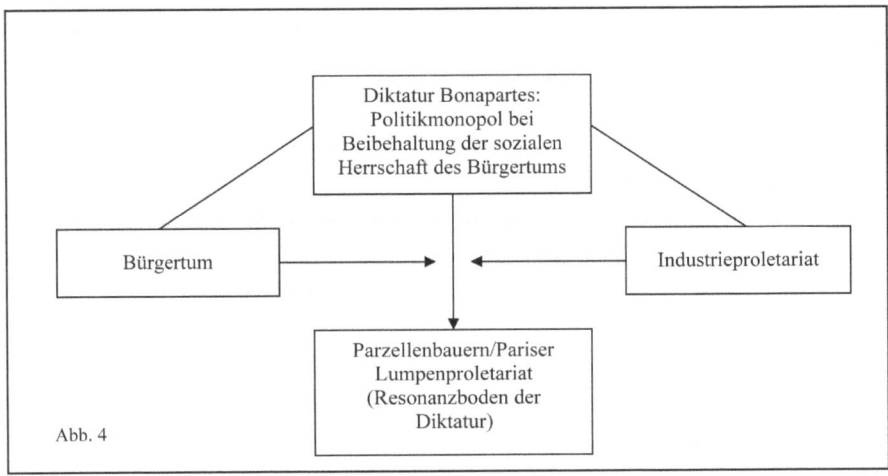

Abb. 4

Wie die Strukturmerkmale des „Gleichgewichts der Schwäche", des Bündnisses des bonapartischen Machthabers und seines Anhanges mit den bürgerlichen Eliten, die kategoriale Unterscheidung zwischen politischer und gesellschaftlicher Herrschaft sowie die relativ von der bürgerlichen Gesellschaft „verselbstständigte Exekutive" von den marxistischen Theoretikern der Zwischenkriegszeit auf den Faschismus übertragen wurde, wird im Folgenden zu zeigen sein.

---

[116] A.a.O., S. 307.

§ 2 Das Bonapartismus-Modell in den faschismustheoretischen Diskursen oppositioneller Kommunisten (Thalheimer, Trotzki, Gramsci/Poulantzas)

Wie wir sahen, hatte die bonapartismustheoretische Faschismuskonzeption schon sehr früh Anhänger in der linken Sozialdemokratie, insbesondere im Austromarxismus: Es ist gezeigt worden, dass sich das Linzer Programm in seinen entscheidenden Aussagen von ihr inspirieren ließ. Daneben griffen aber auch oppositionelle Kommunisten auf dieses Muster zurück, die sich der stalinistischen Hegemonie der Sowjetunion entzogen und gleichzeitig nach einer realistischeren Analyse des Faschismus suchten als die sowjetmarxistische Konzeption sie bot.

1930 unternahm es August Thalheimer[117], in paradigmatischer Weise den italienischen Faschismus im Licht des Marxschen Bonapartismus-Modells zu interpretieren.[118] Es ist innerhalb des marxistischen Diskussionszusammenhanges zwischen den Weltkriegen sein Verdienst, sich sehr früh dezidiert vom sowjetmarxistischen Ansatz einer Faschismusinterpretation[119] distanziert zu haben. Für ihn war dem Phänomen des Faschismus nicht durch eine soziologische Analyse der herrschenden Klasse unter monopolkapitalistischen Bedingungen beizukommen. Ein realistischer Zugriff gelinge nur, wenn er „die Gesamtheit der Klassenverhältnisse eines gegebenen Landes, einer gegebenen Gesellschaft"[120] fokussiere. In diesem Zusammenhang sei zentral, dass es in einer bürgerlichen Gesellschaft zur Herausbildung eines bonapartistischen Regimes nur dann komme, wenn die Bourgeoise sich im Zustand der Schwäche angesichts einer drohenden proletarischen Revolution befinde. „Der Bonapartismus ist also eine Form der bürgerlichen Staatsmacht im Zustand der Verteidigung, der Verschanzung, der Neubefestigung der proletarischen Revolution. (...) Seine andere Form, aber nah verwandte Form, ist die faschistische Staatsform".[121] Deren Zustandekommen interpretierte er im Licht der Marxschen Kategorien des Klassengleichgewichts, der Bündnisstruktur und der ihr zugrunde liegenden analytischen Unterscheidung zwischen sozialer und politischer Herrschaft sowie der „verselbständigten" Exekutive. Zu welchen Resultaten kam Thalheimer, als er den italienischen Faschismus im Licht dieser Kategorien interpretierte?

---

[117] August Thalheimer wurde in Affaltrach (heute Oberulm) am 18.3.1884 geboren; er starb am 19.9.1948 in Havanna. Ursprünglich Mitglied der SPD, gehörte er von 1917-1919 dem Spartakusbund und von 1919-1923 der Zentrale der KPD an, wo er sich als einer ihrer führenden marxistischen Theoretiker profilierte. Im Dezember 1928 aus der KPD ausgeschlossen, bekämpfte er die offizielle Linie der KPD im Rahmen der KPO (Quelle: Brockhaus Enzyklopädie, 22. Auflage, Bd. 22, S. 60).
[118] Vgl. u.a. Griepenburg/Tjaden 1966, S. 461-472; Winkler 1978, S. 85-86; Hildebrand 1979, 125-126; Wippermann 1981, S. 113-17; Jaschke 1982; Saage 1997, S. 109-11; Kershaw 2002, S. 51-52.
[119] Vgl. Kap. II.
[120] Thalheimer 1967, S. 28.
[121] Ebd.

Zunächst ist wichtig, dass er den Bonapartismus nicht mit dem Faschismus einfach gleichsetzte: Der erstere war für ihn das autoritäre Regime Louis Bonapartes in Frankreich, während er unter dem Faschismus die Diktatur Mussolinis in Italien verstand. Dennoch gelangte er in seiner Komparatistik zu einer Reihe übereinstimmender Merkmale. So kennzeichnete er den italienischen Faschismus wie den Bonapartismus durch die „Verselbständigung der Exekutivgewalt, die politische Unterwerfung aller Massen, einschließlich der Bourgeoisie selbst, unter die faschistische Staatsmacht bei sozialer Herrschaft der Großbourgeoisie und der Großgrundbesitzer. Gleichzeitig will der Faschismus, wie der Bonapartismus, der allgemeine Wohltäter aller Klassen sein: daher ständige Ausspielung einer Klasse gegen die andere, ständige Bewegung in Widersprüchen im Innern".[122] Gemeinsame Schnittmengen gebe es auch im Herrschaftsapparat beider Regime. „Die faschistische Partei ist ein Gegenstück zu der ‚Dezemberbande' Louis Napoleons. Ihr sozialer Bestand: Deklassierte aller Klassen, des Adels, der Bourgeoisie, des städtischen Kleinbürgertums, der Bauernschaft, der Arbeiterschaft".[123] Übereinstimmung herrsche gleichfalls in der Situation des Klassenkampfes, aus der sowohl die bonapartistische als auch die faschistische Form der Staatsmacht hervorgehe. „Im Falle des italienischen Faschismus, wie dem des Bonapartismus, ein gescheiterter Ansturm des Proletariats, darauffolgende Enttäuschung der Arbeiterklasse, die Bourgeoisie erschöpft, zerfahren, energielos nach einem Retter ausschauend, der ihre soziale Macht befestigt".[124] Ähnlichkeiten glaubte Thalheimer zudem in der Ideologie und im Führungspersonal von Bonapartismus und Faschismus feststellen zu können. „Hauptmittel die ‚nationale Idee', der Scheinkampf gegen parlamentarische und bürokratische Korruption, Theaterdonner gegen das Kapital usw. Verwandte Züge schließlich bei den ‚Helden' des Staatsstreiches".[125]

Ähnlich wie Louis Bonaparte sei darüber hinaus Mussolini ein Emporkömmling gewesen, zwar nicht aus dem Kleinadel wie sein Gegenpart, sondern aus der Arbeiterklasse. Gleichzeitig entspreche „der Betätigung Louis Bonapartes bei den italienischen Carbonari (...) die Mussolinis bei der italienischen Sozialdemokratie".[126] Und schließlich, so Thalheimer, versprechen Bonapartismus wie Faschismus, die Interessen der Bourgeoisie, des Kleinbürgertums, der Bauern und der Arbeiterschaft gleichermaßen zu vertreten. Zur Verdeckung der Widersprüchlichkeit ihrer Politik sind beide Regime gezwungen, die Gesellschaft stän-

---

[122] A.a.O., S. 31.
[123] A.a.O., S. 32.
[124] Ebd.
[125] Ebd.
[126] A.a.O., S. 32f.

dig als bedroht erscheinen zu lassen: Nur so können sie sich als deren „Retter" profilieren. Zugleich treiben diese inneren Widersprüche ebenso wie die national-imperialistische Ideologie beide Diktaturen zu außenpolitischen Vorstößen oder sogar zum Krieg.[127] Freilich treten diesen Gemeinsamkeiten von Faschismus und Bonapartismus Thalheimer zufolge drei Differenzen gegenüber, die eher den unterschiedlichen historischen Entwicklungsstadien des Kapitalismus in der zweiten Hälfte des 19. und in den 30er Jahren des 20. Jahrhunderts geschuldet sind. „Der dritte Napoleon operierte noch im Zeitalter des Kapitalismus der freien Konkurrenz und der unvollendeten bürgerlichen Revolution in Italien, in Deutschland. Der revolutionäre Rechtstitel, der für eine gewisse Zeit auf der Seite Napoleons I. gewesen war, und den er auszubeuten sucht, arbeitet jetzt wider ihn. (...) Mussolinis Außenpolitik dagegen ist von vornherein imperialistisch im modernen Sinne des Wortes begründet und gerichtet. Sie ist so ‚zeitgemäß', wenn auch antik maskiert, aber von vornherein und offen reaktionär".[128] Eine weitere Differenz sah Thalheimer in den organisatorischen Grundlagen und Mitteln der Staatsmacht beider Regime. „Die ‚Dezemberbande' von Louis Bonaparte war das Gegenstück zu der kleinen revolutionären Geheimorganisation der damaligen französischen Arbeiterklasse. Die faschistische Partei ist das konterrevolutionäre Gegenstück zur Kommunistischen Partei Sowjetrusslands. Sie ist also, im Unterschied von der Louis Napoleons, von vornherein eine breite Massenorganisation".[129]

Thalheimers Faschismustheorie hinterlässt einen zwiespältigen Eindruck. Trotz ihrer grundsätzlichen Unterscheidung zwischen Bonapartismus und Faschismus ignoriert sie die qualitative Differenz im autoritären Politikstil des ersteren mit dem absoluten Willen zur Vernichtung des Gegners, der sich explizit zur Anwendung offener Gewalt als Medium der gesellschaftlichen Synthese bekannte. In der Tat hat der italienische Faschismus insbesondere in seiner Frühphase eine Gewaltbereitschaft als reguläres Mittel der Politik demonstriert, wie es bisher in der Geschichte des 19. und 20. Jahrhunderts einmalig gewesen ist. So berichtet ein Zeitzeuge wie Ignazio Silone, daß „allein im ersten Halbjahr 1921 die Fascisten (...) vollständig (zerstörten): 25 Volkshäuser, 59 Arbeitskammern, 85 Genossenschaften, 43 Landarbeiterverbände, 51 politische Zirkel, 10 Druckereien, 6 Tageszeitungen".[130] Die faschistischen „Strafexpeditionen" gegen ihre sozialistischen und kommunistischen Gegner verlief immer wieder nach demselben Muster: In Absprache und Kooperation mit den großagrarischen Eliten, der Polizei

---

[127] Vgl. a.a.O., S. 33.
[128] A.a.O., S. 34.
[129] A.a.O., S. 35.
[130] Silone 1978, S. 110.

und dem Heer „verbrennen (sie) die Häuser der als gefährlich bezeichneten Elemente, deren schwärzestes Verbrechen darin bestand, an der Gründung der Genossenschaft mitgewirkt zu haben. Andere Elemente wieder werden für unbestimmte Zeit aus dem Dorfe verbannt, andere, oft die friedlichsten, mit Rizinusöl traktiert oder in Gegenwart ihrer Frauen und Kinder verprügelt. Diejenigen, die Widerstand leisten, werden getötet, auch bedroht man alle mit dem Tode, die sich für den Wiederaufbau des Verbandes oder Genossenschaft einsetzen. Es sind auch zahlreiche Fälle bekannt geworden, wo der ‚Clou‘ der faschistischen Strafexpeditionen darin bestand, daß Frauen und Mädchen von Bauern, deren sozialistische Einstellung bekannt war, öffentlich vergewaltigt wurden".[131] Andererseits hat Thalheimer in Anlehnung an das Marxsche Analyse-Muster der 1848er Revolution in Frankreich als einer der ersten Autoren ein Raster entwickelt, dessen Bedeutung für die Faschismusforschung außer Frage steht. Der renommierte britische Hitlerbiograph und Historiker des Dritten Reiches Ian Kershaw hält zwar den sowjetmarxistischen Ansatz für überholt. Doch er fügt hinzu: „Schon eher bedauerlich ist es allerdings (auch wenn hier sicherlich die Meinungen auseinander gehen) die abfällige Haltung, die zur Zeit *allen* marxistischen Analysevarianten entgegengebracht wird, sogar denen, die zumindest (wie die auf Gramsci oder die Marxschen Bonapartismus-Texte zurückgehenden Ansätze) intellektuell befruchtend und heuristisch stimulierend gewirkt haben".[132]

Trifft diese Aussage auch auf einen bonapartismustheoretisch orientierten Faschismusanalytiker wie Leo Trotzki[133] zu? Trotzki[134] entwickelte sein Bonapartismus-Modell in der Auseinandersetzung mit den Präsidialkabinetten in der Weimarer Republik der Jahre 1930 bis 1932 und der von der Komintern vertretenen Sozialfaschismusthese.[135] Während diese, wie bereits gezeigt worden ist,

---

[131] A.a.O., S. 111.
[132] Kershaw 2002, S. 357.
[133] Vgl. u.a. Mandel 1971, S. 9-52; Schissler 1975, S. 236-241; Wistrich 1976, S. 170-171; Wippermann 1981, S. 117-122; Saage 1997, S. 109-111; Kershaw 2002, S. 53-54.
[134] Leo (Lew) Dawidowitsch Trotzki wurde am 28.10.1879 in Janowka (Gebiet Cherson) geboren und am 21.8.1940 von einem stalinistischen Agenten in Coyoacàn (bei Mexiko) ermordet. Nach der Spaltung der russischen Sozialdemokratie 1903 neigte er zunächst den Menschewiki zu, suchte aber dann zwischen diesen und den Bolschewiki zu vermitteln. In der russischen Revolution von 1905-6 nahm er von Oktober bis Dezember 1905 eine führende Stellung im Petersburger Sowjet ein. Nach dem Ausbruch der Februarrevolution kehrte Trotzki im Mai 1917 nach Russland zurück und schloss sich im Juli den Bolschewiki an. Mit großer Energie und Beredsamkeit ausgestattet, stieg er schnell in die Führungsspitze der Bolschewiki auf. Nach seiner Ernennung zum Kriegskommissar (März 1918) baute er die Rote Armee auf. Im Bunde mit Sinowjew und Kamenew gelang es Stalin, Trotzki zu entmachten. Nach seiner Absetzung als Kriegskommissar 1925, musste Trotzki 1926 das Politbüro verlassen. 1928 wurde er nach Kasachstan verbannt und 1929 aus der Sowjetunion ausgewiesen. Als Emigrant (zuletzt in Mexiko) setzte er seinen Kampf gegen Stalin unter der Devise „Verrat der Revolution" fort und veranlasste seine Anhänger, die „Trotzkisten", zur Gründung der IV. Internationale (Quelle: Brockhaus Enzyklopädie, 22. Auflage, Bd.22, S. 47).
[135] Vgl. Kap. II, §§ 1 u. 2.

suggerierte, die auf der Grundlage des Art. 48 der WRV amtierenden, vom Vertrauen des Reichspräsidenten abhängigen Kabinette Brüning, Papen und Schleicher seien bereits „faschistisch", warnte er vor einer Verharmlosung der wahren
Qualität des deutschen Faschismus: „Die Machtergreifung der deutschen ‚Nationalsozialisten' würde vor allem die Vernichtung der Elite des deutschen Proletariats nach sich ziehen, die Zerstörung seiner Organisationen, den Verlust seines
Selbstvertrauens und des Glaubens an seine Zukunft. Entsprechend der weitaus
größeren Reife und Schärfe der sozialen Gegensätze in Deutschland würde sich
die Höllenarbeit des italienischen Faschismus wahrscheinlich als eine unbedeu-
tende, beinahe humane Erfahrung ausnehmen im Vergleich zur Arbeit des deutschen Nationalsozialismus".[136] Auch sei es eine Illusion, der von Kommunisten
und Sozialdemokraten vertretenen These zu vertrauen, der deutsche Faschismus
an der Macht gehe rasch an den Widersprüchen seiner eigenen Basis zugrunde.
„Selbstverständlich wird der siegreiche Faschismus *irgendwann einmal* den objektiven Widersprüchen und seiner eigenen Unzulänglichkeit zum Opfer fallen.
Aber unmittelbar, für eine absehbare Zukunft, für die nächsten zehn bis zwanzig
Jahre würde der Sieg des Faschismus in Deutschland einen Bruch in der Entwicklung der revolutionären Tradition bedeuten, den Zusammenbruch der Komintern, den Triumph des Weltimperialismus in seiner abscheulichsten und blutgie-
rigsten Form".[137] 1932 glaubte Trotzki, die Entwicklung sei noch offen. Doch die
Entscheidung rücke näher. „Es kommt der Augenblick, wo die vorrevolutionäre
Situation umschlagen muß in die revolutionäre oder – die konterrevolutionäre. In
welche Richtung sich die Lösung der deutschen Krise entwickeln wird, davon
wird auf viele Jahre hinaus nicht nur das Schicksal Europas, das Schicksal der
ganzen Welt abhängen".[138]

„Wichtiger als alles andere", so betonte Trotzki immer wieder, sei „jetzt eine
realistische Einschätzung der Kräfteverhältnisse".[139] Das aber sei nur möglich,
wenn sich die Kommunisten bei der Analyse des Faschismus von der sowjetmarxistischen Agenturtheorie trennten und sich dem Marxschen Bonapartismus-
Modell zuwendeten. „Jede wirkliche Analyse der politischen Lage muß von den
Beziehungen zwischen drei Klassen ausgehen: Bourgeoisie, Kleinbürgertum (samt
Bauernschaft) und Proletariat. Die wirtschaftlich mächtige Großbourgeoisie stellt
an sich eine verschwindende Minderheit der Nation dar. Um ihre Herrschaft zu
befestigen, muß sie bestimmte Beziehungen zum Kleinbürgertum sichern und –

---

[136] Trotzki 1971, Bd.I, S. 156.
[137] A.a.O., S. 157.
[138] A.a.O., S. 152.
[139] A.a.O., S. 161.

durch dessen Vermittlung – mit dem Proletariat".[140] Aber dieses Verhältnis dürfe nicht ahistorisch gedeutet, sondern müsse in den Kontext der geschichtlichen Entwicklung der bürgerlichen Gesellschaft eingeordnet werden. Trotzki übernahm zu diesem Zweck das Dreistadiengesetz der Entwicklung des Kapitalismus, von dem, wie wir sahen, auch die Komintern ausging: „den Anfang der kapitalistischen Entwicklung, als die Bourgeoisie zur Lösung ihrer Aufgaben revolutionäre Methoden benötigte; die Blüte- und Reifeperiode des kapitalistischen Regimes, wo die Bourgeoisie ihrer Herrschaft geordnete, friedliche, konservative, demokratische Formen verlieh; endlich den Niedergang des Kapitalismus, wo die Bourgeoisie gezwungen ist, zu Bürgerkriegsmethoden gegen das Proletariat zu greifen, um ihr Recht auf Ausbeutung zu wahren".[141] Diesen drei historischen Epochen in der Entwicklung des Kapitalismus ordnete Trotzki jeweils charakteristische politische Programme kleinbürgerlichen Zuschnitts zu: In der revolutionären Aufbruchphase des Kapitalismus sei das Jakobinertum, in der Periode der Blüte und Reife die reformistische Demokratie (darunter auch Sozialdemokratie) und in der Etappe des Niedergangs der Faschismus hegemonial.

Der Bruch Trotzkis mit dem sowjetmarxistischen Ansatz erfolgte erst bei der Analyse der politischen Kräfteverhältnisse in der Endphase der Weimarer Republik. Wie Marx und Thalheimer vor ihm, so war auch für ihn die Verschiebung der politischen Machtverhältnisse von der Normallage der liberalen Demokratie (1924-1928) zu den bonapartistischen Präsidialkabinetten ab 1930 nicht ein Vorgang, der sich vorwiegend innerhalb der „herrschenden Klasse" selbst abspielte, sondern Konsequenz des Aufstiegs des Faschismus zur „dritten Kraft" zwischen Kapital und Arbeit, die der Großbourgeoisie zunehmend die kleinbürgerlichen Massen entzog. Es handelte sich um die Schichten, welche einst das Wählerpotential der konservativ-bürgerlichen Parteien bildeten: „das kleine Handwerk – und Handelsvolk der Stadt, Beamte, Angestellte, technisches Personal, Intelligenz, heruntergekommene Bauern. (...) Die Hauptmasse der Faschisten besteht aus menschlichem Staub".[142] Als Folge dieses Vorganges habe sich ein Gleichgewicht zwischen dem proletarischen Lager (Sozialdemokraten und Kommunisten) und der faschistischen Massenbewegung herausgebildet: Das so entstandene Machtvakuum, das das nicht mehr mehrheitsfähige Parlament hinterließ, sei die Voraussetzung des Bonapartismus der Präsidialkabinette gewesen, welche sich auf eine „verselbständigte" Bürokratie und die Reichswehr stützten. „Sobald der Kampf zweier sozialer Lager – der Besitzenden und Besitzlosen, der Ausbeuter und der Ausgebeuteten – höchste Spannung erreicht, sind die Bedingungen für

---

[140] A.a.O., S. 356.
[141] Ebd.
[142] A.a.O., S. 159.

die Herrschaft von Bürokratie, Polizei, Soldateska gegeben. Die Regierung wird ‚unabhängig' von der Gesellschaft. Erinnern wir nochmals daran: steckt man zwei Gabeln symmetrisch in einen Kork, so kann er sich sogar auf einem Stecknagelkopf halten. Dies ist eben das Schema des Bonapartismus".[143] Seine soziale Funktion bestehe darin, dass er in dem Maße, wie er sich über die kämpfenden Lager erhebe, mit Hilfe des militärisch-polizeilichen Apparates den Bürgerkrieg verhindert, „um Eigentum und Ordnung zu beschirmen".[144]

Zugleich betonte Trotzki aber auch die Labilität dieses bonapartistischen Regimes, das autoritär am Parlament vorbei regierte. Einerseits seien die hinter ihnen stehenden traditionellen Eliten in sich zersplittert. „Die deutsche Großbourgeoisie schwankt gegenwärtig – ein Zustand, den die Großbourgeoisie im allgemeinen selten erlebt. Der eine Teil ist endgültig zur Überzeugung von der Unvermeidlichkeit des faschistischen Weges gelangt und möchte die Operation beschleunigen. Der andere Teil hofft, die Lage mit Hilfe der bonapartistischen, militärisch-polizeilichen Diktatur meistern zu können. Eine Rückkehr zur Weimarer Republik wünscht in diesem Lager niemand".[145] Andererseits fehle einem bonapartistischen Regime die für politische Stabilität in einer hochindustrialisierten Gesellschaft notwendige Massenbasis: Vom Bonapartismus im Frankreich der zweiten Hälfte des 19. Jahrhunderts, der in die Aufstiegsperiode des Kapitalismus falle, unterscheide sich die Variante seiner Verfallsepoche gravierend. Der deutsche Bonapartismus der 1930er Jahre verfüge nicht mehr wie sein Vorgänger im 19. Jahrhundert über eine Massenbasis in der „Kleinbourgeoisie des Dorfes oder der Stadt".[146] Seine Schwäche bestehe gerade darin, dass er sich ausschließlich und unmittelbar nur „auf die Spitzen der besitzenden Klasse und nur auf sie"[147] stützen könne. Ergreife das Proletariat seine revolutionäre Chance nicht, so gehe aus diesem Grund der Bonapartismus in den Faschismus über. Bonapartismus und Faschismus seien zwar zwei klar zu unterscheidende Regime der bürgerlichen Gesellschaft, aber sie dürften nicht als „zwei logisch unvereinbare Kategorien"[148] missverstanden werden. Es könne nämlich zu einer charakteristischen Bündnisstruktur kommen, wenn sich der siegreiche Faschismus gezwungen sehe, „nicht nur mit den Bonapartisten einen Block zu bilden, sondern sich darüber hinaus in seiner Struktur dem bonapartistischen System anzunähern. Eine dauernde Herrschaft des Finanzkapitals durch reaktionäre Sozialdemagogie und kleinbürgerlichen Terror ist unmöglich. Einmal an der Macht, sind die fa-

---

[143] A.a.O., S. 351.
[144] A.a.O., S. 424.
[145] A.a.O., S. 362.
[146] A.a.O., S. 427.
[147] Ebd.
[148] Trotzki 1971, Bd. II, S. 682.

schistischen Führer gezwungen, die Massen, die ihnen folgen, mit Hilfe des Staatsapparats zu zügeln".[149] Das italienische Beispiel vor Augen, spricht Trotzki dann auch von einem Bonapartismus faschistischen Ursprungs, „der aus der Zerschlagung, Desillusionierung und Demoralisierung der beiden Massen-Lager erwächst und sehr viel stabiler ist".[150]

Auf den ersten Blick scheint Nicos Poulantzas in seiner Faschismus-Analyse auf den Spuren Trotzkis zu wandeln, wenn er wie dieser zwischen Bonapartismus und Faschismus unterscheidet. Doch Poulantzas beruft sich nicht nur auf das Hegemoniekonzept[151] Antonio Gramscis[152], wenn er seinen analytischen Fokus auf den Zerfall des Zusammenhalts der herrschenden Klassen richtet, die es nicht mehr schaffen, eine politisch-geistige Vorherrschaft über die bürgerliche Gesamtgesellschaft, also über die beherrschten Unterschichten, aufrechtzuerhalten. „Gramsci bestimmt innerhalb des allgemeinen Rahmens der politischen Krise *einen spezifischen Fall von politischer Krise*, den Fall der *Krise der Hegemonie* oder der katastrophischen Krise des Gleichgewichts, dessen Folgeerscheinung der *Cäsarismus* sei. Es handelt sich hier nicht mehr um ein bloßes Gleichgewicht von vorhandenen Hauptkräften, sondern um ein spezifisches Gleichgewicht, das so geartet ist, daß ‚der weitere Verlauf des Kampfes nicht anders als mit der gegenseitigen Vernichtung enden kann' (Gramsci), was eine katastrophenhafte Perspektive eröffne".[153] Die Lösung dieser politischen Krise ist nach Poulantzas die Chance des Faschismus, die Hegemonie der dominierenden Klasse durch den Rekurs auf offene Gewalt und mit Unterstützung seiner Massenbasis wieder herzustellen. Darüber hinaus unterwirft er die Bonapartismustheorie selbst einer scharfen Kritik. Den wichtigsten Fehler dieses Ansatzes sah Poulantzas darin, dass man „die berühmten Thesen von Marx im 18. Brumaire über den Gegensatz von Staat und Gesellschaft und die Unabhängigkeit des Staates gegenüber der Gesellschaft falsch (interpretiert)"[154] habe. Diese Fehleinschätzung, so Poulantzas,

---

[149] Ebd.
[150] Ebd.
[151] Vgl. Gramsci 1967, S. 336f sowie Gramsci 1948.
[152] Antonio Gramsci wurde in Ales (Provinz Agliari) am 23.1.1891 geboren; er starb am am 27.4.1937 in Rom. Nach seinem Beitritt zum PSI wurde er einer der Führer seines linken Flügels. Seit 1919 gab er die Zeitschrift „L'Ordine Nuovo" (Die Neue Ordnung) heraus. Im April 1920 führte er den großen Generalstreik in Turin. 1921 beteiligte er sich in Livorno maßgeblich an der Gründung des PCI, dessen ZK er seitdem angehörte. 1911-23 arbeitete er für die Komintern. 1924 wurde er Abgeordneter in der italienischen Kammer. Im Januar 1926 zum Generalsekretär seiner Partei gewählt, trat er für ein politisches Bündnis mit den bürgerlichen Gegnern des Faschismus ein. Im November 1926 wurde er verhaftet und im Juni 1928 zu 20 Jahren Gefängnis verurteilt. In der Haft schrieb er zahlreiche Briefe und 33 Studienhefte politisch-philosophischen und kulturellen Inhalts. Kurz nach seiner Entlassung aus dem Gefängnis starb er an den Folgen der in der Haft erlittenen gesundheitlichen Schäden (Quelle: Brockhaus Enzyklopädie, 22. Auflage, Bd.9, S. 50).
[153] Poulantzas 1973, S. 62.
[154] A.a.O., S. 87.

musste dahin führen, „daß man dem faschistischen Staat eine relative Autonomie in einer *Art und Weise* und von einem solchen *Umfang* zugestand, wie er sie in Wirklichkeit nicht besaß – und letztlich zu einer Unfähigkeit, das Verhältnis zwischen Faschismus und Großkapital korrekt zu bestimmen. Das ging beispielsweise so weit, daß man von einer Verschiebung im Verhältnis *von ökonomischer Herrschaft* und *politischer Herrschaft* sprach, wobei die ökonomische Herrschaft vom Großkapital eingenommen, die politische Herrschaft dagegen von einem vollständig ‚unabhängigen‘ faschistischen Staat monopolisiert werde. Diese relative Autonomie würde letztlich sogar ein Zerbrechen der Verbindung zwischen Staat und hegemonialer Fraktion bedeuten".[155]

Doch Poulantzas Kritik kann nur wenig überzeugen, weil seine eigene Analyse den Rahmen des bonapartismustheoretischen Paradigmas keineswegs sprengt. Auch er stimmt mit ihren verschiedenen Varianten darin überein, „daß es simplizistisch und falsch wäre, zwischen Nationalsozialismus und Kapitalismus eine Identität anzunehmen, bei der der NS-Staatsapparat als ausführendes Instrument der herrschenden Klasse der extremsten Teile des Monopolkapitals fungierte".[156] Er stellt gleichfalls ins Zentrum seiner eigenen Faschismustheorie die Kategorie der relativen Autonomie des faschistischen Staates, ohne die er seine Aufgabe, die Erneuerung der kapitalistischen Hegemonie, gar nicht erfüllten könnte. Auch er erklärt die relative „verselbständigte Exekutive" und deren dadurch bewirkten Manövrierspielraum durch soziale Gleichgewichtszustände, und zwar als innere Widersprüche zwischen den Fraktionen der herrschenden Klasse einerseits und zwischen den herrschenden beherrschten Klassen andererseits.[157] Im Grunde genommen besteht die Differenz zwischen Poulantzas und den von ihm kritisierten bonapartismustheoretischen Ansätzen lediglich darin, dass er den aus der „relativen" Autonomie des faschistischen Staates sich ergebenden Handlungsspielraum gegenüber den ökonomischen Interessengruppen lediglich restriktiver einschätzt als Thalheimer, Trotzki und Bauer.

Wie wir sahen, analogisierte August Thalheimer im hohen Maße Bonapartismus und Faschismus. Die Differenzen zwischen beiden sozialen Bewegungen und Regimen sind ihm zufolge den unterschiedlichen historischen Kontexten und Entwicklungsgraden des Kapitalismus geschuldet. Vereinfacht ausgedrückt, könnte man sagen, in Thalheimers Version firmiert der Faschismus als die modernisierte, sich auf der Höhe der Krise der bürgerlichen Gesellschaft bewegende Variante des Bonapartismus. Gleichzeitig ist für ihn wie für Trotzki der moderne Bonapartismus Ausfluss der Endphase des kapitalistischen Wirtschaftssystems:

---

[155] A.a.O., S. 96.
[156] Kershaw 2002, S. 92.
[157] Poulantzas 1973, S. 87f.

eine Art Krisenmanagement, gefördert von einer Großbourgeoisie, welche historisch mit dem Rücken zur Wand steht: Sie verzichte auf die politische Herrschaftsausübung durch ihre eigenen Repräsentanten und überantworte sie der
bonapartistischen Diktatur, um ihre soziale Herrschaft zu retten. Beide sind sich
darin einig, dass der Übergang von der liberalen Demokratie zum Bonapartismus
nur durch eine gesamtgesellschaftliche Analyse, nicht durch eine bloße Soziologie des monopolkapitalistischen Blocks zu erklären ist. Und schließlich herrscht
Konsens zwischen ihnen, dass der Faschismus keine bloße Agentur großkapitalis-
tischer Oligarchien ist, sondern eine „dritte Kraft" zwischen Kapital und Arbeit
darstellt, die in Konfrontation mit dem Lager der Arbeiterbewegung einen neuen
Gleichgewichtszustand konstituiert. Doch Trotzki unterscheidet sich von Thalheimer dadurch, dass er Faschismus und Bonapartismus als zwei unterschiedliche Regime betrachtet, die den Unterschied zwischen einer autoritären und totalitären Diktatur markieren.

Problematisch an beiden Positionen erscheint freilich, dass sie ihre jeweilige
Bonapartismus- bzw. Faschismuskonzeption mit einem von der Komintern ge-
teilten geschichtsphilosophischen Ablaufmodell der Entwicklung des Kapitalismus verbinden: Nach der revolutionären Entstehungsphase und dem demokratischen Normalfall der bürgerlichen Gesellschaft ordnen sie den Bonapartismus
ihrer eigenen Gegenwart dem Niedergang des Kapitalismus zu. Nach diesem
Muster ist es die historische Aufgabe des Proletariats, durch einen revolutionären
Akt den Sozialismus zu erzwingen. Aber die historische Forschung ist sich einig,
dass in Italien ab 1922 und in Deutschland seit 1924 von einer revolutionären
Situation nicht die Rede sein kann, weil die Arbeiterschaft in beiden Ländern
längst in die Defensive geraten war. Wie nehmen sich auf diesem Hintergrund
die sozialdemokratischen Versionen einer bonapartismustheoretischen Faschismusinterpretation aus, die nach dem Linzer Programm in der Auseinandersetzung mit dem deutschen Nationalsozialismus und dem italienischen Faschismus
entstanden sind?

§ 3 Bonapartismustheoretische Ansätze im sozialdemokratischen Lager (Bauer, Fraenkel)

Die bedeutendsten bonapartismustheoretischen Analysen über den Faschismus
innerhalb des sozialdemokratischen Spektrums nach der Errichtung des Dritten
Reiches hat Otto Bauer in der 1936 veröffentlichten Schrift „Zwischen zwei Weltkriegen" vorgelegt, auch wenn er sein Paradigma 1938 in seinen letzten Schriften

dem sowjetmarxistischen Ansatz annäherte.[158] Daneben ist Ernst Fraenkel mit der im Kern 1938 abgeschlossenen, aber erst 1940 im amerikanischen Exil publizierten Untersuchung „Der Doppelstaat" zu nennen. Beide konnten also nicht nur auf die Entstehungsgeschichte des italienischen und deutschen Faschismus, sondern auch auf die Anfänge der Regimephase beider Diktaturen bis zwei oder drei Jahre vor Ausbruch des Zweiten Weltkriegs zurückblicken.

Bauers[159] Interpretation[160] konzentriert sich freilich vorwiegend auf die Entstehungsbedingungen des italienischen und des deutschen Faschismus. In beiden Ländern sei der Faschismus aus drei eng miteinander verbundenen Prozessen hervorgegangen: 1. Der soziale Kern des „Urfaschismus" habe sich aus deklassierten und dem bürgerlichen Leben entfremdeten Kriegsteilnehmern rekrutiert. „Unfähig, in die bürgerlichen Erwerbs- und Lebensformen zurückzufinden, an den im Krieg erworbenen Lebensformen und Ideologien hangend, bildeten sie nach dem Kriege die faschistischen *Milizen*, die völkischen *Wehrverbände* mit einer eigenartigen militaristischen, antidemokratischen, nationalistischen Ideologie".[161] 2. Die schweren Wirtschaftskrisen nach dem Ersten Weltkrieg führten in beiden Ländern zur Verelendung breiter Massen der Kleinbürger und Bauern. „Diese Massen, pauperisiert und erbittert, fielen von den bürgerlich-demokratischen Massenparteien, denen sie bisher Gefolgschaft geleistet hatten, ab, sie wandten sich enttäuscht und haßerfüllt gegen die Demokratie, mittels deren sie bisher ihre Interessen vertreten hatten, sie scharten sich um die militärisch-nationalistischen *Milizen* und *Wehrverbände*".[162] 3. Unmittelbar nach dem Ersten Weltkrieg in Italien und spätestens mit dem Ausbruch der Weltwirtschaftskrise ab 1929 sah die deutsche Großindustrie ihre Profitrealisierung bedroht. Sie durch Steigerung des Grades der Ausbeutung der Arbeiterschaft wieder herzustellen, stieß aber auf das Hindernis der liberalen Massendemokratie, in der die autonomen Organisationen der Arbeiterschaft deren Lebensstandard mit legalen Mitteln zu verteidigen vermögen.[163] Wie hängen nun aber diese drei Prozesse so zusammen, dass ihr Zusammenspiel den Faschismus in Italien erst ermöglicht hat?

Die gemeinsame Schnittmenge dieser drei miteinander verzahnten sozialen Prozesse identifiziert Bauer im Rahmen des Marxschen Bonapartismus-Modells, auf das er sich explizit bezieht.[164] In seiner Analyse tauchen alle Kategorien auf,

---

[158] Vgl. Botz 1976, S. 129-156.
[159] Zu Bauers Biografie vgl. FN 99.
[160] Vgl. hierzu auch Botz 1976, S. 129-156; Düllfer 1976, S. 109-128; Jaschke 1982, passim; Saage 1997, S.114-116.
[161] Bauer 1976, Bd. IV, S. 137.
[162] Ebd.
[163] Vgl. ebd.
[164] A.a.O., S. 144, FN 7.

die für diesen Ansatz charakteristisch sind: 1. Der Faschismus als Massenbewegung ist eine autonome politische Größe zwischen dem Lager der Arbeiterbewegung und des Großkapitals. Ursprünglich prägten ihn sowohl antiproletarische als auch antikapitalistische Tendenzen in Italien ebenso wie in Deutschland. Umgekehrt ist für Bauer aber auch das großbürgerliche industriell-agrarische Lager keineswegs mit dem Faschismus identisch, wie dessen anfängliche Bedenken gegen eine Kooperation mit dem Faschismus zeigen. 2. In dem Maße, wie die kleinbürgerlichen Schichten für den Faschismus optieren, ihm zu einer Massenbasis verhelfen und damit erst zu einem politisch ernst zu nehmenden Faktor machen, gerät die Interessenvertretung des Großkapitals in die Defensive: Sie ist mangels einer Massenbasis in der liberalen Demokratie nicht mehr stark genug, um sich gegen die von der Arbeiterschaft erkämpften sozialstaatlichen Errungenschaften in der Weltwirtschaftskrise erfolgreich zu behaupten. „Sie ist, durch die demokratische Rechtsordnung beengt, zu schwach, um das Proletariat mit gesetzlichen Mitteln, mittels ihres gesetzlichen Staatsapparates niederzuwerfen".[165] Aber auch das Proletariat ist in die Defensive gedrängt. Der Faschismus, so Bauer, habe seine Basis bei Intellektuellen, Kleinbürgern und Bauern durch das Gespenst des Bolschewismus geschreckt. Doch in Wirklichkeit siegte der Faschismus, „als das Proletariat schon längst geschwächt und in die Defensive gedrängt, die revolutionäre Flut schon abgeebbt war".[166] Nicht eine drohende proletarische Revolution hätten die traditionellen Eliten in Italien und Deutschland gefürchtet, sondern die sozialen Errungenschaften des reformistischen Sozialismus.[167] 3. Das „Gleichgewicht der Schwäche" zwischen dem bürgerlichen und proletarischen Lager ist Bauer zufolge die Chance des Faschismus, mit dem Großkapital und den ihm assoziierten traditionellen Eliten eine Art Bündnis zu schließen: Zwar in die Defensive gedrängt, ist das Kapital dennoch stark genug, „eine gesetzlose, gesetzwidrige Privatarmee zu besolden, auszurüsten und auf die Arbeiterklasse loszulassen".[168] Das großbürgerliche Lager überlässt also nach einigem Zögern und schwerwiegenden Bedenken der faschistischen Diktatur den Primat der Politik in Form einer „verselbständigten Exekutive", während diese ihr im Gegenzug die von der reformistischen Arbeiterbewegung nicht mehr eingeschränkte Verfügung über die Arbeits- und Produktionsmittel garantiert.

Im Gegensatz zu der Einschätzung des Faschismus durch die Komintern sind also die großindustriellen und großagrarischen Kreise in der Sicht Bauers keineswegs mit diesem „Bündnis" faschistisch geworden. „Im Grunde verachte-

---

[165] A.a.O., S. 148.
[166] A.a.O., S. 146f.
[167] A.a.O., S. 147.
[168] A.a.O., S. 148.

ten sie den *Anstreicher*, der nach der Macht strebte (...). Aber ganz so, wie sich Giolitti in Italien des Faschismus bedienen zu können glaubte, um die rebellierende Arbeiterschaft einzuschüchtern, zurückzudrängen, zu pazifizieren, so glaubten in Deutschland Kapitalisten und Junker, sich der nationalsozialistischen Bewegung bedienen zu können, um den Einfluß der Sozialdemokratie und der Gewerkschaften zu überwinden".[169] Zu diesem Zweck traten sowohl in Italien als auch in Deutschland konservative Politiker in das erste faschistische Kabinett ein, um dessen Dynamik „einzurahmen". „Aber noch schneller als in Italien hat der deutsche Faschismus die einmal eroberte Staatsmacht benützt, um die bürgerlichen Parteien aus der Regierung hinauszuwerfen, die Parteien und Organisationen der Bourgeoisie aufzulösen und seine *totalitäre* Diktatur zu etablieren. Auch hier schien der Klassenkampf damit zu enden, daß die faschistischen Gewalthaufen ihre Herrschaft über alle Klassen aufrichteten".[170] Doch Bauer warnte davor, diesen totalitären Primat der Politik zu überschätzen. Die soziale Herrschaft des Großkapitals stelle für den Faschismus sowohl in Italien als auch in Deutschland eine Systemgrenze seiner Handlungsbedingungen dar.

Einmal an die Macht gekommen, entspricht es der Logik der Garantie der sozialen Herrschaft der kapitalistischen Eliten und der mit ihnen assoziierten Teile der traditionellen Oberschicht, dass der Faschismus die antikapitalistischen Strömungen in seinen eigenen Reihen, die auf eine „zweite Revolution" drängen, in ihre Schranken weist. „In Italien geschah dies in heftigen Kämpfen innerhalb der Faschistischen Partei im Jahre 1923. In Rom spaltete sich die Partei in zwei Fraktionen. In Livorno und in Bologna griffen oppositionelle Gruppen die Parteizentrale an. In vielen Orten gab es Rebellionen mit der Parole eines *zweiten Marsches* auf Rom. Die Diktatoren warfen diese Kleinbürgerrebellion mit der Ausschließung Zehntausender *Schwarzhemden* aus der Partei, mit dem Verbot aller Provinzialkongresse, mit der Auswechslung der Unterführer und Komitees nieder. In den Jahren 1923 bis 1925 wurde die Faschistische Partei in ein gefügiges Instrument der Staatsgewalt verwandelt, innerhalb dessen es keine freie Diskussion, keine freie Führerwahl, keine eigene Willensbildung mehr gab".[171] Auch in Deutschland, so Bauer, wurden im Sommer 1934 mit der Liquidierung der SA-Spitze, die unter Röhm eine *zweite Revolution* forderte, die plebejischen Widerstände gegen die soziale Herrschaft des Kapitals gebrochen. Anstatt die alten Eliten auszuschalten, lenkte der Faschismus die mittelständischen Ressentiments auf ein anderes Objekt: „Die Kleinbürger zu befriedigen, läßt man seinen Haß

---

[169] A.a.O., S. 146.
[170] Ebd.
[171] A.a.O., S. 151.

gegen die Juden austoben".[172] Dem entspricht eine Zurücknahme der antikapitalistischen Elemente in der Programmatik des PNF und der NSDP schon vor der Regimephase.[173]

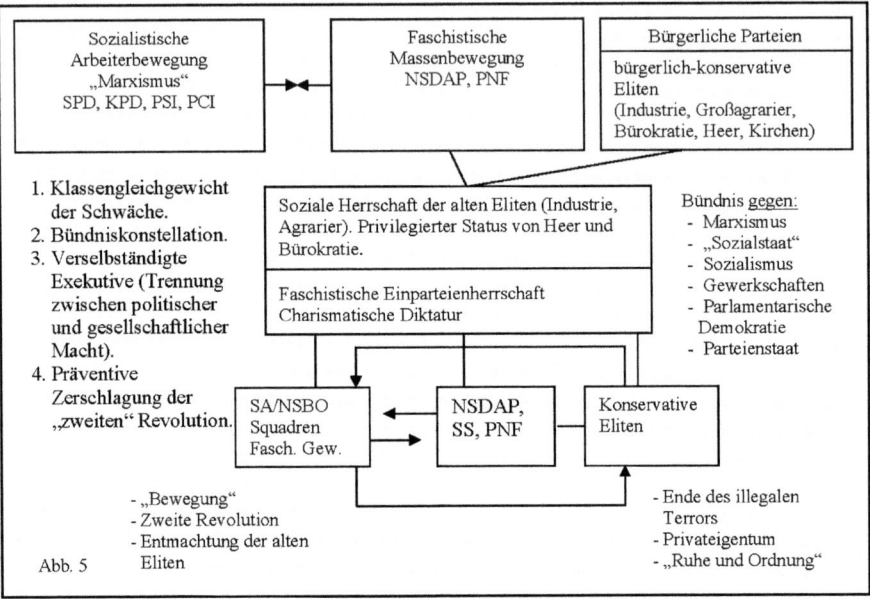

| Sozialistische Arbeiterbewegung „Marxismus" SPD, KPD, PSI, PCI | Faschistische Massenbewegung NSDAP, PNF | Bürgerliche Parteien bürgerlich-konservative Eliten (Industrie, Großagrarier, Bürokratie, Heer, Kirchen) |

1. Klassengleichgewicht der Schwäche.
2. Bündniskonstellation.
3. Verselbständigte Exekutive (Trennung zwischen politischer und gesellschaftlicher Macht).
4. Präventive Zerschlagung der „zweiten" Revolution.

Soziale Herrschaft der alten Eliten (Industrie, Agrarier). Privilegierter Status von Heer und Bürokratie.

Faschistische Einparteienherrschaft Charismatische Diktatur

Bündnis gegen:
- Marxismus
- „Sozialstaat"
- Sozialismus
- Gewerkschaften
- Parlamentarische Demokratie
- Parteienstaat

| SA/NSBO Squadren Fasch. Gew. | NSDAP, SS, PNF | Konservative Eliten |

- „Bewegung"
- Zweite Revolution
- Entmachtung der alten Eliten

- Ende des illegalen Terrors
- Privateigentum
- „Ruhe und Ordnung"

Abb. 5

Bauer hat in seiner Anwendung des Marxschen Bonapartismusmodells auf den Faschismus diesem theoretischen Muster ein ganz eigenartiges Profil verliehen (Abb. 5). Er analogisierte den Bonapartismus nicht mit dem Faschismus wie Thalheimer; er unterschied beide Regierungsformen auch nicht voneinander wie Trotzki, sondern er identifizierte beide, so dass bei ihm nur noch vom „Faschismus" die Rede ist. Im Unterschied zu Thalheimer und Trotzki verzichtete er außerdem auf die geschichtsphilosophische Einordnung des Faschismus als Ausdruck der Niedergangsphase des Kapitalismus; konsequent konstatierte er auch keine revolutionäre Situation, als die Machtübergabe an den Faschismus erfolgte: Daher sei für die traditionellen Eliten auch nicht der revolutionäre, sondern der reformistische Sozialismus der eigentliche Gegner gewesen. Trotzki und Thalheimer konnten die Regimephase des deutschen Faschismus noch nicht vor Augen haben, als sie ihre Analysen entwickelten. Als Bauer 1936 seine Schrift

---

[172] Ebd.
[173] Vgl. u.a. Wippermann 1981, S. 47-48 und Saage 1987, S. 135-140.

veröffentlichte, sah er sich in Deutschland das wiederholen, was vorher schon in Italien erfolgt war: In dem Maße, wie die Kräfte der faschistischen Bewegung „etatisiert" waren, konstatierte er eine Normallage der beiden faschistischen Regime, die auf eine Arbeitsteilung zwischen dem politischen Monopol der faschistischen Diktatur und der weitgehend unbeschränkten sozialen Herrschaft des großen Kapitals hinausliefen.

Dieses Muster hat Ernst Fraenkel[174] am deutschen Beispiel in seiner Untersuchung „Der Doppelstaat" weiter ausdifferenziert. Wenn man so will, handelt es sich um einen rechtssoziologischen Kommentar der Trennung und der gleichzeitigen Kooperation zwischen dem politischen Primat der Diktatur im Dritten Reich und der sozialen Herrschaft der Kapitaleigner im Bereich der Ökonomie. „Ich habe nicht den Versuch unternommen, das neue Rechtssystem als Ganzes darzustellen; vielmehr habe ich mich bemüht, die beiden im nationalsozialistischen Deutschland nebeneinander existierenden Systeme, den ‚Maßnahmenstaat' und den ‚Normenstaat' (...) zu analysieren".[175] Unter der der Diktatur zugeordneten Sphäre des „Maßnahmenstaates" verstand Fraenkel „das Herrschaftssystem der unbeschränkten Willkür und Gewalt, das durch keinerlei rechtliche Garantien eingeschränkt ist".[176] Darunter fällt der gesamte Bereich der polizeilichen Bekämpfung sogenannter „innerer Feinde" (Konzentrationslager etc.), der Beeinflussung der öffentlichen Meinung (Propaganda), der politischen Indoktrination vor allem der Jugendlichen (Hitler-Jugend) etc. Demgegenüber ist der „Normenstaat" auf die kapitalistische Wirtschaft bezogen, die ein Mindestmaß an rationaler Kalkulation voraussetzt. Daher versteht Fraenkel unter ihm das Regierungssystem, das mit weitgehenden Herrschaftsbefugnissen zwecks Aufrechterhaltung der Rechtsordnung ausgestattet ist, wie sie in Gesetzen, Gerichtsentscheidungen und Verwaltungsakten der Exekutive zum Ausdruck kommen.

---

[174] Ernst Fraenkel wurde am 26.12.1898 in Köln geboren und starb in Berlin (West) 28.3.1975. Er studierte Rechtswissenschaft in Frankfurt am Main und wurde 1927 Anwalt in Berlin mit Franz Neumann sowie Syndikus des Deutschen Metallarbeiterverbandes. Von 1933 bis 1938 setzte er seine Anwaltstätigkeit in Berlin fort. Er beriet und vertrat Verfolgte des Hitlerregimes. 1938 emigrierte er in die USA. 1951 wurde er Dozent, 1953 Professor für Politikwissenschaft an der FU Berlin. Seine Emeritierung erfolgte 1967 (Quelle: Brockhaus Enzyklopädie, 22. Auflage, Bd.7, S. 495).
[175] Fraenkel 1974, S. 21.
[176] Ebd.

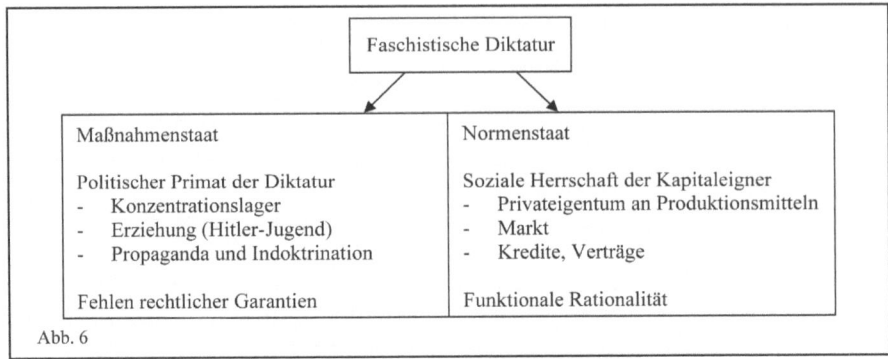

Faschistische Diktatur	
Maßnahmenstaat	**Normenstaat**
Politischer Primat der Diktatur	Soziale Herrschaft der Kapitaleigner
- Konzentrationslager	- Privateigentum an Produktionsmitteln
- Erziehung (Hitler-Jugend)	- Markt
- Propaganda und Indoktrination	- Kredite, Verträge
Fehlen rechtlicher Garantien	Funktionale Rationalität

Abb. 6

Wie ist nun das Verhältnis von Maßnahmenstaat (Monopol der Politik in der Diktatur) und Normenstaat (rationale Kalkulation im kapitalistischen Wirtschaftssystem) bestimmt? (Abb. 6) Fraenkel betont, dass der Normenstaat nicht mit dem Rechtsstaat verwechselt werden darf. Ist dieser auf „substantielle" Rationalität, also auf Selbstbestimmung und Autonomie des Individuums bezogen, so folgt der Normenstaat einer rein funktionalen Logik, um das reibungslose Funktionieren der kapitalistischen Wirtschaft zu sichern. Daher sind zwischen beiden Bereichen auch keine nennenswerten Konflikte auszumachen: Der Primat der Politik, der sich im Maßnahmenstaat niederschlägt, garantiert seiner eigenen kapitalistischen „Basis" die Regeln, ohne die sie nicht existieren könnte. Denn „obwohl die Rechte der Privateigentümer eingeschränkt worden sind und Art und Umfang des Rechtsinstituts ‚Privateigentum' modifiziert (...) und obwohl namentlich die staatliche Kontrolle über das Eigentum ausgedehnt worden ist, sind die für den Fortbestand des Kapitalismus fundamental wichtigen Institutionen nicht beseitigt worden. (...) Es gibt noch immer kapitalistische Unternehmungen und kapitalistische Märkte, auf denen Unternehmungen kaufen und verkaufen können; es gibt Märkte, auf denen Eigentumsrechte gehandelt werden, Transaktionen, bei denen es sich um die Gewährung von privaten Krediten handelt, und es gibt auch rechtliche Streitigkeiten der unterschiedlichen Art, in denen über Ansprüche und Verpflichtungen entschieden wird".[177] Komplementär zu diesem „Doppelstaat" gehörte nach Fraenkel zur „Normalität" des deutschen Faschismus, dass er aufgrund seiner kapitalistischen Basis das zu tun gezwungen ist, was der italienische Faschismus schon Mitte der 20er Jahre vollzog: die Etatisierung der dynamischen Kräfte der Bewegung. Jedenfalls hätte Bauer 1936 mit der Fraenkelschen Einschätzung übereingestimmt, „daß Staat und Partei (...) in

---

[177] A.a.O., S. 218.

zunehmendem Maße identisch (werden) und die dualistische Organisationsform bleibt nur aus historischen und politischen Grunden aufrecht erhalten".[178]

§ 4 Die ambivalente Reichweite des bonapartismustheoretischen Musters

Das hier in vier Varianten vorgestellte bonapartismustheoretische Muster einer Faschismusinterpretation, so kann festgestellt werden, geht trotz aller Differenzen von einer Reihe Konstanten aus. Es unterstellt den Aufstieg der faschistischen Massenbewegung als dritte Kraft zwischen dem bürgerlichen und dem sozialistisch-kommunistischen Lager, ein daraus resultierendes Klassengleichgewicht als Bedingung der Krise der liberalen Demokratie, das Bündnis zwischen dem Faschismus und den traditionellen Eliten, dessen Ziel die Errichtung einer faschistischen Diktatur mit dem Primat der Politik bei gleichzeitiger Garantie der sozialen Herrschaft der traditionellen Eliten und der gewaltsamen Ausschaltung der organisierten Arbeiterbewegung ist. Dass diese Prozesse die Zerstörung der freiheitlichen Institutionen der liberalen Demokratie voraussetzen, muss nicht eigens betont werden. Ferner sehen die hier vorgestellten Texte die Regimephase des italienischen und des deutschen Faschismus durch eine weitgehend homogene Struktur des diktatorischen Machtapparates charakterisiert, der sich die nach einer zweiten Revolution strebenden faschistischen Kräfte unterwirft. Und sie gehen von der Annahme aus, dass die traditionellen Stützkräfte des Faschismus ihren sozialen Herrschaftsanspruch auch unter Regimebedingungen durchzusetzen vermögen und dadurch den Handlungsspielraum der faschistischen Diktatur festlegen. So gesehen, unterstellen die genannten Autoren eine weitgehend analoge Entwicklung der faschistischen Herrschaftssysteme in Italien und Deutschland; sekundäre Unterschiede können auf voneinander abweichende historische und politische Traditionen sowie auf die viel weiter in Deutschland als in Italien fortgeschrittene industrielle Entwicklung zurückgeführt werden. Tatsächlich fügen sich die Entstehungsbedingungen und die frühe Regimephase des italienischen und des deutschen Faschismus zwanglos in das bonapartismustheoretische Muster ein. Die Krise der liberalen Demokratie in beiden Ländern, der Aufstieg des Faschismus zur „dritten Kraft", das Bündnis mit den traditionellen Eliten und die ihm entsprechende programmatische Zurücknahme des faschistischen Antikapitalismus sowie die unter Regimebedingungen erfolgte Zerschlagung der „zweiten Revolution" und die daraus resultierende Konsolidierung des faschistischen Doppelstaates scheinen diese These nachdrücklich zu belegen .

---

[178] A.a.O., S. 23.

71

Aber die Grenzen des bonapartimustheoretischen Ansatzes werden deutlich, wenn es um die Frage geht, warum sich die deutsche Diktatur im Dritten Reich von einem bestimmten Zeitpunkt an in eine ganz andere Richtung entwickelte als dies in Italien der Fall gewesen ist. Zwar orientierte sich das faschistische Regime in Italien durchgehend an Prinzipien des Leviathan, des starken autoritären Staates, die durchaus im Rahmen des bonapartistischen Musters interpretierbar sind. Ganz anders das Dritte Reich, das spätestens ab 1937 eher als Negation des Leviathan, als ein selbstdestruktives System rivalisierender intermediärer Gewalten bezeichnet werden kann. Wie der Verfasser an anderer Stelle bereits ausgeführt hat, verweist diese Differenz auf das Gebiet interessengeleiteter Konflikte zwischen den faschistischen Machthabern und den traditionellen Eliten. Ein wichtiges Symptom der unterschiedlichen Machtposition der traditionellen Eliten in beiden Ländern ist, „daß der autoritär-etatistische Flügel innerhalb des PNF nach der Fusion mit den Nationalisten 1923 wesentlich stärker war als die nationalsozialistischen Verfechter eines autoritären Ordnungsstaates um Reichsinnenminister Frick. Die Nationalisten unter Rocco (Justizminister) und Federzoni (Innenminster) setzten das Interesse der traditionellen Eliten an berechenbarer staatlicher Machtausübung unmittelbar in dem PNF durch: Rocco selbst schuf als Justizminister die Gesetze, die den faschistischen Staat institutionell begründeten mit der vollen Unterstützung Mussolinis, der sich durch sie eine Stärkung seiner Position gegenüber den oppositionellen Strömungen in seiner Partei versprach. Frick dagegen verfügte in der NSDAP über keine eigene Machtbasis: Sein Einfluß war abhängig von der Stabilität des Bündnisses zwischen dem Regime und seinen konservativen Stützmächten selbst. Dessen machtpolitische Balance mußte sich aber in dem Augenblick zugunsten der Nazis verändern, in dem es Hitler gelang, ab 1936 den geschlossenen Interessenblock der Großindustrie im Rahmen des Vierjahresplans zu spalten und gleichzeitig die Armee in ‚Traditionalisten' und ‚Kollaborateure' zu fragmentieren. Demgegenüber verstanden es die *fiancheggiatori*, wenn man einmal von der alten liberalen Elite absieht, ihre Position gegenüber Mussolini zumindest zu behaupten. So war die Confindustria (der mächtige Industriellenverband im faschistischen Italien, R. S.) stark genug, sich vom faschistischen Regime zu lösen, als dessen militärische Niederlage absehbar erschien. Auch die italienische Armee konnte am 25.7.1943 Mussolini stürzen, ohne den Gegenschlag der faschistischen Milizen fürchten zu müssen.

Es kommt noch ein anderer wichtiger Aspekt hinzu. Vereinfacht ausgedrückt, lässt sich nämlich sagen, dass die konservativen Verbündeten Mussolinis weitaus flexibler auf die Integrationsprobleme einer klassengespaltenen industriellen Gesellschaft reagierten als die Wortführer der bürgerlichen Oberschicht in

Deutschland: Dem etatistischen Modell einer technokratisch-korporativen Formierung der bürgerlichen Gesellschaft hatten sie nichts Vergleichbares entgegenzusetzen. Im Grunde genommen war 1944 der konservative Widerstand gegen Hitler politisch genauso ratlos wie seine bürgerlichen Bündnispartner von 1933: Sie wollten zurück zum autoritären Obrigkeitsstaat gegen den Willen breiter Massen, die mehr Mobilität und Gleichheit verlangten. Ohne ein politisch konsensfähiges Konzept der Massenintegration jedoch hatten sie der verbrecherischen Politik der Nazis bestenfalls moralische Positionen entgegenzusetzen".[179] Mit einem solchen brüchigen Fundament der sozialen Herrschaft der alten Eliten bei gleichzeitiger Auflösung der homogenen potestas des „starken Staates" zugunsten rivalisierender, sich auf Führerbefehle berufenden nationalsozialistischer Sondergewalten konfrontiert, muss das Marxsche Bonapartismus-Modell als schlüssiges Interpretationsmodell der Geschichte des Dritten Reiches seit 1937/38 scheitern. Niemand hat dieses Defizit früher erkannt als Franz Neumann in seiner Bahn brechenden Studie über den Nationalsozialismus: Um das Dritte Reich durch ein Symbol zu charakterisieren, wählte er die Metapher nicht des homogenen starken Staates, des Leviathan, sondern des Bürgerkriegs, des Behemoth. Dieser ersten konflikttheoretischen Analyse des Nationalsozialismus und ihrer Folgen, die in den 80er Jahren des vergangenen Jahrhunderts in den Streit zwischen den „Intentionalisten" und „Strukturalisten" mündete, haben wir uns im nächsten Kapitel zuzuwenden.

---

[179] Saage 1987, S. 154.

Viertes Kapitel
Konflikttheoretische Ansätze einer Faschismusanalyse

§ 1 Frühe konflikttheoretische Interpretationen des Faschismus (Kirchheimer, Neumann)

Der konflikttheoretische Ansatz einer Gesellschaftsanalyse ist älter als der Faschismus. In der Frühen Neuzeit am konsequentesten im kontraktualistischen Paradigma des modernen Naturrechts ausgebildet[180], stand er von Anfang an in einem Spannungsbezug zu solchen Gesellschaftskonstruktionen, welche dem monistischen Ansatz der „Politeia" des Platon folgten. Popper brachte diese Polarisierung mit seiner Konfrontation zwischen den „offenen" und den „geschlossenen" Sozietäten auf ihren polemischen Begriff.[181] Die Frage, ob bestimmte Varianten der Konflikttheorie auf den Faschismus überhaupt angewendet werden können, stößt daher immer dann auf Bedenken oder auf offene Ablehnung, wenn man ihn im Licht der identifizierenden Totalitarismustheorie interpretiert.[182] Ihr zufolge ist von der Prämisse auszugehen, allen totalitären Regimen sei die holistische Tendenz gemeinsam, Konflikte zu perhorreszieren und sie daher gar nicht erst zum Ausbruch kommen zu lassen. Wer also den Kern des Nationalsozialismus gerade in dessen Potenz sieht, nicht nur außen-, sondern auch innenpolitische Konflikte zu generieren, deren Dynamik er in letzter Instanz nicht zu steuern vermochte, muss den Beweis führen, dass zwar die gesellschaftliche Harmonie (z.B. als „Volksgemeinschaft") das ideologische Ziel des Faschismus war, seine sozio-politische Wirklichkeit aber eher einem „Krieg aller gegen alle" (Hobbes) glich. Außerdem ist darzulegen, durch welche besondere Qualität die typisch faschistische Konfliktvariante charakterisiert werden kann.

Während die erste Aufgabe nur quellenorientiert gelöst werden kann, ist die Beantwortung des zweiten Problems konzeptioneller Art. Sie verweist auf die Vorgeschichte der Konflikttheorie. Neben den Vertretern des modernen Naturrechts muss als deren wichtigster Vordenker in der politischen Ideengeschichte

---

[180] Vgl. Euchner 1979, S. 14-42.
[181] Vgl. vor allem Popper 1992.
[182] Vgl. Kapitel V, § 1.

Machiavelli in seinen „Discorsi"[183] und seiner „Geschichte von Florenz"[184] gelten. Er sah den großen Vorteil der als „Republik" bezeichneten römischen Mischverfassung, aber auch des politischen Systems seiner Heimatstadt Florenz darin, dass deren demokratisches, aristokratisches und monarchisches Element in einem Konfliktverhältnis zueinander standen, das im Interesse der Behauptung politischer Machtpositionen alle gesellschaftlichen Kräfte mobilisierte. Gleichzeitig entfesselte es eine innen- und außenpolitische Dynamik, welche die wirtschaftliche, politische, künstlerische und zivilisatorische Hegemonie beider Republiken ermöglichte. Im Unterschied zu seiner modernen marxistischen Variante kommt dieses konflikttheoretische Modell ohne die Teleologie einer geschichtsphilosophisch fundierten „klassenlosen Gesellschaft" aus. Und mit der modernen liberalen Spielart bei Dahrendorf[185] hat es gemeinsam, dass es auf eine Theorie der Institutionalisierung sozialer Konflikt hinausläuft.

Wenn nach Machiavelli der dem Mischmodell inhärente Konflikt zwischen Senat, Volksversammlung und Konsuln die Prosperität der römischen Republik bewirkte, so unterschied er tatsächlich von Anfang an zwischen einem *konstruktiven* und einem *destruktiven* Konfliktmodell. Das konstruktive Modell funktioniert ihm zufolge nur, wenn die Institution des Privateigentums unangetastet bleibt, in der Verfassung festgelegte Spielregeln eingehalten werden, sich ein Gleichgewicht zwischen den konkurrierenden Machteinheiten einpendelt und das Leistungsprinzip gilt. Fallen diese Bedingungen weg wie in der Endphase der römischen Republik, so verwandelt sich die freigesetzte kollektive Energie in die destruktive Potenz des Bürgerkriegs, die Hobbes bekanntlich mit dem Symbol des „Behemoth" kennzeichnete.[186] Im Gegensatz zu ihrer modernen liberalen Spielart bei Ralf Dahrendorf unterstellt das Modell, das hier zugrunde gelegt wird, nicht, dass der politische Konflikt in totalitären Systemen prinzipiell unterdrückt wird. Vielmehr kann er unter bestimmten sozialen Bedingungen seine destruktive Kraft gleichsam informell unter der propagandistischen Hülle einer vorgetäuschten staatlichen Homogenität entfalten. Zur „Struktur" gerinnt diese selbstzerstörerische Tendenz dann, wenn die aus ihr fließende Dynamik dahin führt, dass sich die Akteure ihrer „Logik" unterwerfen müssen und dadurch das Gesamtsystem selbst zur Disposition steht. Ist das destruktive Konfliktmodell auf den Faschismus in seiner italienischen und deutschen Variante übertragbar? Die eine Annahme unterstellt, dass der faschistische Herrschaftsapparat über die pluralisierten Kräfte der „Bewegung" obsiegt und er sich ihnen gegenüber als starker

---

[183] Machiavelli 1965.
[184] Machiavelli 1925.
[185] Dahrendorf 1972.
[186] Vgl. in diesem Kapitel, S. 79.

Staat, als „Leviathan", durchsetzt. Die andere Hypothese geht von der Prämisse aus, dass der Prozess umgekehrt verläuft: Die zunehmende Zerstörung staatlicher Homogenität und entsprechender Machtgewinn ermöglicht die Entstehung faschistischer Sondergewalten, die sich in einen latenten Bürgerkrieg verstricken.

Wir haben gesehen, dass das Grundmuster des bonapartismustheoretischen Ansatzes das „Bündnis" des Faschismus und seiner Massenbewegung selbstverständlich auch in der Regimephase fortschreibt: Die Trennung zwischen sozialer und politischer Herrschaft und der garantierende Rückbezug dieser auf jene ist auch das „Grundgesetz" eines faschistischen Regimes, soweit es sich innerhalb eines bonapartismustheoretischen Rahmens bewegt.[187] Das italienische Beispiel dokumentiert, dass es zwar Spannungen zwischen beiden Herrschaftssphären gibt. Aber sie wurden durch entsprechende „Reformen" entschärft, die allesamt der Bändigung der Dynamik der faschistischen Bewegungskräfte galten (Abb. 7). Tatsächlich ist es für die Struktur des faschistischen Herrschaftsapparates in Italien von zentraler Bedeutung, dass sich die Option Mussolinis, die Reorganisation des PNF habe „im Blick auf die nicht bezweifelbare und absolute Priorität des Staates über die Partei"[188] zu erfolgen, auf der ganzen Linie durchsetzte. So blieb der faschistische Eingriff in die personelle Struktur der Beamtenschaft vom ideologischen Druck der Partei weitgehend entlastet.[189] Gleichzeitig wurde durch eine tiefgreifende Reform des PNF seine Unterordnung unter den Staat institutionalisiert. Ausdrücklich heißt es in Art. I des Parteistatuts vom 12.11. 1932, der PNF sei eine zivile Miliz, die im Dienste des faschistischen Staates unter dem Befehl des Duce stehe.[190] Ebenso charakteristisch ist, dass die staatliche Hoheitssphäre auf Kosten der lokalen Selbstverwaltung und vor allem der Herrschaftsbefugnisse der faschistischen „Ras", also der lokalen Machthaber mit usurpierten diktatorischen Vollmachten, erheblich gestärkt wurde: Nicht zufällig beschloss der Ministerrat am 9. 10. 1925, die Aufsichts- und Koordinationsfunktionen des Präfekten, der nur dem Innenminister verantwortlich war, zu stärken, „um die politische Einheit zu sichern".[191] Aber auch die Schaffung des neuen Amtes des *podestà* lief auf die Zerschlagung lokaler faschistischer Machtzentren hinaus: Durch königliches Dekret auf fünf Jahre ernannt, konnte der *podestà* nur vom König auf den an den Innenminister gerichteten Wunsch des Präfekten abgesetzt werden. Er übernahm alle Funktionen, die früher der gewählte Bürgermeister, die lokale Magistratur und der Stadtrat ausgeübt hatten.[192]

---

[187] Vgl. Kapitel III, § 1.
[188] Felice 1974, in: Sarti 1974, S. 91 f.
[189] Aquarone 1974, in: Sarti 1974, S. I03 f.
[190] Delzell 1971, S.77.
[191] Aquarone 1974, S. 111.
[192] Vgl. a.a.O., S. 109f.

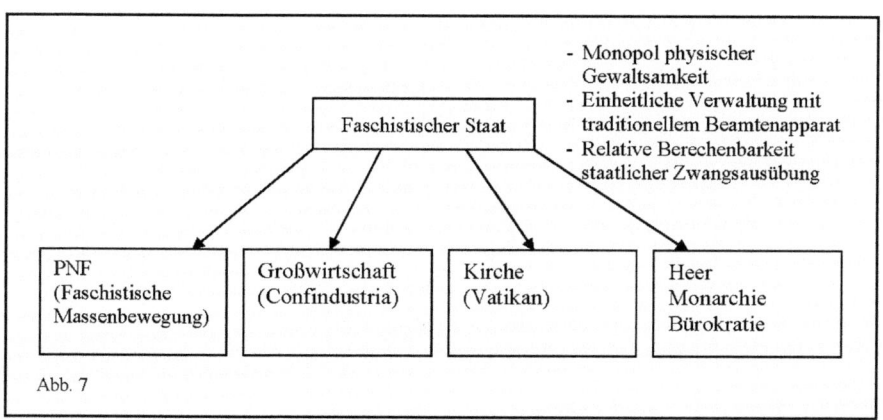

```
┌─────────────────────────────────────────────────────────────────────────────┐
│                                          - Monopol physischer                 │
│                                            Gewaltsamkeit                       │
│                                          - Einheitliche Verwaltung mit         │
│              ┌─────────────────────┐       traditionellem Beamtenapparat       │
│              │ Faschistischer Staat │     - Relative Berechenbarkeit           │
│              └─────────────────────┘       staatlicher Zwangsausübung          │
│                                                                                │
│  ┌──────────────┐  ┌──────────────┐  ┌───────────┐  ┌──────────┐              │
│  │ PNF          │  │ Großwirtschaft│  │ Kirche     │  │ Heer      │             │
│  │ (Faschistische│ │ (Confindustria)│ │ (Vatikan)  │  │ Monarchie │            │
│  │ Massenbewegung)│ └──────────────┘ └───────────┘  │ Bürokratie│            │
│  └──────────────┘                                    └──────────┘              │
│                                                                                │
│  Abb. 7                                                                        │
└─────────────────────────────────────────────────────────────────────────────┘
```

Abb. 7

Eine Schlüsselrolle bei der Stärkung der staatlichen Autorität gegenüber den Bewegungskräften der Partei musste der Frage zukommen, welche Instanzen im faschistischen Italien die Polizei kontrollierten. Auch diese Machtfrage wurde eindeutig zugunsten des Staates gelöst. Selbst die Politische Polizei blieb reguläres Organ der etatistischen potestas, das die repressiven Funktionen des Squadrismus bei der Bekämpfung „innerer Feinde" vollständig absorbierte. Die Rechtsgrundlage des „absoluten Polizeistaates" stellten die *leggi di pubblica sicurezza* vom 6.11.1926[193] und das Ausnahmedekret vom 25.11.1926[194] dar: Sie setzten alle individuellen Grundrechte außer Kraft, die den einzelnen vor polizeilicher Willkür schützen. Die einzige Sicherheit, die der Bürger besaß, war die aus der Vereinheitlichung und Regelhaftigkeit zentralisierter Machtausübung folgende Selbstbeschränkung des Staates. Wie sehr der faschistische Staat darauf achtete, dass die Repression sich nicht verselbständigte und eine unkontrollierte Eigendynamik annahm, wird an der Behandlung der Juden deutlich. Zwar erließ Mussolini gegen sie unter nationalsozialistischem Einfluß 1938 Rassengesetze[195], die sie in privater und öffentlicher Hinsicht stark diskriminierten; doch ihre physische Existenzvernichtung in Italien drohte erst, als im September 1943 die Nazis Norditalien besetzten: Sie brachten bis 1945 9000 in Italien lebende Juden um.[196] Selbst das am 1.2.1927 errichtete politische Sondergericht des faschistischen Regimes, gegen dessen Urteile eine Berufung nicht mehr möglich war, ging vergleichsweise zurückhaltend gegen die politische Opposition vor. Zwischen 1927

[193] Vgl. Delzell 1971, S. 64ff.
[194] Vgl.a.a.O., S. 67 ff.
[195] Vgl.a.a.O., S. 178 ff.
[196] Vgl.a.a.O., S. 183 f.

und 1943 wurden vor diesem Gerichtshof 5319 Personen angeklagt; 5155 von ihnen sind mit einer Gefängnisstrafe von insgesamt 28 115 Jahren verurteilt worden. In 329 Fällen erkannte das Sondergericht auf Todesstrafe, in sieben Fällen auf lebenslängliche Haft.[197] In Deutschland dagegen kam es allein in der Kriegsgerichtsbarkeit bis 1939 zu 10 000 Todesurteilen[198], von den durch den berüchtigten Volksgerichtshof bis 1945 veranlassten Massenhinrichtungen ganz zu schweigen. So gesehen, bestand die ‚irrationale Rationalität' des faschistischen Polizeistaates darin, dass er die Aufhebung der Grund- und Menschenrechte in den Dienst eines klar definierten, von weltanschaulichen Imperativen weitgehend entlasteten Zieles stellte: die Zerschlagung aller intermediären Gewalten, die die bestehende politische Homogenität des faschistischen Staates hätten bedrohen können.

Dies vorausgesetzt, duldet es kaum einen Zweifel, dass sich der faschistische Herrschaftsapparat in Italien an Ordnungsprinzipien orientierte, wie sie Thomas Hobbes den bürgerlichen Gesellschaften seiner Zeit zu ihrer Stabilisierung empfohlen hatte. Bekanntlich beruhte das Gemeinwesen, das aus seiner politischen Theorie folgt, auf der Annahme, dass die intermediären Gewalten wie Städte, Monopole, auf feudalen Privilegien beruhende Sondermächte etc. zum Ausbruch des „Krieges aller gegen alle" führen, wenn nicht ein starker Staat sie schon im Ansatz politisch neutralisiert.[199] Auf dieses Ziel hin waren die korporativen und syndikalistischen Institutionen des faschistischen Italiens genauso funktional bezogen wie die Machtbefugnisse des Polizeistaates, die Unterordnung des PNF unter den Staatsapparat und die Einschränkung der lokalen Selbstverwaltung zugunsten der etatistischen Zentralgewalt. Sicherlich dürfen die Differenzen zum Hobbesschen „Leviathan" nicht verschwiegen werden. Sie bestehen in der charismatischen Herrschaftslegitimation anstelle des kontraktualistischen Konsenses und in der technokratisch orientierten Integration mit Hilfe korporativer Institutionen anstelle der ausschließlich obrigkeitsstaatlichen Repression. Doch zur Überbewertung dieser Unterschiede besteht kein Grund: Hobbes dachte, die entstehende bürgerliche Gesellschaft vor Augen, noch in Kategorien des individuellen Konflikts, während sich der italienische Faschismus auf die Realitäten einer entfalteten bürgerlichen Klassengesellschaft des 20. Jahrhunderts einzustellen hatte.

---

[197] Vgl.a.a.O., S. 67.
[198] Vgl. Kirchner 1983, S.83.
[199] Vgl. Hobbes 1996, S. 173-184.

Otto Kirchheimer[200] war einer der ersten Faschismustheoretiker[201], der erkannte, dass dieses leviathanische Muster staatlicher Homogenität, das das faschistische Italien charakterisierte, nicht auf das Dritte Reich übertragbar war. Zwar hatte Kirchheimer die Verselbständigungsprozesse des bürokratischen Herrschaftsapparates während der Präsidialkabinette am Ende der Weimarer Republik im Licht eines bonapartismustheoretischen Musters interpretiert, das deutlich von den Marxschen Analysen der 1848er Revolution in Frankreich geprägt war. In dem Maße, wie das Parlament nur noch negative Mehrheiten hervorbrachte und praktisch handlungsunfähig wurde, „wuchs die Selbständigkeit der intakt gebliebenen Bürokratie. Aus der neutralen Vermittlungsinstanz, die als Treuhänder annähernd sich das Gleichgewicht haltender, sozialer Gruppen verwaltete, war (sie) durch ihre Geschlossenheit und durch den Zusammenhang mit der ihr praktisch koordinierten bewaffneten Gewalt die Macht im Reiche schlechthin geworden".[202] Aber Kirchheimer war schon früh klar, dass diese „Neutralität" der „verselbständigten Exekutive" nicht auf Dauer zu stellen sei. Sie werde sich gezwungen sehen, sich an jene sozio-politischen Kräfte anzulehnen, „die ein Interesse daran haben, den kapitalistischen Entwicklungsprozess auf einem gewissen, dem rückschauenden Betrachter relativ günstig erscheinenden Punkt zu stabilisieren".[203] Kirchheimer rechnete also fest mit dem „Bündnis" zwischen dem deutschen Faschismus und den konservativen Stützmächten, die sich dann der staatlichen Bürokratie zur Durchsetzung ihrer Ziele bedienen würden. Diese Einsicht ist nicht neu: Alle bonapartismustheoretischen Analytiker von Thalheimer bis Bauer vertraten sie. Neu war vielmehr, dass Kirchheimer sein Interesse auf die Konsensstruktur der herrschenden Schichten und der NSDAP sowie ihres Massenanhanges lenkte. Er kam zu dem Resultat, dass mit der Liquidierung der in der liberalen Massendemokratie institutionalisierten Gegenmacht und den Druckmitteln der organisierten Arbeiterbewegung die eiserne Klammer wegfiel, die erheblich zur Homogenisierung der beiden Bündnispartner beigetragen hatte: Vom Druck eines gemeinsamen Feindbildes entlastet, mutierte die bonapartismustheoretische Kooperation und Arbeitsteilung eher zu einem permanenten Machtkampf zwischen der NSDAP, der Armee, der staatlichen Büro-

---

[200] Otto Kirchheimer, geboren am 11.11.1905 in Heilbronn am Neckar, starb am 22.11. 1965 in New York. Er war Professor für Politische Wissenschaften an der Columbia University, New York. Kirchheimer studierte Jurisprudenz und Sozialwissenschaften in München, Köln, Berlin und Bonn. Von 1934 bis 1942 war er Mitarbeiter des Instituts für Sozialforschung in Paris und New York. In den folgenden Jahren lehrte er an verschiedenen amerikanischen Universitäten Sozialwissenschaften, darunter seit 1961 an der Columbia University. Nach 1945 war er als Leiter und Berater mehrerer amerikanischer Forschungskommissionen tätig (Quelle: Kirchheimer 1981, S. 2).
[201] Vgl. Luthardt 1976, S. 7-31; Saage 1987, S. 177-195; Schäfer 1994, S. 178-181.
[202] Kirchheimer 1967, S. 26.
[203] A.a.O., S. 27.

kratie und der Großindustrie. Seine Grenze fand dieser Konflikt lediglich in der verbindlichen „Führerentscheidung".

Mit der Feststellung, im Dritten Reich sei seit Mitte der 1930er Jahre die staatliche Homogenität im Zustand der Auflösung, verabschiedete Kirchheimer das bonapartismutheoretische Muster für die Analyse des Dritten Reiches. Im Gegensatz zum italienischen Faschismus hatte ihm zufolge das nationalsozialistische Regime die schiefe Ebene des „Unstaates" beschritten. Zwar durchbrachen die sich erbittert bekämpfenden Machtblöcke nicht den monopolkapitalistischen Kontext ihrer Herkunftsgesellschaft. Aber sie wurden nun selbst zu politischen Akteuren, welche die staatliche *potestas* unter sich aufteilten. Von den Residuen des alten preußischen Staates losgekoppelt, verfügten diese Oligarchien über eigene Hoheitsbereiche. Mit autonomer Strafgewalt ausgestattet, machten sie es ihren Mitgliedern praktisch unmöglich, bei außenstehenden Körperschaften gegen Gruppenentscheidungen Berufung einzulegen. Der schon erwähnte Konkurrenzkampf zwischen den Oligarchien führe dazu, „daß niemand unbefugt ihre durch gemeinsame Übereinkunft abgegrenzten Bereiche verletzt. Es besteht die Tendenz, zu dezentralisieren und das einheitliche Rechtssystem hinter zahllosen und ständig zunehmenden Sondertendenzen verschwinden zu lassen".[204] Wenn es zu Übereinkünften komme, so fänden sie in einem normfreien Raum statt: Informeller Natur, sind sie gültig, solange das Machtgleichgewicht ihre Einhaltung verbürgt. Offene Konflikte könnten deswegen vom charismatischen „Führer" entschieden werden, weil dessen Macht auf seiner Fähigkeit beruhe, „jedes Gruppenopfer durch Vorteile auszugleichen, die letztlich aber nur im internationalen Bereich erlangt werden können, das heißt durch eine imperialistische Politik".[205]

Franz Neumann[206] hat in einer materialreichen Studie über die Struktur und Praxis des Nationalsozialismus[207], 1942 in erster Auflage erschienen, die Thesen Kirchheimers durch umfangreiche Belege gestützt. Ihm ist es gelungen, den konflikttheoretischen Ansatz einer Interpretation des Dritten Reiches in einen genui-

---

[204] Kirchheimer 1972, S. 134f.

[205] Kirchheimer 1976, S. 245.

[206] Franz Leopold Neumann wurde am 23.5.1900 in Kattowitz (Polen) geboren; er starb am 2.9.1954 bei Turtmann/Schweiz an den Folgen eines Autounfalls. Als Student nahm er an der Revolution von 1918/19 teil. Anschließend trat er der SPD bei, promovierte 1923 zum Dr. jur. und war von 1925-27 als Lehrer an der Gewerkschaftsakademie tätig. Später wurde er Assistent bei Hugo Sinzheimer. Ab 1928 übte er als Sozius Ernst Fraenkels die Tätigkeit eines Rechtsanwalts aus sowie des Syndikus des Baugewerkbundes. Bis zu seiner Verhaftung im April 1933 SPD- und Gewerkschaftsanwalt, musste er nach England emigrieren. Hier nahm er das Studium der Politischen Wissenschaften und der Soziologie an der London School of Economics auf. Am Institut for Social Research kam es zur Zusammenarbeit mit Harold Laski in New York. Von 1942 bis 1946 Deutschlandexperte in amerikanischen Regierungsstellen, wurde er 1950 Professor für Politische Wissenschaft an der Columbia University New York (Quelle: Neumann 1977).

[207] Vgl. Schäfer 1977, S. 665-675; Saage 1983, S. 135-155; Schäfer 1994, S. 169-181; Bast 1999.

nen ideengeschichtlichen Zusammenhang zu stellen, indem er auf ihn das Symbol des „Behemoth" anwandte, dem Hobbes einst die Metapher des „Leviathan" konfrontierte. „In der jüdischen Eschatologie – babylonischen Ursprungs – sind Behemoth und Leviathan die Namen zweier Ungeheuer. Behemoth beherrscht das Land (die Wüste), Leviathan die See, Behemoth ist männlichen, Leviathan weiblichen Geschlechts. Die Tiere des Landes verehren Behemoth, die Tiere der See Leviathan als ihre Herren. Beide sind Ungeheuer des Chaos. Nach den apokalyptischen Schriften kehren Behemoth und Leviathan kurz vor dem Ende der Welt wieder. Sie werden eine Schreckensherrschaft errichten – aber Gott vernichtet sie. Anderen Versionen zufolge bekämpfen sich Behemoth und Leviathan unablässig, und schließlich werden sie sich gegenseitig umbringen. Dann ist der Tag der Gerechtigkeit gekommen. Die Tiere verzehren das Fleisch beider Ungeheuer bei einem großen Festmahl, das die Ankunft des Reiches Gottes ankündigt. Die jüdische Eschatologie, das Buch Hiob, die Propheten, die apokryphen Schriften der Bibel sind voll von Hinweisen auf diesen Mythos, der häufig unterschiedlich gedeutet und oft den politischen Umständen angepasst wird. Der heilige Augustinus sah in Behemoth den Satan".[208] Hobbes war derjenige, der diese biblischen Mythen zu Metaphern der politischen Theorie erhob. Während der „Leviathan" für den starken omnipotenten Staat steht, der aber dennoch individuelle Entfaltungsmöglichkeiten wie Kaufen und Verkaufen, die Erziehung der eigenen Kinder, Gewissensfreiheit im Privaten etc. zulässt, stellt sein „Behemoth oder das Lange Parlament"[209] die Inkarnation des englischen Bürgerkrieges von 1642-1649 dar, dessen Signum Rechtlosigkeit, Chaos, Aufruhr und Anarchie, kurz: der Unstaat ist. Zwar verschlinge auch der Leviathan die Gesellschaft, aber er verschlinge sie nicht ganz.[210] Zumindest bewahre er Restbestände der Herrschaft des Gesetzes: Dieses sollte allgemein sein und nicht rückwirkend gelten. Auf dem ursprünglichen Konsens Gleicher und Freier beruhend, sei der Leviathan verpflichtet, mit Hilfe des Gesetzes und einer homogenen staatlichen *potestas* für Ruhe und Ordnung zu sorgen. Eine solche Theorie habe nichts mit dem Nationalsozialismus zu tun, so absolutistisch sie auch gewesen sein mag. „Da wir glauben, dass der Nationalsozialismus ein Unstaat ist oder sich dazu entwickelt, ein Chaos, eine Herrschaft der Gesetzlosigkeit, welche die Würde des Menschen ‚verschlungen' hat und dabei ist, die Welt durch die Obergewalt über riesige Landmassen in ein Chaos zu verwandeln, scheint dies der richtige Name für das nationalsozialistische System: DER BEHEMOTH".[211]

---

[208] Neumann 1977, S. 16. Die deutsche Übersetzung wurde verglichen mit Neumann 1966.
[209] Vgl.Hobbes 1969.
[210] Neumann 1966, S. 458. Die Übersetzungen stammen von mir, R.S.
[211] Neumann 1977, S. 16.

Wie Hobbes sah Neumann den Kern des Staates also in zwei Aspekten konzentriert: einerseits in der Herrschaft des Gesetzes und andererseits in der Einheit des Exekutivapparates. Zwar könne argumentiert werden, dass Staat und Gesetz nicht identisch seien und dass die Möglichkeit von Staaten ohne Gesetze bestehe. Selbst der italienische Faschismus ist nach dieser Lesart – idealtypisch vereinfacht – als rational arbeitende Maschine aufzufassen, die über das Monopol staatlicher Zwangsgewalt verfügt. Doch Neumann bezweifelte, ob es im Dritten Reich einen Staat selbst in diesem reduzierten Sinne gibt. So habe Ernst Fraenkel das nationalsozialistische Herrschaftssystem als einen Doppelstaat charakterisiert, der sich aus zwei Systemen zusammensetze: Das eine funktioniere nach dem normativen Gesetz in rationaler Weise, das andere gemäß individueller Maßnahmen nach den Bedürfnissen der Prärogative.[212] Aber Neumann hielt dagegen, dass im Dritten Reich kein rationales Gesetz mehr existiere, jedoch Tausende technischer Regeln, welche ausreichten, die kapitalistischen Geschäftsbeziehungen kalkulierbar zu machen. „Wenn die Monopolisten mit den Nicht-Monopolisten ein Abkommen treffen, dann glauben wir, daß dies auf der Grundlage individueller Maßnahmen geschieht, und ihre Beziehungen zum Staat und zu Konkurrenten gründen auf Kompromissen, die nach Maßgabe der Zweckdienlichkeit und nicht durchs Gesetz geregelt sind".[213] Aber auch das zweite Kriterium des Staates, einen einheitlichen Zwangsapparat, stellte Neumann dezidiert in Frage. Die NSDAP sei unabhängig vom Staat in Bereichen, welche die Polizei und die Jugend betreffen, aber ihm in allen anderen Politikfeldern untergeordnet. Die Armee herrsche souverän auf vielen Gebieten. Die Bürokratie arbeite ohne Kontrollen. Und die Großindustrie habe es geschafft, viele Positionen zu erobern. Man könnte zwar sagen, dass es ein ähnliches Szenario auch in der Demokratie gebe. Doch wenn man dies zugebe, dürfe man eine entscheidende Differenz nicht übersehen: In der Demokratie – wie in allen konstitutionellen Systemen – werden die Konflikte innerhalb der herrschenden Gruppen im Rahmen allgemeiner Gesetze ausgetragen.

---

[212] Vgl. Kapitel III, § 3.
[213] Neumann 1977, S. 468.

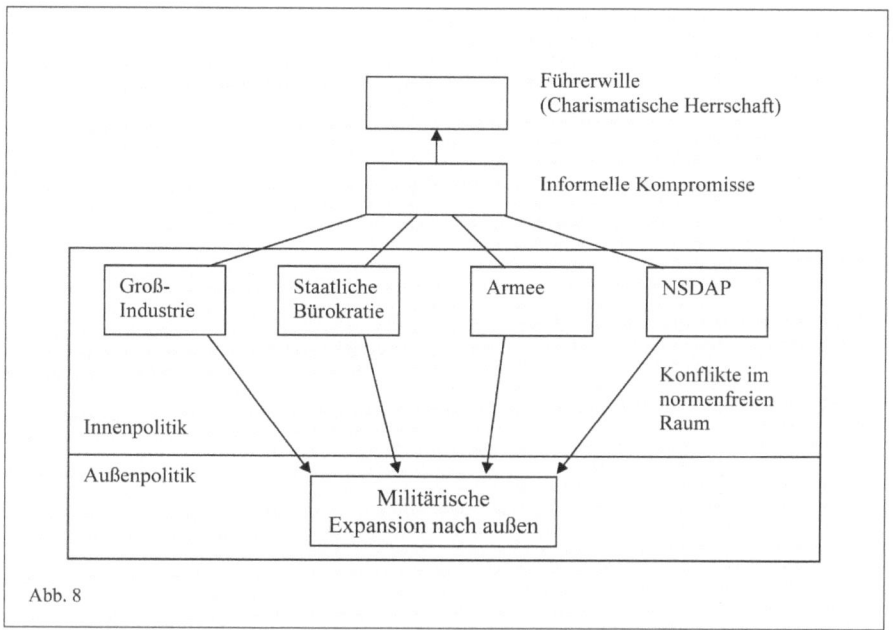

Führerwille
(Charismatische Herrschaft)

Informelle Kompromisse

Groß-
Industrie

Staatliche
Bürokratie

Armee

NSDAP

Konflikte im
normenfreien
Raum

Innenpolitik

Außenpolitik

Militärische
Expansion nach außen

Abb. 8

Mit dem Wegfall des allgemeinen Gesetzes und einer rational arbeitenden zentralen staatlichen Bürokratie zerfällt Neumann zufolge die Gesellschaft des Dritten
Reiches in die vier Machtblöcke der Partei, des Staates, der Armee und der Großindustrie (Abb. 8). Jeder Block, nach dem Führerprinzip organisiert, verfüge über
einen eigenen legislativen, administrativen und juristischen Arm. Kompromisse
zwischen den vier autoritären Körperschaften müssten sich weder in einem juristischen Dokument niederschlagen noch eine institutionalisierte Form annehmen.
Es reiche vollständig aus, wenn sich die Spitzen der vier Flügel der herrschenden
Klasse informell auf eine bestimmte Politik einigten. Die vier totalitären Blöcke
exekutierten diese dann mit den ihnen zur Verfügung stehenden Apparaten.
Dass dieser Mechanismus den Absolutheitsanspruch der „Führerentscheidun-
gen" grundlegend relativiert, versteht sich von selbst: Sie sind nichts weiter als
die Kompromisse zwischen den vier Machtblöcken. Doch wenn das Dritte Reich
kein Staat ist, stellt sich die Frage, wie man es sonst kennzeichnen kann. „Ich
wage den Vorschlag", schrieb Neumann, „dass wir mit einer Form der Gesellschaft konfrontiert sind, in welcher die herrschenden Gruppen den Rest der Bevölkerung direkt kontrollieren ohne die Vermittlung (mediation) oder den rational funktionierenden Zwangsapparat, den wir bisher Staat nannten. Diese neue
gesellschaftliche Form ist noch nicht vollständig realisiert, aber der Trend ist

nachweisbar, welcher den Kern des Regimes definiert".[214] Zugleich ließ Neumann keinen Zweifel daran, dass innerhalb dieses „Behemoth" tiefe Antagonismen die herrschende Klassen zerrissen. Von verbindenden Loyalitäten könne keine Rede sein. Der Kitt, der sie zusammenhalte, sei Profit, Macht und vor allem die Furcht vor den unterdrückten Massen. Es sei daher für die Zukunft nicht auszuschließen, dass eine Machtelite die andere schlucke.[215]

Es ist klar, dass ein solches methodologisches Szenario den bonapartismustheoretischen Ansatz sprengen muß, der sowohl von der Herrschaft des allgemeinen Gesetzes als auch von einem einheitlichen staatlichen Zwangsapparat ausgeht. Wenn alle nichtstaatlichen Machtblöcke mit exekutiver und judikativer Gewalt ausgestattet sind und der normative Konsens zwischen ihnen brüchig geworden ist, dann haben wir das Niveau des Hobbesschen Naturzustandes erreicht, der vom Konflikt beherrscht wird. Genauer gesagt: Wir sind mit dem destruktiven Konflikt-Modell Machiavellis konfrontiert, weil er im informellen Rahmen jenseits aller institutionellen Regelungen seine Dynamik entfaltet. Sie zu analysieren, bedarf es eines anderen analytischen Musters als das des Bonapartismus-Rasters. Statt der Fokussierung auf die Trennung zwischen politischer und sozialer Herrschaft, müssen nun die individuellen und kollektiven Antagonismen fokussiert werden, die nicht die Normalität, sondern den Ausnahmezustand eines faschistischen Regimes beleuchten. Zugleich ist aber auch deutlich geworden, dass der bonapartismustheoretische und der konflikttheoretische Ansatz in seiner destruktiven Spielart sich nicht kategorial vollständig ausschließen, sondern Relevanz für verschiedene Phasen der Entwicklung eines faschistischen Staates beanspruchen können. Niemand hat diesen Übergang materialreicher und analytisch schärfer diagnostiziert als Martin Broszat in seiner richtungsweisenden Studie „Der Staat Hitlers", der wir uns im Folgenden zuzuwenden haben.

---

[214] A.a.O., S. 470.
[215] A.a.O., S. 469f.

§ 2 Von der „Normalität" des Faschismus zu dessen „Ausnahmezustand" (Broszat)

Ausdrücklich betont Martin Broszat[216] in seiner zuerst 1969 erschienenen Untersuchung „Der Staat Hitlers", ihm gehe es nicht um Ereignis-, sondern um Verfassungs- bzw. Strukturgeschichte. „Die Akteure und der Verlauf des Geschehens, die inhaltliche Substanz und Wirkung wichtiger Entscheidungen und Regelungen sind vielfach vorausgesetzt oder nur genannt, nicht im einzelnen geschildert. Im Vordergrund steht nicht das ‚Was', sondern das ‚Wie'".[217] Während die bonapartismustheoretischen Faschismus-Analytiker der Zwischenkriegszeit ihren wissenschaftlichen und politischen Gegner vor allem in der sowjetmarxistischen Agentur-These sahen, hat sich Ende der 60er Jahre die Perspektive gewandelt: Broszats Ansatz steht explizit in einer Frontstellung zur Sicht des Dritten Reiches als „eines monolithischen Machtsystems, eines machiavellistischen durchrationalisierten Superstaates, wie sie verschiedentlich von politikwissenschaftlicher Seite unter dem Oberbegriff des Totalitarismus (Carl Joachim Friedrich u.a.)[218] oder unter Annahme einer besonders ingeniösen nationalsozialistischen ‚Herrschaftstechnik' suggeriert worden ist".[219] Wie Franz Neumann bereits vor ihm, stellte Broszat angesichts „der Kräfte des Aufbegehrens und des anarchischen Aktivismus" der Nazis die Frage, ob sich überhaupt eine solche amorphe Herrschaftsform theoretisch befriedigend darstellen lasse. Dennoch sah er „das Bemühen um theoretische Erfassung seiner Grundstrukturen" als unerlässlich an, „wenn nicht die historische Auseinandersetzung mit dem Nationalsozialismus selbst in chaotische Detailforschung versinken soll".[220] Doch die Frage ist, wie das theoretische Muster jenseits des Ansatzes eines identifizierenden totalitarismustheoretischen Paradigmas aussehen soll, innerhalb dessen Broszat die zentralen über das Dritte Reich vorliegenden Fakten sinnvoll in Zusammenhänge einordnen kann, die freilich ihrerseits selbstverständlich „immer wieder der Exemplifikation und Überprüfung im Detail"[221] bedürfen.

---

[216] Martin Broszat wurde am 14.8.1926 in Leipzig geboren; er starb am 14. 10. 1989. Professor für Neue Geschichte an der Universität Konstanz war er zugleich seit 1972 Leiter des Institut für Zeitgeschichte in München und Lehrbeauftragter für Neuere Geschichte in München. Er redigierte die Schriftenreihe der Vierteljahreshefte für Zeitgeschichte und gilt aufgrund seiner umfassenden Studien über den Nationalsozialismus als einer der besten Kenner des Dritten Reiches (Quelle: Brockhaus Enzyklopädie, 22. Auflage, Bd. 4, S. 24).

[217] Broszat 1986, S. 9.

[218] Vgl. Kapitel V, § 2.

[219] Broszat 1986, S. 9.

[220] A.a.O., S. 10.

[221] Ebd.

Auf den ersten Blick scheint Broszat diese Frage eindeutig zu beantworten: Er interpretiert die Entstehungs- und Konsolidierungsphase des Dritten Reiches im Rahmen der Bonapartismustheorie des Faschismus[222], ohne freilich explizit auf sie zu rekurrieren. Vorsichtigerweise sollte man vielleicht sagen, dass die von ihm aufgezeigten Strukturzusammenhänge der Konstitutionsbedingungen und der Entwicklung des Dritten Reiches bis 1936 weitgehend kongruent sind mit einem flexibel gehandhabten bonapartismustheoretischen Muster. Schon im ersten Kapitel wird deutlich, dass Broszat das ihm zur Verfügung stehende historische Material vor allem in der Perspektive des „Bündnisses" zwischen den alten Eliten und dem Nationalsozialismus strukturiert. Seine zentrale These lautet: „Erfolg oder Mißerfolg hingen wesentlich davon ab, daß die politisch-gesellschaftlichen Kräfte der bürgerlichen Mitte und konservativen Rechten bereit waren, sich auf die NSDAP einzulassen, zu ihr überzugehen oder mit ihr zu paktieren".[223] Die Erfolge der frühen NSDAP in Bayern 1922/23 und im Deutschen Reich ab 1930 beruhten in letzter Instanz auf diesem Muster. Entsprechend führt Broszat den Dammbruch der Weimarer Republik nicht auf die Stimmzettel zurück, zumal der NS zu keinem Zeitpunkt unter den Bedingungen annähernd freier Wahlen die absolute Mehrheit errungen habe. Vielmehr sei sein Aufstieg zur Macht dadurch möglich geworden, „daß die Bereitschaft zum Arrangement und zum Paktieren mit Hitler mehr und mehr in das Lager der Regierung und der Exekutive übergriff und sich zunehmend auch bei den agrarischen und gewerblichen Interessenverbänden bemerkbar machte".[224] Die gemeinsame Schnittmenge dieses angestrebten Bündnisses bringt Broszat auf die Formel, dass „eine Koalition zwischen der NSDAP und den meisten reaktionären Kräften des nationalkonservativen Lagers und der Wille zur Ausschaltung der demokratischen Linken (und natürlich der Kommunisten) (...) sich gegenseitig (bedingten)".[225] Dass die gewaltsame Ausschaltung der Linken zugleich das Ende des Parteienpluralismus nach sich zog, muss nicht eigens betont werden.

Aber auch die Entstehung der autoritären Präsidialkabinette ab 1930, eine wichtige Etappe auf dem Weg zum Dritten Reich, interpretierte Broszat bonapartismustheoretisch. Nachdem die revolutionäre Flut Ende 1923 abgeebbt war und das Lager der Rechten glaubte, nicht mehr auf die Zusammenarbeit mit der Sozialdemokratie angewiesen zu sein, stand die Weimarer Koalition (SPD, Zentrum, DDP), auf der die erste deutsche Republik beruhte, zur Disposition. Mit dem Bruch der Großen Koalition unter Hermann Müller 1929 gab es im Reichstag nur

---

[222] Vgl. Kapitel III.
[223] Broszat 1986, S. 13.
[224] A.a.O., S. 17.
[225] A.a.O., S. 24.

noch negative Mehrheiten. Angesichts der Handlungsunfähigkeit des Parlaments zur positiven Politikgestaltung bedeutete dieses „Gleichgewicht der Schwäche" „naturgemäß eine Verlagerung des Gewichts auf die Staatsverwaltung. Die Reichs-Ministerialbürokratie, die jetzt anstelle des Reichstags zum eigentlichen Gesetzgeber wurde, gewann an Einfluß und Macht. In eben dem Maße, wie die Republik unter Brüning aufhörte, parlamentarische Demokratie zu sein, entwickelte sie sich zum autoritären Beamtenstaat".[226] Auch wenn gleichzeitig die autoritäre Regierung in der wachsenden Macht des Reichspräsidenten und der Reichswehr mächtige Verbündete habe, kann Broszat plausibel ihre Achillesferse verdeutlichen. Sie bestand darin, dass in einer modernen Industriegesellschaft eine stabile Regierung nur möglich ist, wenn sie sich auf eine Massenbasis stützen kann. Dass der Nationalsozialismus über eine solche verfügte und sie propagandistisch zu mobilisieren verstand, machte ihn in der Sicht der alten Eliten „bündnisfähig", zumal die Wähler der traditionellen bürgerlichen Parteien massenhaft zum deutschen Faschismus überliefen.

Freilich stand diese Konvergenz nicht von vornherein fest, sondern bildete sich erst prozesshaft heraus, wie die Differenz zeigt, die beide Lager voneinander trennte. Sie lässt sich auf der Folie der Unterscheidung Max Webers zwischen „legaler" und „charismatischer Herrschaft" abbilden.[227] Das Politikverständnis der traditionellen Eliten, durch einen eher statischen Handlungsrahmen geprägt, strebte eine Herrschaftsausübung im Rahmen berechenbarer Behörden an, exekutiert von einem Berufsbeamtentum, das der „gesatzten Regel" gehorcht, „die dafür maßgebend ist, wem und inwieweit ihr zu gehorchen ist. Auch der Befehlende selbst gehorcht, indem er seinen Befehl erläßt, einer Regel: dem ‚Gesetz' oder ‚Reglement', einer *formal* abstrakten Norm".[228] Dieser bürokratischen, nach einheitlichem Muster erfolgenden Herrschaftsadministration entsprach das Monopol des Politischen in den Institutionen des Staates, dessen gesellschaftliche Garantie in der Sicht der alten Eliten die Erhaltung ihrer Privilegien zur unverzichtbaren Voraussetzung hatte. Demgegenüber war das Strukturprinzip des faschistischen Führerabsolutismus nicht die legale, sondern die charismatische Herrschaftslegitimation, die auf einem personalen Führer- Gefolgschaftsverhältnis beruhte. „Der Typus des Befehlenden ist der *Führer*. Der Typus des Gehorchenden ist der *Jünger*. Ganz ausschließlich dem Führer rein persönlich um seiner persönlichen, unwerktäglichen Qualitäten willen wird gehorcht, nicht wegen gesatzter Stellung oder traditionaler Würde".[229] Der Berufsbeamte sieht sich

---

[226] A.a.O., S. 28.
[227] Vgl. Weber 1968, S. 151-166.
[228] A.a.O., S. 152.
[229] A.a.O., S. 159.

durch den Kommissar ersetzt, der nicht auf der Basis von Gesetzen, sondern von Maßnahmen seine Aktivitäten auf ein ganz konkretes Ziel richtet. Die favorisierte Entinstitutionalisierung der Politik läuft auf deren Entgrenzung hinaus, begünstigt durch die Herrschaft des Ausnahmerechts, das tendenziell die Rechtseinheit zerstört. Trotz dieser fortbestehenden Unterschiede in den Ordnungsvorstellungen kam es, wie wir wissen, im Januar 1933 zu einem Konsens zwischen dem faschistischen und konservativen Lager, welcher die Grundlage des Dritten Reiches darstellte.

Ist nun die zentrale analytische Unterscheidung zwischen der sozialen Herrschaft der alten Eliten und dem politischen Monopol der faschistischen Diktatur in der Interpretation Broszats auf die Regimephase des Dritten Reichs anwendbar? Dies scheint auf den ersten Blick nur mit Einschränkung der Fall zu sein, weil, wie Broszat zeigt, im Präsidialkabinett Hitler nicht von einem Monopol der Politik in der Hand des faschistischen Diktators die Rede sein kann. Das Vertrauen des Reichspräsidenten und dessen Oberbefehl über die Reichswehr im Rücken, kontrollierten deutschnationale Minister bis auf zwei Ressorts – Göring als Reichskommissar für das preußische Innenministerium mit der Kompetenz über die Polizei und Frick als Reichsinnenminister – nicht nur alle Fachministerien. Sie stellten auch unterhalb der Ministerebene die wichtigsten Staatssekretäre. Doch sollte sich dieses „Zähmungskonzept", durch das man den nationalsozialistischen Einfluss im Interesse des autoritären Ordnungsstaates zu begrenzen suchte, schon bald als fragil erweisen. Nach den gewonnenen März-Wahlen über eine eigene plebiszitäre Legitimation verfügend, durchbrach die faschistische Diktatur auf der ganzen Linie die ihr durch die Regierungsbildung vom 30. Januar 1933 gezogene Machtgrenze „und usurpierte die Entwicklung zur nationalsozialistischen Alleinherrschaft zunächst auf der Straße und in der Öffentlichkeit weitgehend, ehe diese dann auch formal legalisiert wurde".[230] Doch die Monopolisierung der Politik durch die faschistische Diktatur bedeutete keineswegs, wie Broszat zeigt, dass dadurch die soziale Herrschaft der alten Eliten selbst zur Disposition stand. So können wir seiner Studie entnehmen, dass die Ausschaltung der politischen Parteien nach einem Muster erfolgte, das eine bezeichnende Rücksichtnahme auf den konservativen Bündnispartner erkennen lässt: „Charakteristisch an dem Vorgang war sowohl die zeitliche Staffelung wie die unterschiedliche Dosierung des Zwanges und der Gewalt. Am schnellsten und drakonischsten wurde das Ende der ‚marxistischen' Parteien herbeigeführt. Weitaus glimpflicher und mehr auf dem Wege der Nachhilfe zur Selbstauflösung verfuhr man mit den bürgerlichen Parteien. Nicht verschont blieben aber auch die DNVP und der

---

[230] Broszat 1986, S. 109.

Stahlhelm, wenngleich aber diesen ‚Partnern' der NSDAP die meisten Konzessionen gemacht wurden"[231].

Ferner zeigt Broszat, dass die Liquidierung der SA-Spitze im Sommer 1934 gleichzusetzen war mit der Entmachtung aller Strömungen in der NSDAP, die den offenen Terror nicht nur gegen die organisierte Arbeiterbewegung und die Institutionen der liberalen Demokratie richten wollten, sondern auch gegen die alten Herrschaftsträger im Heer, der Industrie und der Bürokratie selbst. Nach der Niederschlagung der „zweiten Revolution" im Sommer 1934, so kann Broszats Studie verdeutlichen, gelang es der Wehrmacht, ihren Einflussbereich gegenüber der Partei zu behaupten: Sie verfügte über eine autonome Befehls- und Disziplinargewalt, die jedem Soldaten während seiner Dienstzeit politische Betätigung verbot. Auch stand dem Regime bis 1936 eine geschlossene Industriekoalition gegenüber: Zu Recht bemerkt Broszat, dass die NS-Ideologie „meistens vor der Tür des Direktoriumszimmers, der Börse oder der Bank haltmachte"[232]. Ebenso wichtig ist, dass in der Konsolidierungsphase des Regimes der Streit über die Stellung der Beamtenschaft in ähnlicher Weise gelöst zu werden schien, wie dies in Italien der Fall gewesen war. Die etatistischen Nazis, die im faschistischen Italien mit den Nationalisten um Rocco und Federzoni zu vergleichen sind, wurden vor allem von Frick und dem NS-Beamtenbund verkörpert. Sie wollten an die Tradition des autoritären Beamtenstaats der Präsidialkabinette anknüpfen und ihn „in Verbindung mit dem nationalsozialistischen Führerprinzip in Richtung auf eine elitäre Führungsrolle des Beamtentums im nationalsozialistischen Staat fortentwickeln"[233]. In dem Maße also, wie mit der Liquidierung der SA-Spitze im Sommer 1934 das Zähmungskonzept gleichsam im zweiten Anlauf doch zu greifen schien, nahm die „Normalisierung" des Dritten Reiches, so kann man Broszat interpretieren, eine Gestalt an, die mit der Regimephase des italienischen Faschismus weitgehend zu konvergieren schien. Es entsprach durchaus der Logik der Trennung von sozialer und politischer Herrschaft, dass die spontanen und offen terroristischen Kräfte der „Bewegung", in das Gefüge eines autoritären Staates nationalsozialistischen Zuschnitts eingebunden, kanalisiert und neutralisiert werden sollten, nachdem sie die „Schmutzarbeit" der gewaltsamen Zerschlagung der sozialistischen und kommunistischen Arbeiterbewegung sowie der Institutionen der liberalen Demokratie vollendet hatten.

Trotz dieser Indizien ist nicht zu übersehen, dass die „Normalisierung" des Dritten Reiches in einer entscheidenden Hinsicht anders akzentuiert war als ihr italienisches Gegenstück: Broszats Studie zeigt, dass die Spannung zwischen

---

[231] A.a.O., S. 117.
[232] A.a.O., S. 229.
[233] A.a.O., S. 301.

Partei und Staat in Deutschland zu keinem Zeitpunkt eindeutig zugunsten des letzteren gelöst wurde. Das Verhältnis beider blieb auch in den ersten Jahren des Regimes in der Schwebe. Für die Herrschaftsstruktur des Dritten Reiches ist nämlich charakteristisch, dass Hitler zwar nicht weniger dezidiert als Mussolini es ablehnte, den bürgerlichen Staat und die ihn stützenden traditionellen Eliten durch die „Bewegung" von außen zu zerschlagen. Doch im Gegensatz zu seinem Vorbild vermied er es von Anfang an, die mobilisierbare Dynamik der Bewegung ohne Rest der Disziplin des autoritären Staates zu unterwerfen. In Italien misslang es den intransigenten Faschisten um Farinacci, das staatliche Amt des Präfekten mit dem Parteiamt des Federale zu verschmelzen. Es kam im Gegenteil zu einer Machterweiterung des Präfekten, die eindeutig zu Lasten der lokalen faschistischen Machthaber, der „Ras", ging.[234] Deren Entsprechung in Deutschland waren zweifellos die Gauleiter. Im Unterschied zur italienischen Entwicklung besetzte Hitler die neu geschaffenen staatlichen Ämter der Reichsstatthalter mit diesen „alten Kämpfern". Als neue Träger der Ländersouveränität oblag ihnen die Durchsetzung der Politik der Reichsregierung. Mit der Verschmelzung von Partei- und Staatsamt nahm das Dritte Reich bewusst in Kauf, was der faschistische Staat in Italien unter allen Umständen zu vermeiden suchte: die Herausbildung intermediärer Gewalten. Noch gravierender freilich erwies sich, dass eine typisch weltanschauliche Institution der „Bewegung" ab 1934 das Erbe der SA antrat, nachdem sie deren Führungsspitze liquidiert hatte: die SS unter Heinrich Himmler. In Italien blieb die Funktion der Polizei im allgemeinen und der Politischen Polizei im besonderen unter der Kontrolle des Staates. In Deutschland dagegen erlangte die SS schon gleich nach der Machtübergabe die Herrschaft über die Politische Polizei in Bayern. Sie wurde im Winter 1933/34, so Broszat, „binnen kurzem auf die Politischen Polizeien aller anderen Länder ausgedehnt".[235]

Man wird Broszat zustimmen müssen, dass dieser Vorgang der Zusammenfassung der Politischen Polizei kein „*Einbau* in die reichseinheitliche Staatsverfassung" war, „sondern *Ausgrenzung* der politischen Partei aus dem Gefüge der inneren Verwaltung, d. h. institutionelle Verselbständigung der Gestapo auf der Grundlage der revolutionären Usurpation der Politischen Polizei durch die SS, wie sie sich im März 1933 vollzogen hat".[236] Damit war von Anfang an im Dritten Reich eine entscheidende Bresche in das Gefüge des autoritären Staates geschlagen: Im Gegensatz zur SA und zum Squadrismus kam die SS zwar dem staatlichen Souveränitätsanspruch insofern entgegen, als sie nicht auf die Bildung au-

---

[234] Vgl. Kapitel III, § 2.
[235] Broszat 1986, S. 286.
[236] A.a.O., S. 269.

ßerstaatlicher Gegenmachtpositionen setzte, sondern auf eine Verschmelzung von Partei- und Staatsamt. Für das monolithische Gefüge des totalen Staates erwies sich aber dieser Weg langfristig als mindestens genauso gefährlich wie der offene Konfrontationskurs Farinaccis und Röhms. Von der Kontrolle des Reichsinnenministeriums abgekoppelt, stellte die von der SS kontrollierte Politische Polizei ein Instrument im Dienst der Bewegung dar, das sich nur der charismatischen Herrschaft Hitlers, nicht aber den Regeln rational administrierten Zwanges verpflichtet fühlte. Genau nach diesem Muster waren alle anderen nationalsozialistischen Sondergewalten strukturiert: neben dem Reichsführer SS und Chef der deutschen Polizei die Organisation Todt, der Reichsarbeitsdienst, der führerunmittelbare Machtbereich Görings etc. Spätestens ab 1937/38, so muss man Broszat interpretieren, ist für die Herrschaftsstruktur des Dritten Reiches charakteristisch, dass sowohl die Homogenität der staatlichen Machtausübung als auch seine Funktion einheitlicher Administration nach Gesetz und Ordnung zunehmend einer sich im rechtsfreien Raum abspielenden Rivalität intermediärer Gewalten Platz machte (Abb. 9).

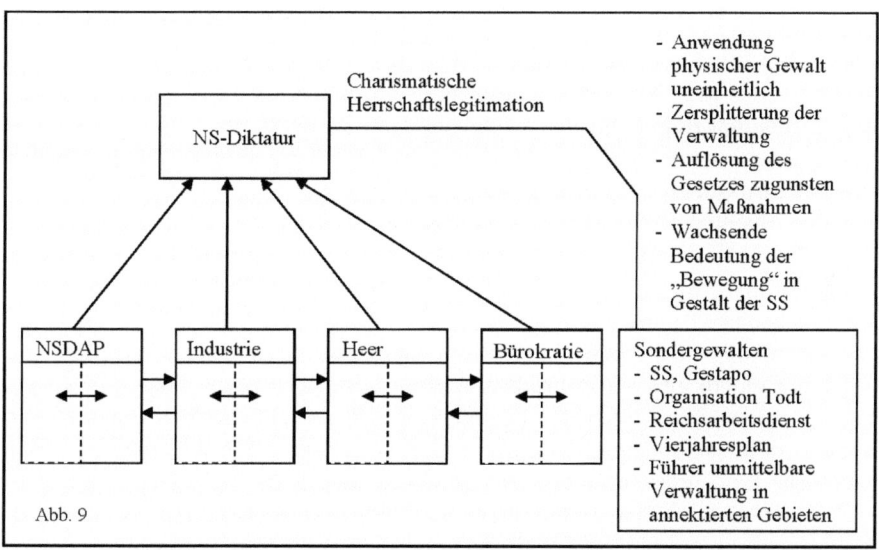

Abb. 9

Dass wir es in der Tat am Vorabend des Zweiten Weltkrieges mit einer Herrschaftsstruktur zu tun haben, die sich nicht mehr bonapartistisch im Sinne einer Arbeitsteilung von Politik und sozialer Herrschaft auf der Basis eines „starken Staates" interpretieren lässt, geht aus drei Tendenzen hervor, in deren Sog die

Verfassungswirklichkeit des Dritten Reiches zunehmend geriet: Broszat nennt zunächst „das Ende einer einheitlichen Verwaltung im ‚Großdeutschen Reich' und die neuen Partikulargewalten in den annektierten Gebieten".[237] Seit dem Anschluss Österreichs (20.4.1938) setzte Hitler zur schnellen Eingliederung besetzter oder militärisch eroberter Territorien mit besonderen Vollmachten ausgestattete Reichskommissare ein: alte Kämpfer, die ihm unmittelbar und nicht mehr dem Reichsinnenminister unterstanden. Sein Motiv, die einheitliche Verwaltung des Deutschen Reiches durch die Schaffung von Sondergewalten außer Kraft zu setzen, war evident: Ihm ging es darum, die Militärverwaltung, die er „im Sinne seiner politischen und weltanschaulichen Ziele, für ebenso unbrauchbar hielt wie die Bürokratie der inneren Verwaltung im Altreich, durch NS-Führungsorgane zu ersetzen, die weniger an der Regelhaftigkeit und Gesetzmäßigkeit der Verwaltung interessiert, um so mehr aber bereit waren, politische Ziele der Germanisierung und Nazifizierung im Stile alter Kampfmethoden der NS-Bewegung rücksichtslos in Angriff zu nehmen".[238] Die auf diese Weise systematisch herbeigeführte Rechtsanarchie begünstigte nicht nur „die Exzesse der Polen- und Judenmassaker, die von Spezialeinheiten der Sicherheitspolizei und SS wie des Volksdeutschen Selbstschutzes, teils auch auf Initiative lokaler Parteifunktionäre, in dieser Zeit durchgeführt wurden".[239] Darüber hinaus eröffnete sie die Möglichkeit vor allem in Polen und den besetzten Gebieten in der SU, die Ordnungsprinzipien des autoritären Staates weitgehend zu suspendieren und – von diesen unbehindert – neue Formen nationalsozialistischer Sonderherrschaft zu erproben, die, der Struktur der NS-Bewegung verpflichtet, von Eugen Kogon mit der Formel des „SS-Staates" umschrieben worden ist.

Als zweites Indiz nennt Broszat den Prestige- und Bedeutungsverlust des Beamtentums. Mit der Aufhebung des Prinzips der einheitlichen Verwaltung innerhalb des so genannten Großdeutschen Reiches 1937/38 müsse von einem „Scheitern der Frickschen Konzeption vom autoritären nationalsozialistischen Staat mit einem elitären Führerbeamtentum als wichtigstem Träger"[240] gesprochen werden. Zwar blieb der Beamtenapparat des „klassischen Staates" nach außen hin intakt und von Parteiinfiltration verschont. Doch wurde seine machtpolitische Erosion dadurch bewirkt, „daß das Gefüge der Reichsregierung selbst mehr und mehr durch unmittelbare Sonderbevollmächtigte Hitlers, durch die Kompetenzakkumulation in der Hand einzelner mächtiger Parteisatrapen sowie durch neue, mit der Partei oder der Privatwirtschaft verquickte Zentralorgane

---

[237] A.a.O., S. 162.
[238] A.a.O., S. 168.
[239] A.a.O., S. 169.
[240] A.a.O., S. 323.

aufgelöst wurde. Der Form nach blieben die alten Regierungsressorts und die ihnen nachgeordneten Verwaltungen unangestastet. Aber die eigentlichen Entscheidungen fielen ohne sie; die alte Ministerialbürokratie wurde mehr und mehr umgangen und politisch lahmgelegt".[241] Die Folge war eine „Polykratie der Ressorts", in der sich die Parzellierung der staatlichen Gewalt widerspiegelt. Wie vor ihm schon Kirchheimer und Neumann[242] weist schließlich Broszat auf die Suspension des staatlichen Monopols der Ausübung physischen Zwanges hin. Sie hatte eine Entgrenzung der vom Regime ausgeübten Gewalt zur notwendigen Folge. Ohne die Korrektur durch einen nach einheitlichen Regeln bei der Ausübung von Gewalt verfahrenden Staats kam es im Dritten Reich zu einer Radikalisierung und Verselbstständigung ideologisch angeleiteter Politik, die ohne historisches Beispiel ist. Wie der systematisch betriebene Mord an den sechs Millionen Juden und die hemmungslose Ausplünderung sowie terroristische Unterdrückung Polens und großer Teile der SU zeigen, geriet das Regime nicht nur erneut in den Sog des Terrorismus und der ideologischen Feindfixierungen (Antisemitismus, Antimarxismus) der Bewegungsphase vor 1933. Zugleich schlug „die akkumulative Auflösung des Rechtsprinzips durch Maßnahmen in Gesetzesform (...) um in völlig form- und gesetzlose, verbrecherische Aktionen".[243]

Die Zerstörung des Staates als homogene postestas und die gleichzeitige Auflösung des allgemeinen Rechts in auf den Einzelfall bezogene Maßnahmen ist das gemeinsame Resultat der Faschismus-Analysen Kirchheimers, Neumanns und Broszats: Sie zeigen nicht nur die Grenzen des bonapartismustheoretischen Ansatzes bei der Analyse der Regimephase des Dritten Reiches, sondern zugleich auch die des totalitarismustheoretischen Paradigmas auf, von dem im nächsten Kapitel die Rede sein wird. Auf ihrer Suche nach einem „dritten Weg" entwickelten sie eine Methode, die wir als die destruktive Variante des konflikttheoretischen Ansatzes charakterisiert haben. Hans Mommsen hat sie in vielen Aufsätzen produktiv und virtuos auf Einzelprobleme des Dritten Reichs angewandt. Inwiefern es ihm gelang, neues Licht auf das nationalsozialistische Herrschaftssystem zu werfen, wird im Folgenden zu untersuchen sein.

---

[241] A.a.O., S. 325.
[242] Vgl. Kapitel IV, § 1.
[243] Broszat 1986, S. 402.

§ 3 Hans Mommsens konflikttheoretische Interpretation des NS

Es ist das Verdienst Hans Mommsens, Broszats Formel der „Polykratie der Ressorts" bzw. Neumanns Symbol des „Behemoth" konkretisiert und gegen die
totalitarismustheoretische Sicht des Nationalsozialismus als eines Monoliths mit
homogener, eben „totalitärer" Führungsspitze eine alternative, nämlich konflikttheoretische Interpretation, in der wissenschaftlichen und politischen Öffentlichkeit wirkungsvoll zur Geltung gebracht zu haben. In seinem programmatischen
Aufsatz aus dem Jahr 1981 „Hitlers Stellung im nationalsozialistischen Herrschaftssystem" richtet er seine Aufmerksamkeit auf drei Schwerpunkte, die es in
der gebotenen Kürze zu rekonstruieren gilt: 1. Die Herkunft und die spezifische
Wirkungsweise des faschistischen Willensbildungsprozesses im Dritten Reich. 2.
Die Rolle Hitlers im Gefüge des nationalsozialistischen Regimes. 3. Die Funktion
von Hitlers Bündnispartnern in der spezifischen Dynamik nationalsozialistischer
Herrschaftsausübung.

Mommsens[244] These ist, dass sich Hitlers Regierungsstil seit 1934 immer mehr
von institutionalisierten Modalitäten entfernte und einen zunehmenden informellen Charakter annahm. Im Grunde genommen ging Hitler dazu über, die seit 1920
geschaffene Führungsstruktur, die ihm und seinen engeren Vertrauten in der
Münchener Ortsgruppe das absolute Politikmonopol ohne die Zwischenschaltung
intermediärer Ebenen und institutionalisierter Entscheidungsprozesse in der
NSDAP einräumten, auf die Regierung als Ganzes zu übertragen (Abb. 10). Aus
diesem Schritt folgten für die Struktur des nationalsozialistischen Herrschaftssystems weitgehende Konsequenzen. In dem Maße, wie Hitler und seine Satrapen die
politische Macht an den bürokratischen Strukturen des Staates vorbei gleichsam
informell ausübten, fielen alle auch nur mittelfristigen Planungs- und Kontrollme-
chanismen auf den verschiedenen Politikfeldern weitgehend aus. „Planung in
einem rational-kalkulierten, alle Eventualitäten berücksichtigenden Sinne gab es
nur auf der Ebene der einzelnen, unkoordinierten Apparate. Hitler handelte – aus
Gewohnheit, aus Bequemlichkeit und weil er sich davon eine höhere Effektivität
versprach – umgekehrt. Er pflegte die rivalisierenden Macht- und Hoheitsträger
zu Initiativen zu ermuntern und nur dann, in der Regel bremsend, einzuschränken, wenn ihm wichtig erscheinende politische Prioritäten dadurch gefährdet
schienen oder wenn offene Konflikte auftraten, die die propagandistische Geschlossenheit des Regimes in Frage gestellt hätten. Es entwickelte sich daher ein

---

[244] Hans Mommsen wurde am 5.11.1930 in Marburg geboren. Er war bis zu seiner Emeritierung seit 1968
Prof. für Neuere Geschichte an der Universität Bochum. Seine Arbeitsgebiete umfassen u.a. Geschichte
der Arbeiterbewegung und Fragen des Faschismus (Quelle: Brockhaus Enzyklopädie, 22. Auflage, Bd.
15, S. 29).

Regierungsstil, der durch eine Unzahl von Einzelinitiativen der verschiedenen Ressorts und Dienststellen bestimmt war, ohne daß eine Koordination von Maßnahmen erfolgte. Stellte sich heraus, daß infolge der mangelnden Prioritätensetzung existentielle Ziele des Regimes nicht hinreichend verwirklicht wurden, betraute Hitler einen neuen Bevollmächtigten mit dieser Aufgabe und räumte diesem eine Generalkompetenz ein, wobei offen blieb, ob dieser in der Lage war, sich auch wirklich durchzusetzen".[245] Das dadurch entstandene Ämterchaos immer neuer nationalsozialistischer Sondergewalten wurde nur noch notdürftig durch die verbleibenden Reste des regulären Staates zusammengehalten.

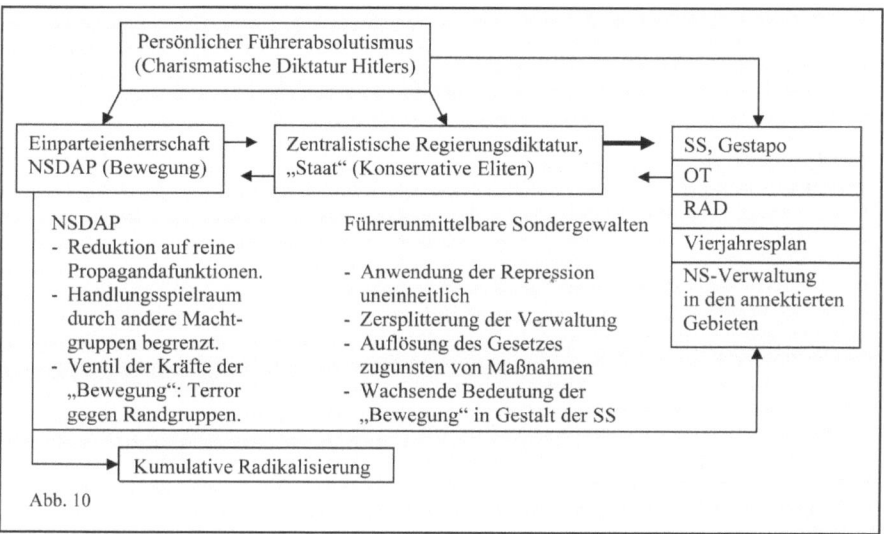

Abb. 10

Zwar blieben der Form nach die legalen Strukturen der Machtausübung erhalten. In dem Maße jedoch, wie die reguläre potestas des Staates an die Peripherie des politischen Willensbildungsprozesses gedrängt wurde, konnten sich nationalsozialistische Sondergewalten mit separaten Führungs- und Machtapparaten Bahn brechen, die zwar den klassischen Staat nicht abschafften, aber die Regelhaftigkeit etatistischen Handelns zunehmend durch führerunmittelbare Befehlswege und Sonderbevollmächtige ersetzten. An die Stelle der nach Recht und Ordnung funktionierenden staatlichen Instanzen traten also immer mehr Sekundärbürokratien, die – ohne klar definierte Verantwortlichkeiten – ad hoc auf der Grundlage von „Führerbefehlen" unbegrenzte Vollmachten für die Erreichung be-

---

[245] Mommsen 1981, S. 57.

stimmter Ziele erhielten. Ein allgemeiner Machtkampf um erweiterte Kompetenzen setzte ein, der sich zugunsten Hitlers und auf Kosten potentieller Rivalen auswirkte. Die aus ihm folgende, auf Dauer gestellte Ausnahmesituation führte zu dem, was Broszat die „kumulative Radikalisierung"[246] nannte. Sie war das Ergebnis eines „Zustand(es) notorischer Unsicherheit über die jeweils erkämpfte Machtposition, der von Hitler eher gewohnheitsmäßig als absichtlich gefördert wurde und der im weiten Umfang einfach ein Resultat der Unfähigkeit des Nationalsozialismus war, sich in ein einmal geschaffenes institutionelles Gefüge einzupassen".[247] Ein beständiger Wettlauf um die Gunst des Führers setzte ein. Die Kontrahenten suchten sich durch immer radikalere Maßnahmen gegenseitig zu überbieten. Allerdings stellte die Konfliktaustragung die hegemonialen Interessen des Regimes nicht in Frage. Dieser Mechanismus der Selektion negativer „Weltanschauungselemente" (Broszat) habe insbesondere in der Judenfrage ein Ventil gefunden. „Denn – zumal nach dem Scheitern der Schachtschen Devisenpolitik – die Ausschaltung der jüdischen Bevölkerungsgruppe, zunächst aus offiziellen Positionen und angesehenen Berufen, dann aus der Wirtschaft, tangierte keine einflußreichen Interessen, während die Arisierung des jüdischen Vermögens und die Proletarisierung des deutschen Judentums sonst divergierende Interessengruppen gleichermaßen, wenn auch nicht konfliktfrei, zufriedenstellte".[248] Doch die Frage ist, in welchem Verhältnis Hitler selbst zu der von ihm entscheidend mitbewirkten politisch-ideologischen Dynamik außerhalb der staatlichen Institutionen stand. War er ihr „Herr und Meister" (Norman Rich)? Oder muss er letztlich als ihr Gefangener angesehen werden?

Wenn man unter Herrschaft in und durch Institutionen ausgeübte politische Macht versteht, ist Hitler – Mommsen zufolge – ein „schwacher" Diktator gewesen. Da er ein hochgradiger Antiinstitutionalist war und auf das sozialdarwinistisch interpretierte Rivalitätsprinzip setzte, habe Hitler seit 1934 „keineswegs die 'Richtlinien der Politik' in dem Sinne bestimmt, daß die jeweils betroffenen Ressorts und Parteistäbe die jeweils von ihnen in Gang gesetzten 'Maßnahmen' auf klar festgelegten Anweisungen der Regierungsspitze abstützten".[249] Tatsächlich kümmerte sich Hitler nur unregelmäßig um die Regierungsgeschäfte. „Der Diktator hatte grundlegende Reformen auf staatlicher Ebene, wie sie Frick mit dem Ziel einer Verfassung des Großdeutschen Reiches anstrebte, verhindert. (...) Anders als Mussolini war Hitler nicht bereit, regelmäßig Akten zu studieren".[250]

---

[246] Vgl. Broszat 1973, S. 592-509; Broszat 1983, S. 52-76.
[247] Mommsen 1981, S. 56.
[248] A.a.O., S. 56f.
[249] A.a.O., S. 57.
[250] A.a.O., S. 59.

Seine mündliche Regierungsführung außerhalb eines routinemäßigen Tagesablaufs öffnete ihn zudem gegenüber zufälligen Einflüssen auch inoffizieller Berater, während dem zuständigen Amtschef der Zutritt zum Machthaber verwehrt blieb. Auf diese Weise seien ihm zunehmend die Fäden der Regierung entglitten. „Er ließ es ausdrücklich zu, daß den einzelnen Ressorts (...) legislative Vollmachten eingeräumt wurden, allerdings mit der Maßgabe, daß der Reichskanzler diese im Einzelfall wieder an sich ziehen konnte. Dieses Verfahren verstärkte die Polykratie der Ressorts und die Bedeutung der sekundären Bürokratien".[251] Im Übrigen mit der Übernahme des Oberbefehls der Wehrmacht und der Leitung der militärischen Operationen im Osten in Anspruch genommen, konnte von einer persönlichen Lenkung des gesamten NS-Imperiums ohnehin nicht mehr die Rede sein. Aber auch in dem Prozess der kumulativen Radikalisierung, unerlässlich für den Zusammenhalt des Regimes, dürfe Hitlers antreibende Rolle nicht überschätzt werden. Man müsse erkennen, „daß der Diktator nur extremer Exponent einer durch den Wegfall aller institutionellen, rechtlichen und moralischen Barrieren freigesetzten antihumanitären Impulskette war, die, einmal in Gang gesetzt, sich potenzierend fortzeugte".[252] Es sei eine falsche Sicht, „wenn als Endursache für die verbrecherische Zuspitzung und terroristische Hybris der nationalsozialistischen Politik der bestimmende Einfluß Hitlers herausgestellt wird".[253] Im Grunde genommen, so müssen wir Mommsen interpretieren, waren Hitler wie seine Satrapen lediglich Teil jener ideologisch-politischen Dynamik, deren Eigengesetzlichkeit sie freilich selbst mit ausgelöst hatten.

Lebte dergestalt das NS-System von der parasitären Zersetzung der „übernommenen staatlichen und gesellschaftlichen Grundlagen" (Mommsen), ohne an deren Stelle neue Strukturen zu setzen, stellt sich die Frage, warum Hitlers Bündnispartner, die traditionellen Eliten, diesen Vorgang akzeptieren mussten. Broszat führte deren mangelnde Widerstandskraft gegenüber der Offensive der sekundären Bürokratien des Faschismus auf interne Spaltungen zurück, die zu ihrer Lähmung und zur gleichzeitigen Machtverschiebung zugunsten der nationalsozialistischen Bewegung beitrugen. 1936 wurde das Ende der geschlossenen Durchsetzung großindustrieller Interessenlagen durch die aufbrechende Kontroverse zwischen dem nationalsozialistischen Bevollmächtigten des Vierjahresplans Göring und dem Vertrauensmann der deutschen Großindustrie, Reichswirtschaftsminister Schacht, eingeleitet. Schacht nahm den konventionellen prokapitalistischen Standpunkt der Deutschnationalen ein: Auch er wollte die Aufrüstung, aber er sah ihre Funktion dann erfüllt, wenn Deutschland als gleichberech-

---

[251] Ebd.
[252] A.a.O., S. 66.
[253] A.a.O., S. 67.

tigte Großmacht international anerkannt war. Daher sah er den Zeitpunkt der Reintegration der deutschen Industrie in den Weltmarkt für gekommen. Hitler und Göring dagegen optierten für eine Konzeption, welche die gesamte Volkswirtschaft den Interessen eines neuen Weltkrieges unterordnete.[254] Zwar konnte die Wehrmacht bis 1937 ihre Autonomie weitgehend wahren. Aber die Blomberg-Fritsch-Krise im Frühjahr 1938 machte einen tiefgreifenden Spaltungsprozess deutlich: Den Traditionalisten um den Chef der Heeresleitung und Generalstabschef Beck, die Hitlers Vabanque-Politik ablehnten, standen die Kollaborateure um Keitel und Blomberg gegenüber, die mit Hitlers Kurs sympathisierten.[255] Mommsen nennt am Beispiel der konservativen Eliten in Bürokratie und Rechtsprechung darüber hinaus weitere Gründe für deren Schwächung: 1. Die in die Weimarer Republik hineinreichende Unterhöhlung des Rechtsstaatsgedankens. 2. Man beteiligte sich ferner an der Radikalisierung des Regimes, um nicht noch mehr an machtpolitischem Einfluss zu verlieren. 3. Außerdem teilten die alten Eliten mit den Nazis deren Antibolschewismus und teilweise deren Antisemitismus: „Verschiedentlich vertraten die Mitglieder der traditionellen Eliten die Auffassung, dass die Judenverfolgung nun einmal der Preis sei, der gezahlt werden müsste, um die NS-Bewegung von sozial-radikalen Maßnahmen – Eingriffen in die Eigentumsverfassung und die herkömmlichen sozialen Privilegien des deutschen Großbürgertums – abzuhalten".[256] 4. Durch die Verschmelzung von Partei- und Staatsämtern hatte sich die institutionelle Struktur so verflüssigt, daß es im NS-Staat kaum noch Bereiche in Armee, Wirtschaft und Verwaltung gab, wo nicht „für dieselben Aufgaben mehrere Instanzen zuständig waren oder eine Mitzuständigkeit usurpierten".[257] Die daraus resultierende Verunsicherung ging voll zu Lasten der Handlungsfähigkeit der alten Eliten.

§ 4 Analytische Reichweite und Grenzen des konflikttheoretischen Ansatzes

Das Signum des konflikttheoretischen Ansatzes ist, dass er die Dynamik des Dritten Reiches *strukturalistisch* deutet. Seine Vorläufer wie Kirchheimer und Neumann sahen die Struktur der rivalisierenden Machtblöcke in den wirtschaftlichen Rahmenbedingungen, die dem „Verhältnis von faschistischer Expansion und monopolkapitalistischer Interessenlage"[258] zugrunde lagen. Broszat und

---

[254] Vgl. Broszat 1986, S. 370-375.
[255] Vgl. a.a.O., S. 364-365.
[256] Mommsen 1981, S. 55.
[257] A.a.O., S. 56.
[258] Saage 1983, S. 136.

Mommsen abstrahieren von diesen polit-ökonomischen Implikationen und deuten das Dritte Reich ausschließlich im Fokus der Mechanismen seines politischen Systems. Mit dieser methodologischen Option geht eine klare Absage an die personalisierende, auf Hitler zentrierte Interpretation des nationalsozialistischen Herrschaftssystems einher. Sie erinnert nachdrücklich daran, dass das Dritte Reich – unfähig zu wirklich revolutionären Neuerungen – parasitär von der Substanz der überlieferten wirtschaftlichen und staatlichen Einrichtungen lebte. Und sie macht unmissverständlich klar, dass der Nationalsozialismus erst in dem Maße seine destruktiven Potenzen entfalten konnte, wie es ihm gelang, die alten Eliten in die Defensive zu drängen.

Eine weitere Stärke des konflikttheoretischen Paradigmas besteht sicherlich darin, dass er die begrenzte Reichweite des bonapartismustheoretischen Ansatzes für die Regimephase des deutschen Faschismus aufgezeigt hat. Sowohl in seiner frühen Fassung bei Kirchheimer und Neumann als auch in seiner späteren Version bei Broszat und Mommsen wird klar, dass spätestens ab 1937/38 zumindest in Deutschland von einem homogenen autoritären Staat nicht mehr die Rede sein kann, weil dessen Repräsentanten in Gestalt der konservativen Bündnispartner zunehmend aufgrund interner Spaltungen und ihrer politischen Unfähigkeit im Umgang mit den Mechanismen einer Massengesellschaft in die Defensive gedrängt wurden und immer mehr in den Sog der sich nicht legal, sondern charismatisch legitimierenden nationalsozialistischen Sondergewalten gerieten. Gleichzeitig wird dadurch dem Bild des Dritten Reiches als einer monolithischen Herrschaftsstruktur der Boden entzogen. Seine totalitären Elemente machten sich nicht im Rahmen des alles kontrollierenden „Leviathan" geltend, sondern in den Nischen seiner Negation, des negativ pluralisierten „Behemoth". Ferner wirft der auf das Dritte Reich angewandte konflikttheoretische Ansatz in seiner destruktiven Spielart auch ein analytisches Licht auf das faschistische Italien. Die Hochburgen der alten Eliten in der Armee, Monarchie, des mächtigen Industriellenverbandes Confindustria und der staatlichen Bürokratie hielten sich als Machtblöcke gegenüber den faschistischen Bewegungskräften durch und erzwangen deren Etatisierung und damit die Kanalisierung ihrer terroristischen Dynamik: Tendenzen, die in Italien – wie die frühen 20er Jahre im Zeichen der faschistischen „Strafexpeditionen" vor der Machtübergabe an Mussolini in Norditalien zeigen – ebenso präsent waren wie in ihrem deutschen Gegenstück.

Aber auch die Schwäche des konflikttheoretischen Ansatzes darf nicht verschwiegen werden. Zwar kann er verdeutlichen, dass die einseitige Betonung der Rolle der Ideologie in den faschistischen Herrschaftssystemen nicht weiterführt. Ideologische Konzeptionen bleiben machtlos, solange ihre Träger nicht über den politischen Handlungsspielraum verfügen, den sie zu ihrer Verwirklichung benötigen. Die Größe der Chance aber, „innerhalb einer sozialen Beziehung den eigenen Willen auch gegen Widerstreben durchzusetzen" (Max Weber), verweist in unserem Zusammenhang auf das Gebiet interessengeleiteter Konflikte zwischen den faschistischen Machthabern und den traditionellen Eliten. Der Ausgang dieser Auseinandersetzungen hat zweifellos die politische Struktur der faschistischen Herrschaftssysteme in Italien und Deutschland stärker bestimmt als vorgegebene ideologische Muster. Doch die Anhänger des konflikttheoretischen Ansatzes gehen noch einen Schritt weiter: Sie stufen nicht nur die faschistische Ideologie auf ein bloß propagandistisches Instrument herunter. „Selbst der stabilste Bestandteil der vielbeschworenen ‚Weltanschauung'", so Hans Mommsen, „der Rassenantisemitismus, fungierte in mancher Hinsicht, wie Martin Broszat gezeigt hat, als propagandistische Metapher, die sich fatalerweise schließlich ‚beim Wort nahm'".[259] Hitlers Person – in Gestalt seiner ideologisch angeleiteten „Intention" – selbst steht mit dieser radikalen Abwertung der Ideologie als ernst zu nehmender politischer Faktor zur Disposition. Wie sollte es aber möglich sein, dass insbesondere der deutsche Faschismus – wenn auch in absolut negativer Weise – eine ganze Epoche zwischen 1933 und 1945 mit unabsehbaren Folgen bis auf den heutigen Tag – prägen konnte, ohne eine distinkte ideologische Zielperspektive?

Keine interpretatorische Schule hat diese Frage nachdrücklicher gestellt als die Vertreter der totalitarismustheoretisch unterfütterten Analysen des Dritten Reiches. Wir haben uns also der Reichweite und den Grenzen des totalitarismustheoretischen Ansatzes zuzuwenden, der die ideologische Intention Hitlers und die zumindest tendenziell monolithische Struktur des nationalsozialistischen Herrschaftssystems ins Zentrum seines Paradigmas stellt.

---

[259] Mommsen 1996, S. 298.

Fünftes Kapitel
Der totalitarismustheoretische Ansatz

§ 1 Zur Vorgeschichte der Totalitarismustheorien

Die Totalitarismustheorie ist keine Erfindung westlicher Intellektueller, um in der Zeit des Kalten Krieges kommunistische Herrschaftssysteme als freiheitsfeindlich zu stigmatisieren: Sie ist nämlich so alt, wie die älteste Variante des Faschismus, nämlich die Diktatur Mussolinis, selbst.[260] Die Autoren, die das faschistische Regime in Italien bereits in den 1920er Jahren als „totalitär" bezeichneten, reichen von Hermann Heller und Filippo Turati über Palmiro Togliatti bis hin zu Giovanni Amendola und Luigi Sturzo. Besonders Amendola und Sturzo haben in ihren Versuchen, das faschistische Regime in Italien als „totalitär" zu charakterisieren, wichtige Stichwörter für die später entwickelten „klassischen" Totalitarismustheorien geliefert. Amendola betonte die tödliche Bedrohung, die der liberalen Demokratie nicht nur vom Totalitarismus des faschistischen Italiens, sondern auch von der kommunistischen Sowjetunion drohe. Beide Regime schickten sich an, „die mehr als hundertjährigen Grundlagen des modernen Lebens umzustürzen". In Kommunismus und Faschismus sah er „eine ‚totalitäre Reaktion auf Liberalismus und Demokratie".[261] Und Luigi Sturzo, der Gründer des Partito Popolare Italiano, stellte die neuartige Gewaltkonzentration in Gestalt des italienischen Faschismus heraus, ebenfalls in Konfrontation mit den liberalen Werten der westlichen Demokratie: „Der Instinkt der Selbsterhaltung treibt den Fascismus zur Errichtung eines Gewaltsystems, das der einzige und ausschließliche Ausdruck des Landes sein soll. Das führt zur Unterdrückung seines Gegners um jeden Preis. Die Gegner werden unter dem Namen Antifascismus zusammengefaßt. Dies Wort hat keinen eigentlichen Sinn, weil es Menschen, Parteien, Richtungen, Ideen von großer Verschiedenheit, ja völlig widersprechender Art zusammenfasst. Es hat aber wohl einen bestimmten Sinn, wenn es als der Gegenpol der eigenen Totalitäts- und Absolutismusstellung des Fascismus (...) verstanden wird, nämlich als Forderung und Betonung des Freiheitsprinzips".[262]

---

[260] Zur Geschichte der Totalitarismustheorie vgl. grundlegend Jänicke 1971.
[261] Zit. n. Petersen 1996, S. 22.
[262] Zit. n. a.a.O., S. 23.

Jens Petersen kann in seinem Aufsatz „Die Geschichte des Totalitarismus-begriffs in Italien" zeigen, dass der von den Gegnern des Faschismus entwickelte Begriff des „Totalitarismus" von dessen Protagonisten sehr bald selbst aufgegriffen und positiv gewendet wurde. In seiner 1931 veröffentlichten „Doktrin des Faschismus" schreibt Mussolini: „Für den Faschisten befindet sich alles innerhalb des Staates und nichts kann oder darf sich außerhalb des Staates befinden. In diesem Sinne ist der Faschismus totalitär".[263] Freilich stellte sich bald heraus, dass dieser Satz zwei Lesarten zuließ, die in der späteren Entwicklung der Totalitarismustheorie eine wichtige Rolle spielen sollten. Die eine Interpretation sah im Totalitarismus die „Verstaatlichung" der dynamischen Kräfte der faschistischen Bewegung, die insbesondere von den Nationalisten um Gentile, Federzoni und Rocco betrieben wurde. Für den Philosophen und Kulturpolitiker Giovanni Gentile „war der totalitäre Staat die Inkarnation und Potenzierung des Machtstaates, der alle Aktivitäten der Gesellschaft zu kontrollieren und zu lenken hatte. Die Nationalisierung und ‚Verstaatlichung' des Faschismus, wie sie Gentile verfolgte, entsprach den Interessen und Zielsetzungen der liberal-konservativen und nationalistischen Teile des faschistischen Machtkartells. Theoretiker wie A. Rocco oder G. Gentile dachten an eine Selbstauflösung des Faschismus, sobald er als Tonikum (Kraftmittel, R.S.) zur Stärkung von Staat und Staatsautorität gedient hatte".[264] Die andere Auslegungsvariante setzte sich demgegenüber vom Staatsabsolutismus ab und strebte eine dynamische Variante des Totalitarismus an, die auf die Bewegungskräfte des Radikalfaschismus setzte. „Theoretiker einer weiterführenden Dynamisierung des Faschismus, wie S. Panunzio, C. Costamagna oder G. Bortolotti, entwarfen mit diesem Konzept ein Bild der Bewegung und des Einparteiensystems, in dem die Züge der Dynamik überwogen. Wer die von der faschistischen Partei 1939/40 herausgegebenen vier Bände des ‚Dizionario di Politica' durchsieht, wird zahlreiche Beispiele für diese doppelte Auffassung des Totalitären finden".[265]

Walter Schlangen hat festgestellt, dass die affirmativ auf das Dritte Reich gemünzte Formel des „Totalen Staates" eine Übersetzung des faschistischen „stato totalitario" auf die deutschen Verhältnisse ist. Ihre Protagonisten von Carl Schmitt über Ernst Forsthoff und Hans Freyer bis hin zu Ernst Jünger lassen in ihrem Gebrauch des Terminus „Totaler Staat" ebenfalls eine etatistische und eine aktionistische Komponente erkennen, die, wie wir sahen, Franz Neumann ideengeschichtlich mit den Hobbesschen Symbolen des „Leviathan" und des „Behe-

---

[263] Zit. n. a.a.O., S. 29.
[264] A.a.O., S. 30.
[265] Ebd.

102

moth" in Verbindung gebracht hat[266]: Jener steht für den starken autoritären Staat, dessen Gesetze den inneren Frieden zu garantieren haben; dieser kennzeichnet dessen Gegenteil: den äußersten Zustand der Gesetzlosigkeit eines blutigen Bürgerkriegs, in dem sich befehdende Gruppen und einzelne ihre selbstzerstörerische Dynamik entfalten. Schlangen kommt in seiner Untersuchung zu dem Schluss, „daß die Konzeption des Totalitären im deutschen Nationalsozialismus insgesamt eine Verschmelzung *etatistischer* und *aktionistischer* Elemente darstellt, die der politischen Konzeption des Totalitarismus im italienischen Faschismus ähnlich ist".[267] Allerdings muss er einschränkend zugeben, dass „sich hier ihre einzelnen Aspekte auch genetisch nur schwer aus dem Komplex der Herrschaftsbegründungen herauslösen"[268] ließen. Dann aber ist die Einsicht unausweichlich, dass im Selbstverständnis des italienischen Faschismus in dem Maße die etatistische Komponente die Oberhand gewann, wie diese tatsächlich die dynamischen Kräfte der Bewegung „etatisierte", während in Deutschland mit der Offensive der nationalsozialistischen Sondergewalten das Gegenteil eintrat: die zunehmende Fragmentierung des totalen Staates.[269] Vielleicht ist diese gegenläufige Entwicklung auch der Grund, warum im Unterschied zum italienischen Faschismus der in der deutschen profaschistischen Staatsideologie entwickelte „ambivalente Begriff des ‚totalen Staates' keineswegs zur offiziellen Doktrin des Nationalsozialismus geworden ist".[270]

Für die Weiterentwicklung der Totalitarismustheorien ist aber ein anderer Aspekt wichtig geworden, der freilich mit der hier getroffenen Feststellung einer unterschiedlichen Akzentuierung des Totalitarismusbegriffs im italienischen Faschismus und im Dritten Reich zusammenhängt: Einerseits führte die Verstaatlichung der faschistischen Bewegung Italiens dazu, dass das von ihr getragene Regime nach 1945 aus dem Kreis der volltotalitären Diktaturen ausschied, weil die Züge eines autoritären Staats aus der ex post Betrachtung heraus zu überwiegen schienen. So reagierte nach Karl Dietrich Bracher der italienische Faschismus „auf die traditionelle Schwäche des eigenen Staates, die so krass mit der ruhmreichen Vorzeit des Imperium Romanum kontrastiert, durch die Forderung nach imperialer Restauration mittels Totalisierung des Staates; der Faschismus ist Schöpfer des Begriffs des totalen Staates, *lo stato totalitario*, sowenig er diesen dann realiter zu verwirklichen mochte. Der Nationalsozialismus hingegen faßt den Staat wohl als den traditionell starken deutschen Obrigkeits- und Machtstaat,

---

[266] Vgl. Kapitel IV, § 2.
[267] Schlangen 1976, S. 19.
[268] Ebd.
[269] Vgl. Kapitel III.
[270] Schlangen 1976, S. 18.

nicht aber als Selbstzweck auf; der Staat ist vielmehr Instrument einer überstaat-lich-völkischen, rassistischen Expansionsideologie, die im Drang zur Weltherr-schaft und in der rücksichtslosen Völkerversklavung, zumal in der systematisch-brutalen Judenvernichtung und in der Unterdrückung der Slaven, ihren konse-quenten Ausdruck fand. Der Nationalsozialismus ließ damit alle anderen ‚Fa-schismen' weit hinter sich".[271] Nach dem Ende des Zweiten Weltkrieges nahmen auf der Agenda als voll entwickelte totalitäre Staaten nur noch das Dritte Reich und die stalinistische Sowjetunion ihren Platz ein. Und andererseits gingen aus der unterschiedlichen Akzentuierung der dynamischen und der statischen Kom-ponenten des ursprünglichen Totalitarismusbegriffs zwei differierende Konzepte hervor, die mit den Namen Hannah Arendts und Carl Joachim Friedrichs bzw. Zbigniew Brezinskis verbunden sind.

§ 2 Zwei Paradigmen der klassischen Totalitarismustheorie (Arendt, Friedrich/Brzezinski)

Hannah Arendt[272] hat in ihrem klassischen Werk „Elemente und Ursprünge tota-litärer Herrschaft"[273] eine Feststellung getroffen, die für die Entwicklung der Totalitarismustheorie nach dem Zweiten Weltkrieg schulemachend geworden ist: Angesichts der ungeheuren Opfer des im industriellen Maßstab betriebenen rassistischen Genozids an den Juden im Dritten Reich und der systematischen Liquidierung von „Klassenfeinden" in der stalinistischen Sowjetunion stellte sie die These auf, dass die traditionelle Staatsformenlehre, der man bisher folgte, nicht in der Lage sei, die Neuartigkeit der totalitären Regime des 20. Jahrhunderts kategorial zu fassen. „Die Gaskammern des Dritten Reiches und die Konzentrati-onslager der Sowjetunion haben die Kontinuität der abendländischen Geschichte unterbrochen, weil niemand im Ernst die Verantwortung für sie übernehmen kann. Zugleich bedrohen sie jene Solidarität von Menschen untereinander, wel-che die Voraussetzung dafür ist, daß wir es überhaupt wagen können, die Hand-lungen anderer zu beurteilen und abzuurteilen".[274] Gleichwohl sei es Aufgabe der

[271] Bracher 1980, S. 20.
[272] Hannah Arendt, amerikanische Gesellschafts- und Politikwissenschaftlerin deutscher Herkunft, wurde in Hannover am 14.10.1906 geboren und starb in New York am 4.12.1974. Schülerin u.a. von M. Heidegger, E. Husserl und K. Jaspers, musste sie als Jüdin Deutschland 1933 verlassen, ging zunächst nach Frankreich und 1940 in die USA. 1963-1967 war sie Professorin in Chicago, seitdem in New York. Sie befasste sich u.a. mit dem Totalitarismus, trat aber auch mit Veröffentlichungen in deutscher und englischer Sprache zu politisch-philosophischen Grundsatzfragen hervor (Quelle: Brockhaus Enzyklo-pädie, 22. Auflage, Bd. 2, S. 89).
[273] Vgl. u.a. Schlangen 1976, S. 45.49; Gess 1995, S. 331-343; Schönherr-Mann 2006.
[274] Arendt 1974, S. 135.

historisch-politischen Wissenschaften, die Voraussetzungen und Funktionszusammenhänge des totalitären Phänomens der ersten Hälfte des 20. Jahrhunderts zu erforschen. Dabei könne es nicht darum gehen, Neues auf Bekanntes zurückzuführen: Vielmehr habe sie das „spezifisch Unerhörte" zu fokussieren. Das Erkenntnisinteresse müsse also darauf abzielen, „das wesentlich Neue, das nämlich, was diese Herrschaft zu einer totalen Bedrohung macht, in den Blick zu bekommen".[275]

Ähnlich wie für K. R. Popper[276] sind für Arendt die legitimatorischen Grundlagen der totalitären Systeme der Sowjetunion und des Dritten Reiches ohne die Berücksichtigung ihres ideologischen Totalanspruches und der angeblichen Bewegungsgesetze der Geschichte oder der Natur nicht zu verstehen. In der Antike waren die guten Staatsformen gesetzeskonform, während in den Tyranneien die gesetzlose Willkür herrschte. Das Neue an den totalitären Regimes machte sich Arendt zufolge in der Abschaffung des traditionellen Gesetzesbegriffs und dessen Ersetzung durch ein geschichtsphilosophisches Bewegungsgesetz geltend, das es mit terroristischen Mitteln zu exekutieren gelte. „Nun ist zwar totalitäre Herrschaft ‚gesetzlos', sofern sie prinzipiell alles positiv gesetzte Recht verletzt, gleich als ob es sich um überkommenes Recht handelt (das sie eigentümlicherweise nicht einmal abschafft) oder um von ihr selbst erlassene Gesetze; aber sie ist keineswegs willkürlich. An die Stelle des positiv gesetzten Rechts tritt nicht der allmächtig willkürliche Wille des Machthabers, sondern das ‚Gesetz der Geschichte' oder das ‚Gesetz der Natur', also ein Art von Instanz, wie sie das positive Recht, das immer nur konkrete Ausgestaltung einer höheren Autorität zu sein behauptet, selbst braucht und auf die es sich als Quelle seiner Legitimität immer irgendwie beruft".[277] Während der Kommunismus das „Gesetz der Geschichte" dem historischen Materialismus entlehnt, beruft sich der Nationalsozialismus auf das sozialdarwinistische Gesetz der „natürlichen Auslese" durch den „Kampf ums Dasein": Beide totalitären Bewegungen beziehen ihre Kraft aus der angeblich historischen Mission, der Exekution historischer „Gesetze" durch terroristische Beseitigung aller gesellschaftlichen, weltanschaulichen und politischen Widerstände so den Weg zu bahnen, dass die Verwirklichung ihrer Ziele, die klassenlose Gesellschaft oder der rassisch homogene völkische Staat, absehbar erscheint.

Welche Auswirkungen hat dieses Szenario des Zusammenspiels von geschichtsphilosophisch angeleiteter Ideologie, systematisch angewandtem Terror und dynamischer Mobilisierung der Massen auf die Struktur eines totalitären

---

[275] Ebd.
[276] Vgl. insbesondere Popper 1992.
[277] Arendt 1974, S. 136.

Herrschaftssystems? Die Funktion des Terrors besteht Arendt zufolge darin, ein die einzelnen restlos konsumierendes kollektives Subjekt, sei es als „Klasse" oder als „Volk" konzeptualisiert, überhaupt erst hervorzubringen: „Das eiserne Band des Terrors konstituiert den totalitären politischen Körper und macht ihn zu einem unvergleichlichen Instrument, die Bewegung des Natur- oder des Geschichtsprozesses zu beschleunigen. Dem Terror gelingt es, Menschen so zu organisieren, als gäbe es sie gar nicht im Plural, sondern nur im Singular, als gäbe es nur einen gigantischen Menschen auf der Erde, dessen Bewegungen in den Marsch eines automatisch notwendigen Natur- oder Geschichtsprozesses mit absoluter Sicherheit und Berechenbarkeit einfallen".[278] Allerdings habe sich, so Arendt, der historische Totalitarismus erst auf dem Weg zu diesem Ziel befunden. Daher sei die vom Terror induzierte Furcht und das gegenseitige Misstrauen, die die an sich schon durch die moderne Gesellschaft hervorgerufene Isolierung und Vereinsamung der einzelnen noch vertiefe, unerlässlich, um vermittels einer einheitlichen Ideologie und einer Dauermobilisierung die Massen im Sinne des historischen Endziels gleichsam artifiziell „in Form" zu bringen. Tatsächlich sind es diese beiden Elemente, nämlich die Ideologie und die Dynamik der Massenmobilisierung, die folgenreich auf die späteren Totalitarismuskonzepte eingewirkt haben (Abb. 11).

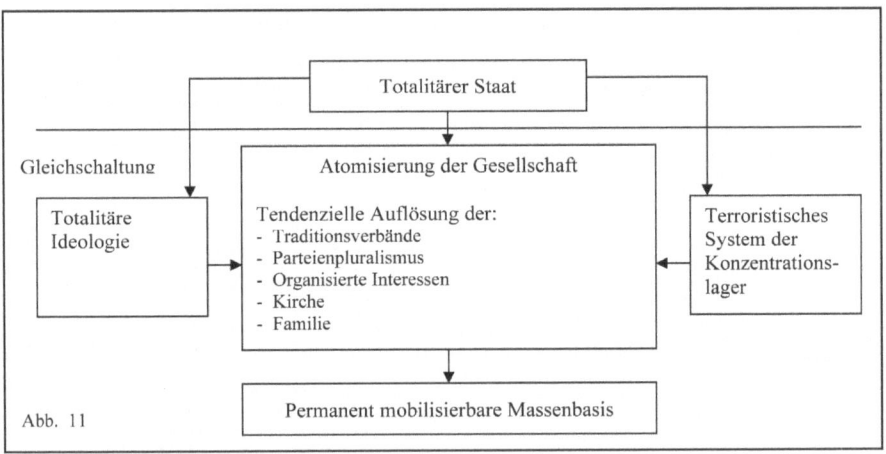

Abb. 11

Arendt nennt drei Funktionen, welche die Ideologie des dialektischen Materialismus einerseits und des sozialdarwinistischen Rassismus andererseits in der

---

[278] A.a.O., S. 147.

stalinistischen Sowjetunion und im Dritten Reich ausgeübt haben: 1. Sie wollen nicht nur das, was ist, sondern auch das, was sein soll, erklären. Um als Gegengift des Relativismus und der aus ihr im negativen Falle resultierenden Orientierungslosigkeit des modernen Menschen zu wirken, verspricht der Anspruch auf umfassende Welterklärung „die totale Erklärung alles geschichtlich sich Ereignenden, und zwar totale Erklärung des Vergangenen, totales Sich-Auskennen im Gegenwärtigen und verläßliches Vorhersagen des Zukünftigen".[279] 2. Um „politische Soldaten" im Sinne der totalitären Bewegung zu erziehen, ist es notwendig, sie mit Hilfe der geschlossenen Ideologie gegenüber allen Erfahrungen zu immunisieren, die von der Erreichung des Endziels ablenken könnten. Ideologisches Denken „emanzipiert sich also von der Wirklichkeit, wie sie uns in unseren fünf Sinnen gegeben ist, und besteht ihr gegenüber auf einer ‚eigentlicheren' Realität, die sich hinter diesem Gegebenen verberge".[280] 3. An die Stelle der erfahrbaren Wirklichkeit tritt die logische Deduktion aus vorgegebenen ideologischen Prämissen. „Dem, was faktisch geschieht, kommt ideologisches Denken dadurch bei, daß es aus einer als sicher angenommenen Prämisse nun mit absoluter Folgerichtigkeit – und das heißt natürlich mit absoluter Stimmigkeit, wie sie in der Wirklichkeit nie anzutreffen ist – alles Weitere deduziert".[281]

Aber der Terror könnte seine durch Furcht und Misstrauen bewirkte Integration ebenso wenig leisten wie die Ideologie ihre Funktion der Wirklichkeitsimmunisierung, wenn nicht ein weiteres Element hinzukäme: die permanente Mobilisierung der einzelnen, die deren Isolation voraussetzt, um sie in eine vom totalitären Regime gewünschte Richtung zu drängen. „Der äußere Zwang des Terrors vernichtet mit der Zerstörung des Raums der Freiheit alle Beziehungen *zwischen* den Menschen; zusammengepresst mit allen anderen ist ein jeder ganz und gar von allen anderen isoliert. Der innere Zwang des konsequent ideologischen Denkens sichert diesem Zwang seine Wirksamkeit, indem er die also isolierten Individuen in einen permanenten, jederzeit übersehbaren, weil konsequent logischen Prozess hineinreißt, in welchem ihnen jene Ruhe niemals vergönnt ist, in der sie allein der Wirklichkeit einer erfahrbaren Welt begegnen können".[282] Den Grund für die große Anziehungskraft des Totalitarismus sah Arendt darin, dass in der modernen Massengesellschaft sekundäre, über Medien vermittelte Erfahrungen mit der gleichzeitigen Isolation der einzelnen eine verhängnisvolle Verbindung eingehen. „Je weniger die modernen Massen in dieser Welt noch wirklich zu Hause sind, desto geneigter werden sie sich zeigen, sich in ein

---

[279] A.a.O., S. 153.
[280] Ebd.
[281] A.a.O., S. 145f.
[282] A.a.O., S. 159.

Narrenparadies oder eine Narrenhölle abkommandieren zu lassen, in der alles gekannt, erklärt und von übermenschlichen Gesetzen im vorhinein bestimmt ist".[283]

Man wird Arendt attestieren müssen, dass sie als erste Autorin den dynamischen und ideologisch angeleiteten Massenmobilisierungscharakter des modernern Totalitarismus einerseits und das Signum seines ultimativen Terrors, symbolisiert durch die sowjetischen Gulags und nationalsozialistischen Vernichtungslager andererseits, erkannt hat, der Stalins und Hitlers Diktaturen klar von den autoritären Regimes und Tyranneien der Vergangenheit unterscheidet. Die letzteren sind im Kern statisch und auf die Bewahrung der Institutionen ihrer Herkunftsgesellschaft gerichtet, ohne über geschlossene Ideologien und ein über die tradierten Mittel eines Polizeistaates hinausgehendes Terrorsystem zu verfügen. Vor allem versuchen sie, genau das zu verhindern, was die modernen Totalitarismen kennzeichnet: die Mobilisierung der Massen. Ihr oberstes Ziel ist im Gegenteil deren Entpolitisierung. Sicherlich gibt es diese Tendenzen auch in totalitären Systemen. Aber sie sind stets überlagert von jener ideologisch angeleiteten Dynamik, die Arendt ins Zentrum ihrer Analyse rückt. Andererseits ist ihr Konzept nicht frei von Defiziten. Zwar ist „die Betonung der radikalisierenden, dynamischen und strukturzerstörenden Eigenschaften, die nach Arendts Ansicht dem Nationalsozialismus immanent sind, (...) durch spätere Untersuchungen im starken Maß bestätigt worden".[284] Doch hinsichtlich der stalinistischen Sowjetunion hat ihr Buch weitaus weniger zu bieten. Vor allem aber ist in ihrem Werk weder „eine klare Theorie noch ein befriedigendes Konzept totalitärer Staaten" zu entnehmen. „Und Arendts Hauptargument, mit dem sie das Anwachsen des Totalitarismus erklärt – Klassen würden durch Massen ersetzt und es entstehe eine ‚Massengesellschaft' – ist eindeutig fehlerhaft".[285] Sowohl der italienische als auch der deutsche Faschismus, so konnte diese Darstellung zeigen, waren schichten- bzw. klassenspezifisch sowohl in der Entstehungs- als auch in der Regimephase eingebunden: seine Massenbasis durch den Zulauf vor allem aus dem alten und dem neuen Mittelstand und seine Regimephase durch die Kooperation mit den traditionellen Eliten in der staatlichen Bürokratie, dem Heer sowie in der Großindustrie und in den Kreisen der Großgrundbesitzer.[286]

Noch einflussreicher als Arendts Totalitarismuskonzeption sollte sich freilich Carl Joachim Friedrichs[287] und Zbigniew Brzezinskis[288] Version des Totalita-

---

[283] Ebd.
[284] Kershaw 2002, S. 45.
[285] A.a.O., S. 46.
[286] Vgl. Kapitel III, §§ 2 u. 3.
[287] Der amerikanische Politikwissenschaftler deutscher Herkunft Carl Joachim Friedrich wurde am 5. 6. 1901 in Leipzig geboren und starb am 22.9.1984 in Lexington (Mass.). Seit 1922 in den USA, lehrte er von

rismus auswirken. Wie wir sahen, erblickte Arendt das historisch Neuartige des modernen Totalitarismus im dynamischen Zusammenspiel von Ideologie, Terror und Massenmobilisierung. Demgegenüber heben Friedrich und Brzezinski eher auf den mehr statischen Systemcharakter des Totalitarismus ab: Ihnen kommt es darauf an, ein mehr oder weniger geschlossenes Paradigma totalitärer Herrschaftssysteme in die Forschung einzuführen. Um die Notwendigkeit ihres eigenen Ansatzes zu rechtfertigen, setzen sie sich zunächst mit den Defiziten konkurrierender Erklärungsmodelle auseinander. Den Versuch, den Totalitarismus auf ein einziges Ziel, nämlich die totale Kontrolle des Individuums zu reduzieren, lehnen sie ab, weil ein solches Merkmal in vielen Regimen, Institutionen und Bewegungen zu finden sei, ohne dass diese „totalitär" im modernen Sinn genannt werden könnten: von Platons Staat über Plutarchs Schilderung der Verfassung Lykurgs in Sparta bis hin zum mittelalterlichen Kloster.[289] Aber auch geistesgeschichtliche Ansätze, welche eine Linie von Luther über Hegel und Marx bis zum Totalitarismus des 20. Jahrhunderts ziehen, stießen ins Leere. Solche Erklärungen, so die Autoren, „mögen zwar interessant sein, soweit sie bestimmte Elemente der totalitären Ideologien aufhellen; in Wirklichkeit beruhen sie auf ernsthaft störenden Verzerrungen historischer Tatsachen".[290] Ferner stehen die Autoren jener Debatte skeptisch gegenüber, welche den Totalitarismus monokausal aus dem bösartigen Charakter der einschlägigen Diktatoren hervorgehen lassen oder aber als Ausfluss der moralischen Krise der Zeit interpretieren. „Eine ins einzelne gehende Betrachtung des verfügbaren Beweismaterials lässt erkennen, daß praktisch jeder einzelne der Faktoren, die, für sich gesehen, als Erklärung für den Ursprung der totalitären Diktatur angeboten wurden, seine Rolle spielte".[291] Aber isoliert gesehen, sei der analytische Wert solcher methodologischer Optionen begrenzt, weil „nur eine polymere Analyse zu einer hinreichenden Darstellung"[292] führt. Diese Kritik treffe auch für marxistische Ansätze zu, die das Fortbestehen kapitalistischer Strukturen im Totalitarismus betonten und die Wirt-

---

1927 bis 1971 an der Harvard University, von 1956 bis 1966 an der Universität Heidelberg. Er befasste sich mit den Grundlagen und der Entwicklung des heutigen Verfassungsstaates (Quelle: Brockhaus Enzyklopädie, Bd. 7, 22. Auflage, S. 580).

[288] Zbigniew Brzezinski, amerikanischer Politikwissenschaftler polnischer Herkunft, wurde in Warschau am 28.3.1928 geboren. 1949 in den USA naturalisiert, wurde er 1961 Direktor des Instituts für kommunistische Angelegenheiten an der Columbia University. 1962 dort zum ordentlichen Professor aufgestiegen, gehörte er von 1966 bis 1968 dem politischen Planungsstab des amerikanischen Außenministeriums an. 1977-81 leitete er unter Präsident J. Carter den Nationalen Sicherheitsrat (Quelle: Brockhaus Enzyklopädie, 22. Auflage, Bd. 4, S. 72).

[289] Vgl. Friedrich/Brzezinski 1974, S. 601-603.

[290] A.a.O., S. 605.

[291] Ebd.

[292] A.a.O., S. 606.

schaftsführer als dominierende Gestalten des Regimes stilisierten. „Die Tatsachen, wie wir sie kennen, stimmen mit dieser Ansicht nicht überein".[293]

Anstelle explikativer Untersuchungsmethoden, welche den Totalitarismus aus seinen jeweiligen Ideologien zu erklären suchen, bieten demgegenüber Friedrich und Brzezinski ein deskriptives Strukturmodell an. Es geht von der These aus, die totalitären Diktaturen in der Sowjetunion, im Dritten Reich, im italienischen Faschismus sowie im kommunistischen China unter Mao seien nicht nur historisch neuartig, sondern auch „gleichartig". Die Autoren weisen darauf hin, dass „Gleichartigkeit" nicht Identität bedeute. Die genau entgegengesetzte Ansicht, dass Faschismus und Kommunismus überhaupt nichts miteinander zu tun hätten, sei während der Volksfront-Regierung in Frankreich, aber auch von den Propagandisten der Alliierten während des Zweiten Weltkrieges und selbstverständlich auch von Autoren des kommunistischen und faschistischen Lagers vertreten worden. Doch auch die andere Ansicht, kommunistische und faschistische Regime seien ununterscheidbar, hielten den Tatsachen nicht stand. Vor allem während des Kalten Krieges in den USA und Westeuropa vertreten, ignoriere dieser Ansatz nicht nur deren unterschiedliche Ziele: Während die Kommunisten die Weltrevolution des Proletariats anstrebten, verkündeten jene, „die imperiale Vorherrschaft einer bestimmten Nation oder Rasse durchzusetzen, entweder über die Welt oder über ein bestimmte Nation".[294] Außerdem entstünden beide totalitäre Bewegungen unter sehr verschiedenen historischen Bedingungen: Der Faschismus reagiere auf die kommunistische Herausforderung und biete sich dem „erschreckten Mittelstand als Retter"[295] an, während sich die kommunistischen Bewegungen als Befreier des unterdrückten Volkes stilisierten, das es von seinen autokratischen Unterdrückern zu befreien gelte. Dennoch, so die beiden Autoren, gebe es zwischen diesen beiden Extremen im Zwischenbereich der Skala genügende Übereinstimmungen zwischen Kommunismus und Faschismus, „um sie in eine Klasse einordnen und nicht nur konstitutionellen Systemen, sondern auch älteren Typen der Autokratie gegenüberstellen zu können".[296]

Diese gattungsgenerisch übereinstimmenden Merkmale des kommunistischen und des faschistischen Totalitarismus verdichten Friedrich und Brzezinski zu einem „Schema in wechselseitiger Beziehung stehender Merkmale der totalitären Diktatur".[297] Immer wieder betonen sie, dass nicht eines der sechs Strukturmerkmale isoliert ein totalitäres System charakterisiert, sondern erst ihr wechsel-

---

[293] A.a.O., S. 609.
[294] A.a.O., S. 607.
[295] A.a.O., S. 608.
[296] Ebd.
[297] A.a.O., S. 609f.

seitiger Bezug insgesamt. Im ganzen sieht ihr identifizierendes Totalitarismus-modell die folgenden Elemente vor: „1. Eine ausgearbeitete Ideologie, bestehend aus einem offiziellen Lehrgebäude, das alle lebenswichtigen Aspekte der mensch-lichen Existenz umfaßt, und an die sich alle in dieser Gesellschaft Lebenden zum mindesten passiv zu halten haben; diese Ideologie ist charakteristisch auf einen idealen Endzustand der Gesellschaft ausgerichtet und projiziert – das heißt, sie enthält eine chiliastische Forderung, gegründet auf eine radikale Ablehnung der bestehenden Gesellschaft mit der Eroberung der Welt für die neue. 2. Eine einzi-ge Massenpartei, im typischen Fall von einem einzelnen, dem ‚Diktator‘, geführt, und aus einem relativ niedrigen Prozentsatz der Gesamtbevölkerung (bis zu zehn Prozent) von Männern und Frauen bestehend, in der ein fester Stamm der Ideo-logie leidenschaftlich und ohne Vorbehalte anhängt und bereit ist, die Durchset-zung ihrer allgemeinen Übernahme in jeder Weise zu fördern. Eine solche Partei ist hierarchisch, oligarchisch organisiert und charakteristischerweise der Staatbü-rokratie entweder übergeordnet oder völlig damit verflochten. 3. Ein Terrorsy-stem, auf physischer oder psychischer Grundlage, das durch Partei- und Geheim-polizei-Kontrolle verwirklicht wird, aber auch die Partei für ihre Führer über-wacht und charakteristisch nicht nur gegen erwiesene ‚Feinde‘ des Regimes ge-richtet ist, sondern auch gegen mehr oder weniger willkürlich ausgewählte Klas-sen der Bevölkerung; der Terror macht sich, ob von der geheimen Polizei oder von dem durch die Partei auf die Gesellschaft ausgeübten Druck herrührend, die moderne Wissenschaft systematisch zunutze, ganz besonders die wissenschaftli-che Psychologie. 4. Ein technologisch bedingtes, nahezu vollständiges Monopol der Kontrolle aller Mittel wirksamer Massenkommunikation, wie Presse, Funk und Film, in den Händen von Partei und Staat. 5. Ein gleichermaßen technolo-gisch bedingtes, nahezu vollständiges Monopol der wirksamen Anwendung aller Kampfwaffen. 6. Eine zentrale Überwachung und Lenkung der gesamten Wirt-schaft durch die bürokratische Koordinierung vorher unabhängiger Rechtskör-perschaften, charakteristischerweise unter Einfluß der meisten anderen Gesell-schaften und Konzerne".[298]

Vier der sechs Strukturmerkmale, nämlich das Terrorsystems, die Kommu-nikationsmittel, die Kampfwaffen und die Wirtschaft, so die Verfasser, seien der modernen Wissenschaft und Technik verpflichtet: ein Indiz dafür, dass der Tota-litarismus die moderne Industriegesellschaft zur Voraussetzung habe und daher mit keinem Herrschaftssystem vorindustrieller Gesellschaften vergleichbar sei. Die beiden restlichen Strukturmerkmale, nämlich die Ideologie und die Massen-partei, gehörten zum Erbe des demokratischen Zeitalters. „Ideologie und Partei

---

[298] A.a.O., S. 610f.

werden von der modernen Demokratie geformt. Die Führer des Totalitarismus sehen sie selbst als Erfüllung der Demokratie, als die wahre Demokratie, durch die die plutokratische Demokratie der Bourgeoisie ersetzt wird. Von einem objektiveren Standpunkt aus erscheint sie als absolute und damit autokratische Art der Demokratie, im Gegensatz zur konstitutionellen Demokratie".[299] Zwar unterscheiden sie sich von den regulären Parteien der liberalen Demokratie dadurch, dass totalitäre Parteien sie im Sinne ihrer Ideologie verfälschen und Vernunft durch Glauben sowie Wissen und Kritik durch magische Beschwörungen ersetzen. „Trotzdem muß aber erkannt werden, daß im Wirken der demokratischen Parteien von diesen Elementen genügend vorhanden ist, um die Relation zwischen ihnen und ihren verderbten Nachkommen, den totalitären Bewegungen, zu beweisen. Das ist der Grund, warum diese Bewegungen in ihrer Beziehung zur Demokratie, die sie ersetzen wollen, gesehen und analysiert werden müssen".[300]

Es kann nicht verwundern, dass Friedrichs und Brzezinskis Modell der identifizierenden Totalitarismustheorie noch einflussreicher war als Arendts Ansatz. Während Arendt über sozialphilosophische Reflexionen dem Phänomen des modernen Totalitarismus auf die Spur zu kommen suchte, lieferten Friedrich und Brzezinski ein paradigmatisches Strukturmodell (Abb. 12), welches politisch und wissenschaftlich in der Nachkriegszeit insofern eine Abgrenzung zu den kommunistischen Regimes ermöglichte, als es zugleich analytische Voraussetzungen für seine Alternative in Gestalt des Neopluralismus schuf, wie ihn z.B. Ernst Fraenkel in der alten Bundesrepublik erfolgreich propagierte. Für Fraenkel ist der konstruktive, weil kompromissfähige Konflikt das Signum der Freiheit eines pluralistischen Systems, dessen kontroverser Sektor zum Herzstück der pluralistischen Demokratie aufsteigt, korrigiert freilich durch einen nichtkontroversen Sektor, welcher die normative Garantie des zivilisierten Austrags der Interessengegensätze darstellt.[301] (Abb. 13) Aber auch wissenschaftlich setzte sich das von „einem verfassungstheoretischen Standpunkt"[302] aus entwickelte Modell der identifizierenden Totalitarismustheorie in einem Maße durch, dass kein Autor, der sich mit dem Totalitarismus beschäftigt, um die Auseinandersetzung mit dem berühmten „Sechs-Punkte-Syndrom" herumkommt. Wie schon gezeigt, stellt dieses Modell den konfliktfreien Sektor ins Zentrum seines analytischen Fokus, während die Sphäre der gesellschaftlichen Konflikte perhorresziert und ihre Akteure mit allen terroristischen Mitteln verfolgt werden, welche dem Regime zur Verfügung stehen. Allerdings ist auf die Schwachpunkte dieses Ansat-

---

[299] A.a.O., S. 614.
[300] A.a.O., S. 616.
[301] Vgl. Fraenkel 1969, S. 165-189.
[302] Kershaw 2002, S. 46.

zes oft hingewiesen worden. „Es ist vor allem ein statisches Modell, das wenig Raum für eine Veränderung und Entwicklung der inneren Dynamik eines Systems läßt, und es beruht auf der übertriebenen Annahme, ,totalitäre Regime' seien von ihrer Art her im wesentlichen monolithisch".[303]

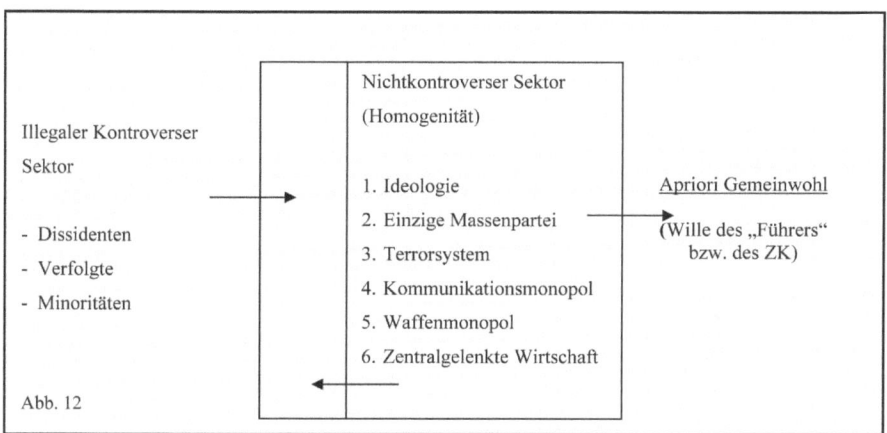

Nichtkontroverser Sektor

(Homogenität)

Illegaler Kontroverser

Sektor

1. Ideologie   Apriori Gemeinwohl

- Dissidenten   2. Einzige Massenpartei   (Wille des „Führers"

- Verfolgte   3. Terrorsystem   bzw. des ZK)

- Minoritäten   4. Kommunikationsmonopol

                 5. Waffenmonopol

                 6. Zentralgelenkte Wirtschaft

Abb. 12

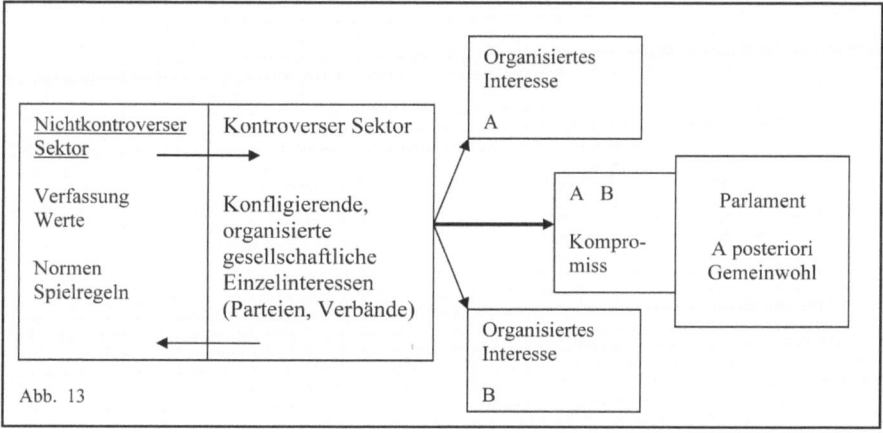

Organisiertes
Interesse

Nichtkontroverser   Kontroverser Sektor   A
Sektor

Verfassung   A B   Parlament
Werte   Konfligierende,
           organisierte   Kompro-   A posteriori
Normen   gesellschaftliche   miss   Gemeinwohl
Spielregeln   Einzelinteressen
           (Parteien, Verbände)
                         Organisiertes
                         Interesse

Abb. 13   B

Karl Dietrich Bracher hat dieses Paradigma in zahlreichen Pionierstudien über die Entstehung und Struktur des nationalsozialistischen Herrschaftssystems folgenreich uminterpretiert, um es mit den empirischen Fakten der in den 1950er

---

[303] Ebd.

Jahren beginnenden NS-Forschung in Übereinstimmung zu bringen. Auf diesen Zusammenhang wird im Folgenden einzugehen sein.

§ 3 Die historische Empirisierung der Totalitarismustheorie und die Kritik an den Strukturalisten (Bracher, Hildebrand)

Tatsächlich hat Karl Dietrich Bracher[304] Friedrichs und Brzezinskis identifizierende Totalitarismustheorie zu einer „differenzierenden" Variante[305] weiterentwickelt. Ausdrücklich distanzierte er sich von der These, „der Totalitarismus bedeute eine monolithische, konfliktfreie Ordnungsform und Regierungsweise: ein solches System erscheint als eine Fiktion, der keine historisch-empirisch überprüfbare politische und soziale Realität entspricht. Doch bleibt der Unterschied zur älteren Form der Diktatur deutlich".[306] In diesem Sinne hält er an der „Gleichförmigkeit" beider Regime trotz der Preisgabe ihrer monolithischen Profile fest: „Die nationalsozialistische Herrschaft als bloße Polykratie oder als Machtpluralismus zu bezeichnen, wie dies eine neuere Interpretationsrichtung tut, hieße übersehen, daß eine Art ‚autoritäre Anarchie' durchaus zum Wesen totalitärer Regime gehört. Hitler wie Stalin haben gleichsam als oberste Schiedsrichter das Führungs- und Ämterchaos genutzt, um desto wirkungsvoller ihre autokratische Stellung zu behaupten: monokratische Herrschaft mit polykratischen Mitteln".[307] Bracher sieht dann auch beide Regime durch folgende ideologische Strukturmerkmale des Totalitarismus in Übereinstimmung mit Friedrich und Brzezinski charakterisiert: 1. eine absolut gesetzte Ideologie und das aus ihr fließende Führerprinzip, 2. durch chiliastische Endzeitverheißungen legitimierter Terror, dem ein totaler Herrschaftsanspruch zugrunde liegt, 3. Gleichschaltung und Kontrolle aller sozialen Lebensbereiche durch offen repressive Mittel auf der Höhe der wissenschaftlich-technischen Entwicklung, 4. die Schaffung eines „neuen Menschen" als Voraussetzung der zukünftigen perfekten Ordnung, 5. die präventive Unterdrückung aller Konflikte und damit die radikale Auslöschung oppositionel-

---

[304] Karl Dietrich Bracher, Politikwissenschaftler, wurde am 13.3.1922 in Stuttgart geboren. Seit 1959 war er Professor für politische Wissenschaften und Zeitgeschichte in Bonn, von 1962-68 Vorsitzender der Kommission für Geschichte des Parlamentarismus und der politischen Parteien, wissenschaftlicher Leiter der Dokumente zur Deutschland-Politik (seit 1972), Vorsitzender des Beirats des Instituts für Zeitgeschichte (seit 1980), mit H. P. Schwarz Herausgeber der „Vierteljahreshefte für Zeitgeschichte". Neben Forschungen zur Weimarer Republik und zum Nationalsozialismus traten Untersuchungen zur Geschichte der Bundesrepublik Deutschland (Quelle: Brockhaus Enzyklopädie, 19. Auflage, Bd. 3, S. 594).
[305] Vgl u.a. Kershaw 2002, S. 27-38.
[306] Bracher 1980, S. 43.
[307] Bracher 1981, zit. n. Funke 1989, S. 182.

ler Strömungen zugunsten ideologisch-politischer Einheit und technisch-funktionaler Effizienz, 6. Die brutale Unterdrückung liberaler Freiheitsrechte der einzelnen und die entsprechende fiktive Identifikation zwischen Herrschern und Beherrschten in der totalitären Diktatur, die von sich beansprucht, die Interessen des Ganzen zu vertreten – sei es in Form der Volksgemeinschaft oder der Arbeiter- und Bauernklasse.[308]

Bracher hat den Versuch unternommen, in seinem 1969 erstmals erschienenen Buch „Die deutsche Diktatur" diese modifizierte Variante der Totalitarismustheorie am Beispiel des Dritten Reiches mit historischem Material zu belegen. Er konzediert, dass der politische Primat der NSDAP nur in Einzelfällen gesichert war und dass sich oft gar nicht nur Partei und Staat, sondern auch verschiedene Parteigrößen konfligierend gegenüberstanden. „Nicht die Partei befahl dem Staat, sie errang vielmehr selbst staatliche Privilegien und setzte den totalitären Anspruch des Systems auch im Bereich der Gesellschaft durch, indem sie außerstaatliche Funktionen der ‚Erziehung', der Gleichschaltung und Überwachung, der Nachwuchs-Rekrutierung ausübte".[309] Aber auch der Staat, so Bracher, pluralisierte sich und zerfiel in verschiedene Machtapparate. Die „legale" Präsidialdiktatur" und die charismatische Führerdiktatur konfligierten mit korporatistischen Organisationen und mit den Interessen des wachsenden Polizeistaates. Gleichzeitig verlor die Reichsregierung ihre Führungskompetenz, bis sie ab 1938 überhaupt nicht mehr zusammentraf. Doch dieses Kompetenzgerangel stellte nach Bracher den totalen Herrschaftsanspruch des Regimes nicht in Frage, da diese Konflikte gleichsam auf eine omnipotente diktatorische Spitze hin organisiert waren: „Die einzige sichere Verbindung zwischen und über dem vielfältigen Kompetenzengewirr von Parteistellen und Staatsapparat verkörperte der ‚Führer'. Die Allmacht seiner Stellung beruhte nicht zuletzt auf dem ungeklärten Verhältnis von Partei und Staat; er allein konnte die verlustreichen Kompetenzkonflikte lösen, die zum Wesen des Systems gehören".[310]

Dem totalen Herrschaftsanspruch entspricht in Brachers totalitarismustheoretischem Muster der absolute Primat der Ideologie, die ihre verbindliche Interpretation durch den „Führer" erfährt. Sie ist in letzter Instanz die Ursache jener machtpolitischen Prozesse, die zur Entstehung faschistischer Herrschaftssysteme führt und ihre weitere Entwicklung bestimmt. Bracher zufolge gehört es zu den Gründen der verhängnisvollen Unterschätzung des Nationalsozialismus zunächst in Deutschland, dann während der Zeit der Appeasement-Politik des Westens und schließlich während des Hitler-Stalin-Paktes in der Sowjetunion,

---

[308] Vgl. Bracher 1980, S. 42f.
[309] Bracher 1969, S. 258.
[310] Ebd.

dass die Rolle des „Ideologischen in der nationalsozialistischen Politik nicht ernst genommen, das Opportunistische und Manipulatorische im Sinne einer machiavellistischen Machtpolitik überschätzt worden ist. Nicht nur Hitler war, darin durchaus ein Revolutionär, von der absoluten Geltung seiner Grundideen besessen, auch wenn diesen das großartige Wort ‚Weltanschauung' nicht zukam. Auch seine engsten Anhänger, die Mafia der Kampfzeit wie die kurz vor und nach der Regierungsübernahme gewonnenen Würdenträger in Partei und Staat, waren mit der völligen Bindung an Hitler und das Führerprinzip zugleich auf den Primat der Ideologie hinter und über der Politik des totalen Staates festgelegt. Es hat gewiß gelegentlich Zweifel, geheime Abweichungen gegeben. Aber das völlige Fehlen ideologischer Richtungskämpfe bis zur Katastrophe macht einen wichtigen Unterschied zu anderen Diktaturen deutlich. Kompetenzkonflikte und Rivalitäten gab es in Hülle und Fülle, aber die einzigartige Stellung des ‚Führers' und den verbindlichen Primat der Ideologie berührten sie nicht".[311]

Wir gehen also nicht fehl in der Annahme, dass Bracher in der NSDAP als dem Sprachrohr der Ideologie Hitlers eine konsequente Programmpartei sieht. Zustimmend zitiert er den NS-Ideologen Rosenberg, der 1937 zum Parteiprogramm der NSDAP von 1920 feststellte: „Am Grundsätzlichen ist fast nichts zu ändern gewesen; nur in wenigen Fragen musste das neue Reich andere Wege gehen, als wir es uns vorgestellt hatten".[312] Worin bestanden Bracher zufolge die wesentlichen Kernpunkte der nationalsozialistischen Ideologie und Programmatik? Vereinfacht ausgedrückt, lassen sie sich auf die folgende Formel bringen: Antisemitismus, Rassismus und nationalistischer Fremdenhass, denen eine rigorose Ablehnung der parlamentarischen Demokratie entsprach, wurden in die Dynamik eines Imperialismus eingebunden, der im Sinne der nationalsozialistischen Lebensraum-Ideologie auf die bedingungslose Versklavung der osteuropäischen Völker, insbesondere Polens und der Sowjetunion, sowie auf den Genozid an der jüdischen Bevölkerung hinauslief. „Die Funktion dieser Theorie bestand aber darüber hinaus in der bewußten, im Gehalt der Ideologie ständig sichtbaren (und lesbaren) Vorbereitung auf Herrschaftsziele. Und diese wiesen stets über die Revision von Versailles, auch über ‚Großdeutschland' hinaus auf ein völkisch-rassisch begründetes Imperium, dessen Anspruch auf Lebensraum im Grunde unbegrenzt, weil einzig von den Bedürfnissen des ‚Kernvolkes' und von dem Herrschaftsrecht der besseren über die schlechtere Rasse bestimmt war".[313] Das Mittel, mit dem die Nazis diese ideologischen Ziele zu verwirklichen suchten, war, so Bracher, das Führerprinzip, das längst vor 1933 das eigentliche Funda-

---

[311] A.a.O., S. 272f.
[312] Zit. n. a.a.O., S. 273.
[313] A.a.O., S. 174.

ment der Machtstellung Hitlers gewesen sei. Im Unterschied zur kommunistischen Diktatur, die das Parteiprinzip institutionalisierte, habe das Führerprinzip das Gefüge der nationalsozialistischen Diktatur in einem solchen Maße zusammengehalten, dass es selbst am Ende des Krieges nicht zu einer Rebellion gegen Hitler kam.

Brachers Version der Totalitarismustheorie, so kann zusammenfassend festgestellt werden, gewinnt ihr Profil dadurch, dass sie zwar von der Fiktion einer monolithischen Machtstruktur des Dritten Reiches abrückt, aber – oberhalb der Konflikte zwischen und innerhalb von Partei und Staat – an einer homogenen diktatorischen Führungsspitze festhält, welche über eine totale Ideologie, das Führerprinzip und ein terroristisches Gewaltmonopol die Gesellschaft mit totalitären Mitteln von oben in Form der „totalitären Gleichschaltung" integriert. Die Dynamik des Dritten Reiches wird nicht geleugnet, aber nicht aus Zwängen der immanenten Reproduktion des Systems wie bei Mommsen und Broszat, sondern auf ideologische Gründe zurückgeführt. „Am deutlichsten ist dies in der Judenpolitik hervorgetreten. Hier hatten auch alle Bedenken der Zweckmäßigkeit und Opportunität, zu schweigen von moralischen Minimalvorstellungen, von Anfang an zurückzutreten. Andere Aspekte der nationalsozialistischen Ideologie verschwanden zeitweilig in vorsichtiger Verbrämung und Verpackung. Aber Hitlers *Mein Kampf* und Rosenbergs *Mythus* und die rassistisch-imperialistische Extremliteratur der ‚Kampfzeit' blieben auch nach der Eroberung des Staates offen aufgeschlagen und wurden nun in Millionen von Exemplaren zur offiziellen Lektüre dargeboten".[314] Dass Bracher mit seinem Konzept einer differenzierten totalitarismustheoretischen Analyse des Dritten Reiches nicht allein stand, bewies Klaus Hildebrand mit seinem programmatischen Aufsatz „Monokratie oder Polykratie? Hitlers Herrschaft und das Dritte Reich". Auch Hildebrand distanzierte sich angesichs der neueren Forschungsresultate der historiographischen Untersuchungen über das Dritte Reich von der These, dieses sei „ein rational durchorganisiertes, perfektes System terroristischer Herrschaft" (Mommsen) gewesen. Aber dennoch hielt er grundsätzlich am Paradigma der Totalitarismustheorie fest, wenn auch in differenzierter Weise. „Im Hinblick auf die allmächtig und integrierend wirkende Führerpersönlichkeit Hitlers wurde dieses Bild zwar insgesamt bestätigt, in bezug auf die unübersehbar vorhandene Existenz und Kompetenzvielfalt miteinander konkurrrierender Ämter und Bürokratien im nationalsozialistischen Staat konnte es jedoch erheblich modifiziert und ergänzt werden".[315]

---

[314] A.a.O., S. 273.
[315] Hildebrand 1981, S. 73.

Dass trotz aller Ämtervielfalt, Kompetenzgerangel und Machtkämpfe der nationalsozialistischen Sondergewalten, „Hitler bis zum Schluß der alleinige Herr und Meister der Bewegung (blieb)" (Hugh R. Trevor-Roper), versuchte Hildebrand in Anlehnung an Andreas Hillgruber, vor allem auf dem Gebiet der nationalsozialistischen Außenpolitik nachzuweisen.[316] Gegen jene Interpretationen, die in der Außenpolitik nichts weiter sahen als eine Funktion innergesellschaftlicher Krisen, behauptete er die alleinige Entscheidungskompetenz Hitlers. Er begründete seine These mit vier Argumenten: „1. Die revisionistische Interpretation (d.h. der konflikttheoretische Ansatz Broszats und Mommsens, R.S.) nationalsozialistischer Außenpolitik übersieht die relativ hohe Eigenständigkeit des Hitlerschen ,Programms', dessen inhaltlich umrissene Ziele vom Diktator als Intentionen formuliert und verwirklicht wurden. Sie zu stark zu funktionalisieren, verkennt darüber hinaus, daß Hitler im Prinzip nach der Überwindung, nicht nach der Perpetuierung des bestehenden Herrschafts- und Gesellschaftssystems trachtete. 2. Hitlers weltanschaulich fixierte Ziele in erster Linie als ideologisches Derivat gesellschaftlicher Vorgänge zu begreifen, wird kaum der Tatsache gerecht, daß beispielsweise Antisemitismus und Antibolschewismus des Diktators nicht allein und auch nicht vornehmlich funktional, sondern primär und eigenmächtig als politische Ziele einzuschätzen sind. 3. In diesem Sinne erliegen die Revisionisten der Gefahr, unbestreitbare Wirkungen und Konsequenzen der Politik Hitlers zu deren primären Zwecken zu erheben und zwischen dem Abgeleiteten und dem Ursächlichen nicht mehr angemessen zu unterscheiden. 4. Denn die sich im Gefolge der Realisierung programmatischer Ziele, die konkret entworfen und autonom verfolgt wurden, einstellende Dynamik des Systems, die immer schwerer von Hitler kontrolliert werden konnte, riß den Diktator niemals zu grundsätzlichen Alternativen fort. Für solche war er nicht offen. Die Dynamik berührte nicht die Formulierung der Endziele, die Hitler sich und seinem Volk gesetzt hatte, ja, sie drängte vielmehr programmatisch in ihre Richtung, betraf allerdings – und dies zeitweise gravierend – ihre Verwirklichung".[317]

Hildebrands Verteidigung der differenzierenden Totalitarismustheorie Brachers stellt einen zentralen Aspekt des Historiker-Streites der 70er Jahre zwischen den Strukturalisten (Broszat, Mommsen) und den Intentionalisten (Bracher, Hildebrand, Funke) dar. Wie wir gesehen haben, geht der strukturalistische Ansatz von der Prämisse aus, dass Hitlers Politik nur im Rahmen der Bündnisstruktur zwischen der nationalsozialistischen Bewegung und den traditionellen Eliten sowie dem sich verschiebenden Machtgleichgewicht zugunsten der ersteren

---

[316] Vgl. Hildebrand 1979.
[317] Hildebrand 1981, S. 80f.

interpretiert werden kann.[318] Gleichzeitig betont er die institutionellen Rahmenbedingungen, die den machtpolitischen Entscheidungsprozessen im Dritten
Reich vorgegeben waren. Da der Nationalsozialismus eine zutiefst parasitäre
Größe sei, die von der gesellschaftlichen und politischen Substanz der bürgerlichen Gesellschaft lebte, sei es ihm auch nicht möglich gewesen, etwas Neues zu
schaffen, das als Basis einer wirklichen Integration der Gesellschaft hätte dienen
können. Der propagandistisch vorgetäuschten Einheit der Gesellschaft entsprach
daher die zunehmende Fragmentierung des politischen Willensbildungsprozesses: Sie wurde überspielt von einer Tendenz zu einer „visionären", sich kumulativ radikalisierenden Politik mit korrespondierender Massenmobilisierung, die
als Instrument der Konsensbeschaffung für das Überleben des Systems mangels
nachhaltiger konstruktiver Leistungen unverzichtbar gewesen sei. Am Ende
müsse Hitler, wie bereits gezeigt wurde, eher als ein schwacher Diktator einge-
stuft werden, weil er die Dynamik der nationalsozialistischen Bewegungskräfte
nicht zu kontrollieren vermochte. Was erwiderten nun die Intentionalisten, auch
Programmatiker genannt, auf die Thesen der Strukturalisten, die „das Moment
der inneren Rationalität der Diktatur und die Planmäßigkeit im Handeln des
‚Führers'" in Frage stellen und „die Tendenz zur Selbstzerstörung des Dritten
Reiches als systemimmanente Notwendigkeit der a priori krisenhaft und ruinös
wirkenden nationalsozialistischen Diktatur"[319] betonen?

Zunächst weisen die Intentionalisten darauf hin, Bracher habe den totalitarismustheoretischen Ansatz in der Hinsicht differenziert, dass er die von Hitler
selbst gewollte negative Pluralisierung des Regimes anerkenne. Diese habe aber
nicht zur Schwächung, sondern zur Stärkung der diktatorischen Macht Hitlers
geführt. Außerdem machte Bracher geltend, dass „der Hinweis auf den polykratischen, oft anarchischen Charakter nationalsozialistischer Innenpolitik"[320] gar
nicht den Kern des Machtgefüges des Dritten Reiches treffe. Zu ihm dringe nur
vor, wer dessen Wesen in einem „unverrückbar festgehaltenen Programm" sehe
oder besser in „einer ideologischen Fixierung, die durchaus Widersprüchliches
mit einschloß, ohne von dem Ziel der radikalen Verwirklichung abzusehen".[321]
Intentionale und funktionale Faktoren in Hitlers Staat abwägend, kommt Hildebrand ebenfalls zu dem Schluss: „Im Nebeneinander von monokratischen und
polykratischen Elementen im nationalsozialistischen Staat offene Gegensätzlich-
keiten und nahezu Unvereinbares zu entdecken und zu beschreiben, kann nicht
darüber hinwegtäuschen, daß die Existenz eines Kompetenzchaos im nationalso-

---

[318] Vgl. Kapitel IV, §§ 2 u. 3.
[319] Hildebrand 1981, S. 74.
[320] Zit. n. a.a.O., S. 76.
[321] A.a.O., S. 77.

zialistischen Regime nichts besagt ‚gegen den definitiven und letztlich konsequenten Willen Hitlers und seiner Politik' im Banne ihrer ‚Endziele'".[322] Die Strukturalisten, so lautete der Vorwurf aus dem intentionalen Lager, strebten eine Suspension der Schuld- und Verantwortungsfragen zugunsten einer angeblich realistischeren Analyse des Dritten Reiches an. Sie gerieten dabei in die Gefahr, den Nationalsozialismus erneut zu bagatellisieren und zu unterschätzen und eine die freiheitlichen Werte der westlichen Demokratie belastende Interpretation zu fördern. „Im Zuge ihres Versuchs, das Bild des Dritten Reiches zu normalisieren und die eigenständige Ambivalenz des Nationalsozialismus vornehmlich aus dem Vorhandensein bzw. im Dienste traditionell überlieferter ‚Strukturen' zu erklären, relativieren die ‚Revisionisten' Autonomie und Geschichtsmächtigkeit der Diktatur Hitlers und ihrer Ziele".[323]

§ 4   Möglichkeiten und Grenzen einer differenzierenden Totalitarismustheorie

Die Auseinandersetzung mit der differenzierenden Totalitarismustheorie ist gut beraten, zwischen zwei unterschiedlichen Anwendungsbereichen zu unterscheiden. Einmal ist zu fragen, ob Brachers behauptete Gleichartigkeit der Diktaturen Stalins und Hitlers zu halten ist. Und andererseits stellt sich das Problem, inwiefern die differenzierende Totalitarismustheorie geeignet erscheint, eine realistische Analyse des nationalsozialistischen Herrschaftssystems zu leisten.

Es ist vor allem Hans Mommsens Verdienst, am Beispiel der NSDAP explizit die von der differenzierenden Totalitarismustheorie vertretene Sicht des Dritten Reiches als einer mit polykratischen Mitteln arbeitenden monolithischen Machtstruktur mit überzeugenden Argumenten kritisiert zu haben. In seinem Aufsatz „Die NSDAP als faschistische Partei" bezeichnete Mommsen es als gemeinsames Kennzeichen der Totalitarismustheorie, die Rolle der totalitären Einheitspartei zu betonen, „die im Hinblick auf die KPdSU als das entscheidende politische Machtzentrum im totalitären Diktatursystem gedeutet wird. Die Monopolisierung der Macht bei der Einheitspartei impliziert die Annahme, daß es keine öffentliche, d.i. staatliche Gewalt gibt, die nicht von ihr abgeleitet ist. Der Diktator nützt die von oben nach unten lückenlos durchkonstruierte Partei als Instrument, um politische Entscheidungen bis in die letzten Winkel des Regimes durchzusetzen. Die Partei, gleich ob sie eine kommunistische Kader- oder eine faschistische Massen-

---

[322] Ebd.
[323] Ebd.

partei ist, erscheint als von einem einheitlichen Willen durchströmt und durch unbedingte Loyalität ihrer Mitglieder gegenüber dem Diktator oder der kollektiv ausgeübten Gewaltherrschaft geprägt".[324] In Wirklichkeit sei die NSDAP zu keinem Zeitpunkt eine hierarchische Partei gewesen wie ihr kommunistisches Gegenstück in der SU. Als reines Propagandainstrument in der Hand Hitlers während der Bewegungsphase, sei sie auf seine Person zugeschnitten gewesen, so dass sie – im Gegensatz zur KPdSU – keine Chance hatte, den Diktator zu überleben. Zwar habe sich das Diskussionsverbot und der Abbau bürokratischer Strukturen bei gleichzeitiger Fixierung auf den charismatischen Führungsstil Hitlers in der Aufstiegsphase bei der Mobilisierung der Massen durchaus bewährt. Doch als Machtfaktor im Dritten Reich, so Mommsen, sank sie auf das Niveau eines bürokratischen Apparates herab, „der in erster Linie der Ämterpatronage, in zweiter der Bereicherung und Privilegierung ihrer Funktionäre diente, und trotz des hohen Funktionärsaustauches nicht in der Lage war, effiziente Organisationen zu schaffen".[325]

Auch das NS-System insgesamt habe mit der Praxis des Stalinismus, bürokratische Anweisungen ohne Rücksicht auf unterschiedliche soziale und lokale Bedingungen durchzusetzen, wenig zu tun. Tatsächlich verdecken die von Bracher genannten gemeinsamen Strukturmerkmale, dass im NS-System bestehende Verhältnisse unangetastet gelassen wurden, solange sie die Grundlagen des Systems nicht in Frage stellten. Zwar schaltete der NS ökonomische und gesellschaftliche Institutionen gleich. Doch ließ er – im Gegensatz zum Stalinismus – die bestehenden Eigentumsverhältnisse und im Großen und Ganzen die privatkapitalistischen Führungsverhältnisse in der Industrie unangetastet. „Die angestrebte totale Indienstnahme wurde in der Praxis, wie das Beispiel der Rüstungswirtschaft zeigt, nirgends erreicht. Die geringe ökonomische Effizienz des Stalinismus, die in der langen Perspektive besonders hervortritt, wurde vom Nationalsozialismus noch unterschritten, da ihm die Fähigkeit zu langfristiger Entwicklung der eigenen Ressourcen abging".[326] Auch habe sich die Ersetzung politischer Inhalte durch agitatorische Schlagworte klar vom Politikverständnis kommunistischer Parteien unterschieden.[327] Im Gegensatz zum „Staat Hitlers" verfügten die kommunistischen Parteien über eine geschlossene Weltanschauung: Sie trug erheblich dazu bei, dass das stalinistische System Strukturen hervorbrachte, die nicht zufällig relativ stabiler waren als die des Dritten Reiches.[328] Im Kern parasi-

[324] Mommsen 1995, S. 257.
[325] A.a.O., S. 271.
[326] A.a.O., S. 297
[327] Vgl. ebd.
[328] Vgl. Fetscher 1995, S. 245-256.

tär von den Restbeständen des preußischen Staates und der Gesellschaft des Kaiserreichs und der Weimarer Republik zehrend und zu wirklichen Neuschöpfungen unfähig, musste das Dritte Reich jeden Kompromiss ablehnen, weil er die simulierte innere Einheit in Frage stellte. „Der simulative Charakter des Nationalsozialismus erklärt auch, warum dessen Ideologie beim Zusammenbruch wie ein Kartenhaus zusammenstürzte und der so herrschgewaltige Hitler-Mythos über Nacht zerfiel. Das NS-Regime erscheint im Vergleich zu den unterschiedlichen Stadien sowjet-kommunistischer Herrschaft als atemberaubender Amoklauf".[329]

Dass die ideologischen Instrumentalisierungen, die die Totalitarismustheorie erfahren hat, erheblich zur Minderung ihres empirisch-analytischen Wertes beigetragen haben, bestreiten heute selbst die Autoren nicht, die nach wie vor an der Relevanz dieses Ansatzes festhalten. So stellt Wolfgang Kraushaar zusammenfassend fest: Die identifizierende Totalitarismustheorie diente „erstens einer *antikommunistischen Funktionalisierung* durch das westliche Bündnissystem, den Staat Bundesrepublik und fast aller im Bundestag vertretenen Parteien. Durch die außerstaatliche Feinderklärung konnte vor allem jeder innenpolitische Ansatz zu einer linken Alternative als ‚fünfte Kolonne' stigmatisiert werden; zweitens einer *Immunisierung des westlichen Wertesystems* durch das antithetische Klischee: ‚Totalitäre Staaten' – ‚Freiheitliche Demokratie'; drittens einer *Neutralisierung und Relativierung der NS-Vergangenheit* durch starke kontinuitätsbewahrende- oder stiftende Kräfte in der Bundesrepublik. Mit dem Verweis auf ein vor und nach dem NS-Staat existierendes totalitäres System glaubte die wirtschaftliche, kulturelle und bildungsbürgerlicher Elite ihre Involviertheit in das verbrecherische System vor 1945 kaschieren zu können. Dadurch gelang es ihr besser, sich ein legitimatorisches Mäntelchen zu verschaffen und zu einem erheblichen Teil ihre alten Positionen wieder einzunehmen. Viertens diente die Totalitarismustheorie als *Quasi-Weltanschauung*. Der antitotalitäre Reflex, mit dem zwei Jahrzehnte lang nahezu jeder oppositionelle Ansatz ausgegrenzt wurde, lautete ‚links gleich rechts'. Die Totalitarismustheorie war in ihrer vulgarisierten Form ein ‚Negativkorrelat abendländischer Wertpositionen'".[330]

Allerdings ist diese Kritik einer Gleichsetzung des faschistischen und des kommunistischen Herrschaftssystems[331] in einer bedeutsamen Hinsicht einzuschränken. Beide Systeme arbeiteten mit Herrschaftsmitteln, die in den Konzentrationslagern auf der einen und den Gulags auf der anderen Seite ihren gemeinsamen Nenner fanden. Insofern also die differenzierenden Totalitarismustheorien

---

[329] Mommsen 1996, S. 299f.
[330] Kraushaar 1996, S. 457.
[331] Vgl. Grebing 1971.

auf die Analyse der spezifischen Herrschaftsmittel des Dritten Reiches und der stalinistischen SU eingeschränkt wird, ist ihr analytischer Wert kaum zu bestreiten. Dennoch schien nach Chruschtschows eingeleiteter Entstalinisierung, die eine Hinwendung der SU zur sozialistischen Rechtsstaatlichkeit bedeutete, nach der Entspannungspolitik unter der sozial-liberalen Koalition in Bonn, die eine Aufweichung des alten Feindbildes brachte, die identifizierende Totalitarismustheorie auch wissenschaftlich überholt zu sein. Doch ist ein Wiederaufleben der Totalitarismustheorie nach dem Zusammenbruch der realsozialistischen Systeme in Europa ab 1989 zu beobachten. Handelt es sich um einen Rückfall in für überwunden gehaltene Positionen? Besteht die Gefahr, durch die Anwendung des totalitären Musters der SU auf die ehemalige DDR den menschenverachtenden Charakter des Dritten Reiches so zu relativieren, dass er angesichts der angeblichen und tatsächlichen politischen Verbrechen des SED-Regimes in Ostdeutschland verharmlost wird? Vergleichende Studien zwischen dem Dritten Reich und der stalinistischen SU müssen „nicht unbedingt einen Rückschritt darstellen. Vielmehr deutet sich die Aussicht auf ein tiefer gehendes Verständnis beider Systeme und der zu ihrer Aufrechterhaltung beitragenden Gesellschaften an".[332] Nach dem Zusammenbruch der SU aus ihrer ideologischen Instrumentalisierung im Dienst des Westens gelöst und auf ihre empirisch-analytische Dimension zurückgeführt, kann die vergleichende Totalitarismusforschung nicht nur gemeinsame Schnittmengen, sondern auch strukturelle Differenzen zu Tage fördern. Und schließlich hat sie in Verbindung mit zivilisationstheoretischen Ansätzen auch eine methodologische Sensibiliät für die Tatsache zu entwickeln, dass auch in westlichen Gesellschaften selbst totalitäre Gefahren lauern, deren Dimensionen Gegenstand der Forschung zu werden haben.[333]

Wie ist nun aber die Frage nach der Übertragbarkeit der differenzierenden Totalitarismustheorie auf das Dritte Reich zu beantworten? Wie hat sich der von Bracher, Hildebrand, Funke u.a. vertretene funktionalistische Ansatz angesichts des überlieferten Quellenmaterials über das Dritte Reich bewährt? Trifft es zu, dass Hitlers „Intention", d.h. sein ideologischer Wille der Motor nationalsozialistischer Dynamik war? Haben in letzter Instanz alle institutionellen Rahmenbedingungen ihren Bezugspunkt in Hitler selbst? War die Polykratie der Ressorts und der nationalsozialistischen Sondergewalten Ausfluss und Inszenierung der von Hitler zweckrational gehandhabten Strategie des „divide-et-impera"? Und kann Hitler in der Tat als ein „starker Diktator" gelten, weil er jederzeit Herr des Verfahrens bzw. der politischen Entscheidungen war, wie der differenzierende

---

[332] Kershaw 2002, S. 376.
[333] Vgl. Kraushaar 1996, S. 467f.

totalitarismustheoretische Ansatz Brachers dies nahe legt? Diese Fragen können nicht mit einer klaren Entscheidung für die strukturalistische oder die intentionalistische Position beantwortet werden. Den Schlüssel zu ihrer Beantwortung kann man Ian Kershaw zufolge in einem Diktum von Karl Marx aus seiner Schrift „Der achtzehnte Brumaire des Louis Bonaparte" finden, wonach 1. Die Menschen „ihre eigene Geschichte machen", aber 2. geschieht dies „nicht aus freien Stücken, nicht unter selbstgewählten, sondern unter unmittelbar vorgefundenen, gegebenen und überlieferten Umständen".[334] Der erste Teil des zitierten Satzes gibt den Intentionalisten recht: Wie konnten die Nazis für zwölf Jahre, wenn auch in extrem negativer Weise, die Weltgeschichte prägen, wenn nicht eine Intention, d.h. also ein ideologischer Wille sie zu ihrer verbrecherischen Politik anleitete?

Tatsächlich sind Hitlers „Intentionen" nicht zu leugnen, „wenn man den Verlauf der Entwicklung im Dritten Reich erklären möchte (...). Von dem, was sich in der Innenpolitik bis mindestens zur Mitte des Krieges abspielte, kann man in den meisten Fällen kaum behaupten, es sei Hitlers ‚Wille' oder ‚Intention' zuwider gelaufen oder habe ihnen widersprochen, und so fällt es schwer, sich Hitler als einen ‚schwachen' Diktator vorzustellen – auch wenn sich diese Vorstellung heuristisch gesehen vielleicht als nützlich erwiesen haben mag".[335] Ferner hat Ernst Nolte schon 1963 herausgefunden, dass Hitlers Thesen zahlreiche Parallelen in der antisemitischen Vulgärliteratur des Kaiserreichs aufweisen. Doch „zur Ganzheit zusammengefaßt, bilden sie gleichwohl ein Ideengebäude, dessen Folgerichtigkeit und Konsistenz den Atem verschlägt".[336] Eberhard Jäckel bestätigte, „dass Hitler schon in den zwanziger Jahren sowohl einen Eroberungskrieg gegen Rußland wie die Vernichtung der Juden plante und beides während seiner Herrschaft mit beträchtlicher Zielstrebigkeit verwirklichte".[337] Er kann zeigen, dass Hitlers unverrückbare Dogmen der „Eroberung von Raum" und der „Entfernung der Juden" durchaus konsistent in das Muster einer sozialdarwinistisch geprägten Weltanschauung integriert waren. Jäckels These ist, dass es in der Weltgeschichte kaum je einen Politiker gegeben hat, der noch vor seinem erfolgreichen Griff zur Macht in ideologischer Absicht zu Papier brachte, was er später in wechselnden Handlungskonzepten politisch exekutierte.

Aber das Marxsche Diktum besagt auch, dass die Menschen unter Bedingungen Politik betreiben müssen, die ihnen vorgegeben sind und die sie nur mühsam verändern können. In dieser Hinsicht ist den Strukturalisten Recht zu geben, die auf die restriktiven, vor allem durch das Bündnis mit den alten Eliten

---

[334] Marx 1970, S. 226.
[335] Kershaw 2002, S. 146.
[336] Nolte 1979, S. 55.
[337] Jäckel 1981, S. 7.

vorgegebenen Bedingungen hinweisen, innerhalb derer Hitler und die Nazis agieren mussten. Da dieses Verhältnis nicht stabil blieb, weil die konservativen Stützmächte im Dritten Reich aufgrund ihrer internen Spaltungen zunehmend an Macht verloren, ist die These der Strukturalisten plausibel, dass mangels eigener konstruktiver Potenz eine kulminierende Radikalisierung des Vernichtungswillens der Bewegungskräfte in ihrer Fixierung auf innere und äußere Feinde das entstandene Machtvakuum zu füllen hatte. Wenn aber diese Zuordnung von funktionalen und monokratischen Elementen zutrifft, ist im Dritten Reich nicht von ihrer Divergenz, sondern eher vor ihrer Konvergenz auszugehen. Es muss also, wie einer der besten Kenner des nationalsozialistischen Herrschaftssystems, Ian Kershaw, es ausgedrückt hat, nach einer Synthese von Struktur und Intention gesucht werden. Ihre Notwendigkeit geht aus der Erkenntnis hervor, „daß eine ‚Intention' keine eigenständige Kraft ist, sondern daß die Ausführung des Beabsichtigten von Umständen beeinflusst wird, die ursprünglich vielleicht durch die Intention herbeigeführt worden sind, dann aber eine Eigendynamik entwickelt haben".[338]

Eine mögliche Antwort auf die von der Kontroverse zwischen Strukturalisten und Intentionalisten aufgeworfenen Fragen könnte also lauten: Hitler war weder ein „schwacher Diktator" noch kann er als „Herr und Meister" der soziopolitischen Prozesse des Dritten Reiches gelten. Wenn man so will, war er Jäger und Gejagter zugleich, weil die ideologische Zielsetzung, einmal ihre Umsetzung in Gang gesetzt und Gegenkräfte mobilisierend, neue Kontexte schaffte, die sie selbst nicht mehr zu kontrollieren vermochte. Was folgt dann aber aus der Zusammenführung von Intention und Struktur im Hinblick auf die sozialstrukturellen Veränderungen, die die nationalsozialistische Gesellschaft im Dritten Reich bewirkt hat? Damit ist die Frage nach dem Verhältnis von faschistischer Herrschaft und Modernisierung aufgeworfen, mit der wir uns im nächsten Kapitel zu beschäftigen haben.

---

[338] Kershaw 2002, S. 145.

Sechstes Kapitel
Der Faschismus als Gegenstand der Modernisierungstheorie

§ 1 Genesis der frühen faschismustheoretischen Modernisierungskonzeption (Parsons, Lukács, Borkenau)

Von den bisher diskutierten Ansätzen einer konzeptionellen Deutung des Faschismus unterscheidet sich ihre modernisierungstheoretische Variante dadurch, dass sie ihn unmittelbar mit dem Prozess der Industrialisierung in Verbindung bringt. Zugleich als Reaktion auf die Etablierung der Diktatur Mussolinis in Italien schon früh auf den Faschismus angewandt, erlebte die Modernisierungstheorie ihren großen Aufschwung erst nach dem Zweiten Weltkrieg.[339] Es kann im Folgenden nicht darum gehen, alle Fassetten dieser sozialwissenschaftlichen Globaltheorie auszuleuchten. Doch hinzuweisen ist auf vier ihrer Dimensionen, die von Anfang an bei ihrer faschismustheoretischen Konzeptualisierung eine zentrale Rolle spielten, „nämlich – die *Wirtschaftsentwicklung,* verstanden als Industrialisierung und sich selbst tragendes Wachstum des Pro-Kopf-Einkommens; – die *politische Entwicklung,* konzipiert als Staaten- und Nationenbildung mit wachsender Staatspenetration, aber auch erweitertem Zugang zu Elitenpositionen und Ausdehnung der Partizipation; – die *Veränderung der Sozialstruktur* im Sinne sozialer Mobilisierung, d.h. des Aufbruchs traditioneller Bindungen und zugeschriebener Rollen durch Verstädterung, Bildungsexpansion, zunehmender Kommunikationsdichte und Übergang von Status- zu Leistungskriterien sozialer Plazierung; – die *kulturelle Entwicklung,* verstanden als Rationalisierung, Säkularisierung und Ersetzung partikularistischer durch universalistische Orientierungen".[340]

Von diesem Muster ausgehend, soll versucht werden, zwei frühe Anwendungsvarianten der Modernisierungstheorie auf den Faschismus vorzustellen, die nach 1945 schulemachend geworden sind: Zunächst ist jenes analytische Raster zu nennen, in dessen Fokus wichtige gesellschaftliche Voraussetzungen für die Entstehung einer faschistischen Massenbewegung nach dem Ersten Welt-

---

[339] Vgl. Wehler 1975, S. 14f.
[340] Alber 1989, S. 349.

krieg untersucht wurden. In diesen Ansätzen geht es um den Nachweis, dass eine nicht oder nur teilweise erfolgte Modernisierung faschistische Konsequenzen hervorbringen kann. Der andere Ansatz dagegen konzentriert sich auf die Hypothese, dass der Faschismus selbst eine Modernisierungsinstanz gewesen ist, welche die Entwicklungsdefizite, denen er sich selbst verdankt, bewusst oder unbewusst beseitigt hat. Für den ersten Ansatz steht der amerikanische Soziologe Talcott Parsons.[341] Anfang der 40er Jahre wies er auf zwei Eigenarten des Modernisierungsprozesses in Deutschland hin, der sich mit einem hohen Tempo vollzogen habe. Erst in der zweiten Hälfte des 19. Jahrhunderts in Gang gekommen, erreichte das Deutsche Reich bereits um die Jahrhundertwende das Niveau des britischen Industrialisierungsprozesses. Die diesem gewaltigen Umbruch geschuldeten sozio-psychischen Konsequenzen lagen Parsons zufolge auf der Hand: Einerseits schlugen die desorganisierenden Wirkungen dieses tiefgreifenden Wandels von der traditionalen zur modernen Gesellschaft im Gefolge der Industrialisierung, der Urbanisierung, der Migration, der beruflichen Mobilität und schließlich der kulturellen, religiösen und politischen Umwälzungen um in „Angst, ein gut Teil freischwebender Aggressivität, eine Tendenz zur instabilen Gefühlsbetontheit, Empfänglichkeit für Propaganda, die die Gefühle anspricht, und eine leichte Mobilisierbarkeit von Affekten und Symbolen verschiedener Art".[342] Die inneren Spannungen dieser dramatischen Verwerfungen, die sich im Zeitrahmen von zwei Generationen abspielten, wurden noch dadurch verstärkt, „daß die Spannungen und der soziale Umsturz des Ersten Weltkrieges in Deutschland wahrscheinlich stärker waren als in jedem anderen Land mit Ausnahme Rußlands. Zu all dem müssen sodann die politischen Schwierigkeiten nach 1918, die Inflation und schließlich die äußerst schwere Wirtschaftsdepression in den frühen dreißiger Jahren hinzugezählt werden".[343]

Andererseits wirkte das, was Max Weber den „Prozess der Rationalisierung" nannte, wie in keinem anderen Land der Welt polarisierend. Dem Teil der Bevölkerung, der den wissenschaftlichen Fortschritt und die aus ihm resultierenden Technologien, verbunden mit bürokratischen Organisationen, moderner Verkehrswirtschaft und kapitalistischer Geldrechnung, vorantrieb, standen die

---

[341] Talcott Parsons, amerikanischer Soziologe, wurde bei Colorado Springs (Colo.) am 13.12.1903 geboren; er starb am 8.5.1979 in München. Bei Studienaufenthalten in Europa machte er sich mit der Kulturanthropologie Bronislaw Malinowskis und dem soziologischen Denken Max Webers vertraut. 1944-79 war er Prof. für Soziologie an der Harvard University in Cambridge/Mass. In seinem ersten großen Werk „The structure of social action" entwickelte Parsons in Anknüpfung an die Werke europäischer Sozialtheoretiker und Ökonomen eine voluntaristische Theorie des sozialen Handelns. Daneben ist Parsons u.a. als Modernisierungstheoretiker und durch Arbeiten zur Sozialisation und zur Persönlichkeitsentwicklung hervorgetreten (Quelle: Brockhaus Enzyklopädie, 22. Auflage, Bd. 16, S. 559).
[342] Parsons 1968, S. 98.
[343] Ebd.

anderen Schichten gegenüber, die traditionellen Mustern folgten. Da es zu keiner Vermittlung zwischen diesen Extremen kam, hätten sich auch keine freiheitlich-liberalen Strukturen in der politischen Kultur des Deutschen Reiches nachhaltig verankern können. Der Aufstieg des Nationalsozialismus ist in Parsons Lesart vor allem auf den fundamentalistischen Aufstand breiter Bevölkerungsschichten selbst zurückzuführen. Aus marxistischer Sich hat Georg Lukács[344] diesen Befund bestätigt.[345] Ähnlich wie Helmuth Plessner in seinem bahnbrechenden Werk „Die verspätete Nation"[346] konstatierte er eine Entwicklung der deutschen Geschichte, welche sich gravierend von der der alten Nationalstaaten Englands, Frankreichs und der Vereinigten Staaten unterscheidet. Auch wenn Lukács mehr die ökonomische Dimension und Plessner mehr die mit der Aufklärung verwobene Staatsbildung in den Vordergrund stellte, sind sie sich über die entscheidende Ursache des Irrationalismus in der politischen Kultur Deutschlands einig: Es ist die zu spät, erst in der zweiten Hälfte des 19. Jahrhunderts nicht durch eine Revolution von unten, sondern unter der Hegemonie Preußens von oben mit „Blut und Eisen" erfolgte Staatswerdung Deutschlands. „Die großen europäischen Völker haben sich am Anfang der Neuzeit zu Nationen konstituiert. Sie haben ein einheitliches nationales Territorium herausgebildet an Stelle feudaler Zerstückeltheit; es entstand bei ihnen eine das ganze Volk durchdringende und vereinigende nationale Wirtschaft, eine – bei aller Klassentrennung – einheitliche nationale Kultur. In der Entwicklung der bürgerlichen Klasse, in ihrem Kampf mit dem Feudalismus ist überall vorübergehend die absolute Monarchie als durchführendes Organ dieser Einigung entstanden. Deutschland hat gerade in dieser Übergangszeit einen entgegengesetzten Weg eingeschlagen. Das bedeutet keineswegs, dass es sich allen Entwicklungsnotwendigkeiten des allgemeinen europäisch-kapitalistischen Weges hätte entziehen können, daß es ein völlig einzigartiges Wachstum zur Nation erlebt hätte, wie dies die reaktionären Historiker und in ihrem Gefolge die faschistischen behaupteten. Deutschland hat, wie der junge Marx prägnant sagt, ‚die Leiden dieser Entwicklung geteilt, ohne ihre Genüsse,

---

[344]Der Philosoph und Literaturhistoriker Georg Lukács wurde am 13.4.1885 in Budapest geboren, wo er am 4.6.1971 starb. 1918 trat er der KP Ungarns bei, war während der ungarischen Räterepublik 1919 stellvertretender Volkskommissar für Unterrichtswesen in der Regierung von Bela Kun und 1945 bis 1958 Professor für Ästhetik und Kulturphilosophie in Budapest. Während seines Exils in Moskau in den 30er und 40er Jahren entkam er den stalinistischen Säuberungen nur knapp. 1944/45 kehrte er nach Ungarn zurück. Er geriet – da er zwar ein orthodoxer Marxist, aber kein Anhänger des Stalinismus war – bald in Konflikt mit der KP. 1949 bis 1956 war er Mitglied des ungarischen Parlaments. Er wurde einer der Führer des ungarischen Aufstandes von 1956 und Kultusminister in der Regierung von I. Nagy, mit dem er nach der Niederschlagung des Aufstandes verhaftet wurde. Seither war er verfemt, seines Lehramtes enthoben und aus der Akademie ausgeschlossen. Seine Werke wurden nur noch in westeuropäischen Ländern gedruckt, wo sie erheblichen Einfluss auf die Neue Linke hatten (Quelle: Brockhaus Enzyklopädie, 22. Auflage, Bd. 13, S. 606f).
[345] Kritisch hierzu Grebing 1986.
[346] Vgl. Plessner 1982 sowie Kapitel VII, § 3.

ohne ihre partielle Befriedigung zu teilen'. Und er fügt dieser Feststellung die prophetische Perspektive hinzu: ,Deutschland wird sich daher eines Morgens auf dem Niveau des europäischen Verfalls befinden, bevor es jemals auf dem Niveau der europäischen Emanzipation gestanden hat'".[347]

Man wird Lukács attestieren müssen, dass er viele sozio-politische Ursachen des irrationalen Grundzuges der politischen Kultur Deutschlands, die eine feste Diffundierung der Aufklärung in die Gesellschaft und eine stabile Integration liberaler Werte in ihr politisches System verhinderten, zutreffend analysierte. Die feudale Kleinstaaterei herrschte bis ins 19. Jahrhundert vor, nachdem der Bauernkrieg in seinem Versuch, einen Nationalstaat von unten, d.h. mit demokratischer Legitimation zu bilden, ebenso gescheitert war wie die Revolution von 1848 mit analoger Zielsetzung. Ohne ein einheitliches staatliches Territorium konnte sich keine kapitalistische Wirtschaft wie in England, den USA und Frankreich herausbilden, die ihrerseits die Voraussetzung einer selbstbewussten und politisch erfahrenen bürgerlichen Oberschicht war. In England, Frankreich und den USA hatte der Kampf gegen absolutistische und koloniale Bevormundung eine reife politische Klasse hervorgebracht, die es lernte, mit den Massen in demokratischen und liberalen Formen umzugehen. In Deutschland dagegen bildete sich in den bürgerlichen Schichten der Typ des Untertanen heraus. „Wir haben gesehen, daß die großen Umwälzungen zu Beginn der Neuzeit, die die Grundlagen für die demokratische Entwicklung des Westens gelegt haben, in Deutschland mit der Jahrhunderte langen Fixierung kleinlicher Tyranneien endeten, daß die deutsche Reformation eine Ideologie der Unterwürfigkeit ihnen gegenüber begründet hat. Weder die Kämpfe um die Befreiung von der Napoleonischen Herrschaft noch 1848 konnten hieran etwas Wesentliches ändern. Und da die Einheit der deutschen Nation nicht auf revolutionärem Wege, sondern von ,oben' geschaffen wurde, nach den Geschichtslegenden durch ,Blut und Eisen', durch die ,Mission' der Hohenzollern, durch das ,Genie' Bismarcks, blieb diese Seite der deutschen Psychologie und Moral so gut wie unverändert bestehen".[348]

Neben dieser Untertanenmentalität nennt Lukács u. a. zwei weitere Faktoren, welche die besonders aggressive Qualität des deutschen Irrationalismus prägten. Zunächst ist die Tendenz während der Napoleonischen Kriege zu nennen, die ökonomische, politische und soziale Rückständigkeit als wesentliches Fundament deutschen Wesens auszugeben, wodurch dieses sich erst von der so genannten „Händlermentalität" des europäischen Westens absetzte. Die „verklärte Anpassung an die Rückständigkeit des bestehenden Deutschlands hat einer-

---

[347] Lukács 1953, S. 31f.
[348] A.a.O., S. 48f.

seits zur Folge, daß die Sehnsucht nach nationaler Befreiung und nationaler Einheit bei ihnen oft in einen engen Chauvinismus, in einen blinden und borniertn Franzosenhaß umschlägt, daß sie auch in den in Bewegung gebrachten Massen keine wirkliche freiheitliche Ideologie hervorbringt. Insbesondere, weil es für sie unvermeidlich ist, auch mit jenen Kreisen der reaktionären Romantik in ein Bündnisverhältnis zu treten, die den Kampf gegen Napoleon als Kampf um die vollständige Restauration des Zustandes vor der Französischen Revolution auffaßten. Diese Widersprüche zeigen sich auch naturgemäß bei den philosophischen Vertretern dieser Richtung, beim späten Fichte, obwohl er politisch und sozial viel radikaler war als viele politischen und militärischen Führer der nationalen Bewegung".[349] Der Geburt des deutschen Nationalismus in seiner chauvinistischen Ausprägung in der ersten Hälfte des 19. Jahrhunderts trat dann am Ende der Weimarer Republik ein zweiter Schub der Irrationalisierung im Rahmen der Weltwirtschaftskrise zur Seite. War bis zum Ersten Weltkrieg der deutsche Irrationalismus durch eine allgemeine materielle Sekurität in die Latenz gedrängt, so steigerte nun die offene Krise des Kapitalismus die allgemeine Unsicherheit des Lebens in einem Maße, dass sie der historisch längst vorbereiteten Empfänglichkeit für irrationale Exzesse „eine bis dahin nie vorhandene Massenausbreitung verlieh", welche „vom Faschismus in der rücksichtslosesten Weise ausgebeutet"[350] wurde.

Wer in der Lage ist, Lukács' Analyse der geistesgeschichtlichen Voraussetzungen des Dritten Reiches von den Verzerrungen, welche seiner eigenen marxistisch-leninistischen Ontologie zuzurechnen sind, zu trennen, kann in seinem Werk zumindest zentrale Thesen Plessners bestätigt finden, wie er sie in seinem Buch „Die verspätete Nation" schon 17 Jahre früher veröffentlicht hat.[351] Aber selbst in den stärksten Teilen der Analyse Lukács', die den historischen Voraussetzungen des deutschen Faschismus gewidmet sind, ist vor dem Irrationalismus seiner eigenen linientreuen Geschichtskonstruktion zu warnen. So kritisiert er einerseits Lassalle als einen der Wegbereiter des deutschen Irrationalismus, weil er durch seine Verhandlungen mit Bismarck die Kooperation mit der bonapartistischen Monarchie Preußens gesucht habe. Doch Lukács verschweigt, dass ein solches Bündnis niemals zustande kam und dass Lassalle es war, der das politische Wertesystem des Westens in den sozialdemokratischen Arbeitermassen verankerte: Er agitierte für die Grundsätze der liberalen Demokratie des allgemeinen Wahlrechts im Rahmen eines parlamentarischen Regierungssystems als Gegengift zu dem, was Lukács zu Recht als politischen Irrationalismus kritisiert.

---

[349] A.a.O., S. 38.
[350] A.a.O., S. 72f.
[351] Vgl. Kapitel VII, § 3.

Wie nachhaltig diese Agitation war, geht aus der Tatsache hervor, dass die sozialdemokratischen Wählermassen die einzige politische Kraft in Deutschland waren, die sich – im Gegensatz zu den Kommunisten – bis zum Schluss mit der Weimarer Republik in eins setzten. Andererseits suggeriert Lukács eine „normale" historische „Entwicklungslogik", welche die Stufe der bürgerlichen Revolutionen zu ihrem entscheidenden Kriterium erhebt. Dieser Bastillesturm sei in der Sowjetunion[352] und – wie wir vermuten können – ebenfalls in der DDR nachgeholt worden: Er müsse nun endlich auch „zu einer eigenen Tat"[353] der Westdeutschen werden. Heute wissen wir, dass sowohl die SU als auch die DDR kollabierten, während der Bundesrepublik relativ erfolgreich die Anbindung an das westliche Wertesystem gelang: eindrucksvoll dokumentiert durch den Ausgleich mit Frankreich als Kern des europäischen Einigungsprozesses. So gesehen, ist Lukács' „Die Zerstörung der Vernunft" ein warnendes Beispiel dafür, wie alle Versuche scheitern müssen, den offenen und widersprüchlich verlaufenden Geschichtsprozess in „eine schematische Aufeinanderfolge von Ursache- und Wirkungskomplexen" [354] zu pressen.

In den 60er und 70er Jahren des vergangenen Jahrhunderts knüpften Modernisierungstheoretiker wie Ralf Dahrendorf, David Schoenbaum und Henry Ashby Turner an den Befund der illiberalen Elemente der Sozialstruktur des Deutschen Reiches an, um einerseits die Entstehung des Dritten Reiches, andererseits aber deren vermeintliche „Revolution" und ihre Auswirkungen auf das politische System der Bundesrepublik zu untersuchen. Doch bevor wir auf diese Ansätze eingehen, muss die zweite frühe Spielart der Implementation der Modernisierungstheorie auf den Faschismus erläutert werden, für die Franz Borkenau[355] steht: der Faschismus nicht als Konsequenz „verspäteter Nationen", sondern als Motor zu deren Modernisierung. Tatsächlich stammt von Franz Borkenau einer der frühesten Versuche, den Faschismus in Italien als kapitalistische Entwicklungsdiktatur und damit als ökonomische Modernisierungsinstanz par excellence zu interpretieren. Ihm zufolge war der Faschismus in Italien das Resultat einer spezifischen gesamtgesellschaftlichen Konstellation. Auf ein rohstoffarmes Land mit einer schwach ausgebildeten Bourgeoisie und einem defizitären Staatsapparat verwiesen, steckte der italienische Kapitalismus nach dem Ersten

---

[352] Vgl. Lukács 1953, S. 601.
[353] Ebd.
[354] Grebing 1974, S. 81.
[355] Franz Borkenau, österreichischer Historiker und Publizist, wurde am 15.12.1900 in Wien geboren; er starb am 22.5.1957 in Zürich. Er studierte in Wien und Leipzig. 1921-29 war er Mitglied der KPD, 1924-29 arbeitete er für die Kommunistische Internationale (Komintern). Borkenau galt – bis er 1929 mit dem Kommunismus brach – als Theoretiker des Marxismus. 1934 emigrierte er nach Großbritannien. Er nahm auf republikanischer Seite am Spanischen Bürgerkrieg teil. Nach dem Zweiten Weltkrieg lehrte er Geschichte an der Universität Marburg (Quelle: Brockhaus Enzyklopädie, 22. Auflage, Bd. 3, S. 545).

Weltkrieg noch in seinen Anfängen. Konfrontiert mit einem gut ausgebildeten Proletariat insbesondere auf dem flachen Land, das über vorzügliche Organisationen, Genossenschaften, Korporationen etc. verfügte, entlud sich die soziale Spannung unmittelbar nach dem Ersten Weltkrieg, als es 1919 zu den sozialistischen Fabrikbesetzungen kam.

Zwar stellte sich zunächst dem Radikalismus der Arbeiterschaft kein ernsthaftes Hindernis in den Weg, zumal die Zwischenschichten ihnen zuströmten und den durch direkte Aktionen enteigneten Fabrikbesitzern es nicht gelungen war, nennenswerte Teile der Arbeiter an sich zu binden. Doch in dem Augenblick, in dem die sozialistische Machtergreifung so gut wie vollzogen war, „erwies es sich, daß alle ökonomischen und sozialen Voraussetzungen einer auf den Sozialismus hinarbeitenden proletarischen Diktatur fehlten, daß das Proletariat nichts tun konnte als die errungene Position freiwillig zu räumen, ohne daß ein Schuß gefallen war".[356] Mit dem Scheitern des sozialistischen Umsturzes konfrontiert, blieb, so Borkenau, nur eine Alternative gegenüber dem drohenden Chaos übrig: die Entwicklung eines „neuen" nationalen Kapitalismus mit einem „starken" Staat und einer selbstbewussten mächtigen Bourgeoisie. Diese Alternative habe der Faschismus in Italien verwirklicht. „Er hat sie nicht durchgesetzt als Partei der Bourgeoisie, vielmehr hat er diese Bourgeoisie in treibhausartiger Entwicklung aus kümmerlichen Ansätzen zu einer mächtigen Klasse gemacht, imstande zu herrschen. Es gehört zu den Eigenarten der italienischen Entwicklung (...), daß im Faschismus nicht die Klasse der Industriekapitalisten nach der Macht greift oder sie zurücknimmt, daß vielmehr die politische Bewegung erst die Voraussetzung des wirtschaftlichen Durchdringens der Klasse schafft".[357]

Dass der Faschismus in Italien seine autonome Rolle als kapitalistischer Modernisierungsdemiurg spielen konnte, führte Borkenau auf seine Massenbasis in den mittelständischen Schichten zurück. Aufgrund der Akkumulations- und Konzentrationsprozesse des Kapitals in eine Existenzkrise geraten, wandten sich die mittelständischen Massen nach dem Ausbleiben der sozialistischen Revolution der nationalen Option zu, d.h. dem Aufbau „einer vollwertigen nationalen Industrie"[358] in Italien, zu deren Garant die Diktatur Mussolinis avanciert war. „Der Faschismus hat den ihm von der Geschichte gegebenen Auftrag erfüllt. Die industrielle Produktion hat sich vervielfacht. Die Elektrifizierung wurde durchgeführt und dadurch der Rohstoffmangel mindestens teilweise behoben. In Automobil- und Kunstseideindustrie schuf sich Italien zwei Industrien von Weltrang. Unpünktlichkeit und Schlendrian sind überwunden. Das Banksystem ist

---

[356] Borkenau 1984, S. 164.
[357] Ebd.
[358] A.a.O., S. 165.

zentralisiert, die Selbständigkeit der süditalienischen Banken gebrochen. Die Landwirtschaft ist auf ein modernes Niveau gehoben, durch Straßenbau und Entsumpfung ist das verkommene Dahinvegetieren der Südhälfte des Landes und damit die feudale Selbständigkeit der Latifundienbesitzer gebrochen worden. Das reißende Tempo der Akkumulation ist sichergestellt; in keinem anderen großen Industrieland der Welt sind die Löhne so niedrig, das Herrenrecht des Unternehmers im Betrieb so grausam, das Proletariat so zu vollkommener Wehrlosigkeit verurteilt wie im faschistischen Italien. Über dem Lande der regionalen Selbständigkeiten, der Eigenmächtigkeit und bequemen Willkür erhebt sich eine zentralistische Verwaltung von eisernem Griff. Aus der schlechtesten großstaatlichen Armee ist eine der besten geworden, und die neue Kraft gibt die Möglichkeit zu einer expansiven imperialistischen Politik".[359] In dieser Beschreibung der modernisierenden Leistungen der faschistischen Diktatur Mussolinis tauchen viele Begriffe auf, die von der späteren Modernisierungstheorie übernommen werden: Steigerung der industriellen Produktion, Förderung von Spitzentechnologien, Verinnerlichung der Arbeitsdisziplin, Indizien einer strikten Zeitökonomie in den industriellen Abläufen, staatliche Zentralisierung der Verwaltung, Fehlen des Klassenkampfes, dem Modernisierungsprozess angemessene Löhne etc.

Ist also dem italienischen Faschismus zu bescheinigen, dass seine Diktatur die italienische Industrie modernisiert und das Land für die kapitalistische Konkurrenz, wenn auch mit drakonischen Maßnahmen, „reif" gemacht hat? Wer diese Frage positiv beantwortet, sollte die Kosten einer solchen „Modernisierung" nicht verschweigen, die von zeitgenössischen Autoren nachdrücklich dokumentiert worden sind: die Misshandlung, Demütigung und Ermordung Tausender sozialistischer und kommunistischer Arbeiter sowie Politiker, die Arbeits- und Gefangenenlager, die „legale" Anwendung der faschistischen Folter und des Terrors eines Polizeistaates, dem das Korrektiv der individuellen Grund- und Menschenrechte fehlte.[360] Außerdem verbietet es sich, den italienischen Faschismus als Subjekt mit „historischer Modernisierungsmission" zu glorifizieren, weil die traditionellen Eliten – wie zum Beispiel die Confindustria – die Modernisierungsprozesse einleiteten und durchführten, welche keineswegs innovatorischen, sondern lediglich nachholenden Charakter hatten.[361] Dennoch gewinnt die Modernisierungsthese im Blick auf die Diktatur Mussolinis ab 1927 insofern zumindest punktuell Gewicht, als Italien am Ende des Ersten Weltkrieges ein industrielles Schwellenland war. Zu welchen Resultaten aber gelangt man, wenn man die

---

[359] Ebd.
[360] Vgl. Hamburger o.J.; Ellenbogen 1923; Olberg 1923; Matteotti 1924; Kaminski 1925; Silone 1984.
[361] Vgl. Sarti 1971; Priester 1972, Rafalski 1984.

Modernisierungsthese auf das Dritte Reich überträgt, das zum Zeitpunkt der Machtübernahme durch Hitler zu den hochindustrialisiertesten Ländern der Welt gehörte?

§ 2   Der Nationalsozialismus als Modernisierungsinstanz (Dahrendorf)

Wie wir sahen, bestand nach Borkenau die wichtigste modernisierungstheoretische Funktion des italienischen Faschismus darin, dass er einerseits das italienische Proletariat im Sinne der kapitalistischen Produktionslogik disziplinierte und andererseits eine Bourgeoisie als politische Klasse überhaupt erst hervorbrachte. Im Gegensatz zu Italien eines der fortgeschrittensten kapitalistischen Länder der Welt, stünden dagegen die Repräsentanten der deutschen Großindustrie für sich selbst. Sie benötigten keine nationalsozialistische Diktatur, weil der industrielle Modernisierungsbedarf im Deutschen Reich längst gedeckt sei. Was das kapitalistische System im Rahmen der Weltwirtschaftskrise vielmehr durchzusetzen habe, sei unter Beibehaltung der Organisationen der freien und der christlichen Arbeiterbewegung „die Entwicklung der deutschen Verfassungszustände auf Konzentrierung der gesamten Exekutive in der Hand des Reichspräsidenten, Aufhebung der parlamentarischen Verantwortlichkeit und damit der Parteibindung der Regierung, Gefügigmachung des Parlaments durch Erste Kammer, Aufhebung des Proporz und Hinaufsetzung des Wahlalters, Beseitigung zumindest eines großen Stücks des föderalistischen Staatsaufbaus. Aber wie scharf immer der Angriff auf die sozialpolitischen Errungenschaften der Revolution sein mag, auf die Existenz selbständiger Massenorganisationen kann die deutsche Bourgeoisie nicht verzichten, schon um sich nicht auf Gedeih und Verderb der unsicheren Chance des Nationalsozialismus auszuliefern. Sie wird daher jenes Maß von 'Freiheiten', Vereins-, Versammlungs-, Presse-, Streik- und parlamentarischen Rechten bestehenlassen müssen, ohne das die Existenz solcher Bewegungen undenkbar ist".[362]

Wir wissen heute, dass diese Prognose Borkenaus vom Februar 1933 nicht eintraf. Borkenaus Fehler war, von theoretischen Funktionsannahmen kapitalistischer Modernisierungsprozesse auf das tatsächliche politische Verhalten ihrer Agenten im Produktionsprozess zu schließen. In dieser Hinsicht war der Wirklichkeitssinn Max Webers, Helmut Plessners und Georg Lukács' sehr viel ausgeprägter als der Borkenaus. Sie übten weitsichtige Kritik an der vom Kaiserreich beeinflussten industriellen Elite in Deutschland, deren ökonomischer Moderni-

---

[362] Borkenau 1984, S. 179f.

sierungsleistung keine politische Potenz und „Reife" entsprach. Aber dieses schwerwiegende Erbe Bismarcks verhinderte genau das, was Borkenau als funktionales Verhalten 1933 einklagte: dass nämlich das industrielle Bürgertum ohne Vermittlung durch den Faschismus die ab 1929 einsetzende Krise bewältigt. Dass es genau dies nicht tun würde, war den bonapartismustheoretischen Analytikern insbesondere in der österreichischen Sozialdemokratie von Anfang an klar: Sie haben, wie wir sahen, eben diese Möglichkeit ins Zentrum ihres Linzer Programms gestellt.[363] An diese Erkenntnis, dass ökonomische und sozio-politische Modernisierung keineswegs konvergieren müssen, sondern durch ihren Auseinanderfall regressive, d.h. faschistische Krisenlösungsmodelle hervorbringen können, knüpften in den 60er Jahren Ralf Dahrendorf und David Schoenbaum an, wenn auch in charakteristisch unterschiedlicher Weise. Ihre Modernisierungsansätze versuchen, den Nachweis zu führen, dass die in Deutschland nicht erfolgte bürgerliche Revolution gleichsam unbewusst von den Nazis durch die Zerstörung feudaler und traditionaler, die Entfaltung der Demokratie in der Weimarer Republik behindernder Strukturen herbeigeführt wurde, und zwar als Voraussetzung für die stabile Demokratie der Bundesrepublik nach 1949.

Welche Indikatoren führte Dahrendorf[364] an, die beweisen können, dass die Nazis gegen ihren Willen durch eine soziale Revolution den Durchbruch zur modernen bürgerlichen Gesellschaft und damit die Annäherung der westdeutschen Gesellschaft an die Standards der westlichen Industrieländer erzwangen? Zunächst ist das modernisierende Mittel wichtig, das Dahrendorf zufolge die Nazis zur Durchsetzung ihres totalen Machtanspruchs einsetzten: die Gleichschaltung. Zwar politisch gemeint, habe es von Anfang an eine soziale Dimension erkennen lassen. „'Gleichschaltung' bedeutet stets die Aufhebung unkontrollierter Selbständigkeit. Wo immer also in sich geschlossene Institutionen oder Organisationen bestehen, müssen diese den auf den einen Staatszweck und seine Personifizierung im Führer ausgerichteten Organisationen weichen. Die Menschen werden dabei aus überlieferten, eigenen, oft besonders engen und intimen Bindungen herausgelöst und einander gleichgemacht".[365] Es gilt also für die einzelnen nur noch eine soziale Identität, nämlich „die mit einem breiten Erwartungs-

---

[363] Vgl. Kapitel III, §1.
[364] Ralf Gustav Dahrendorf, Soziologe und Politiker, wurde am 1.5.1929 in Hamburg geboren. Er war Professor für Soziologie in Hamburg 1958-1960, Tübingen von 1960-66 und in Konstanz seit 1966 (1969-1984 beurlaubt). 1947-1960 Mitglied der SPD, seit 1967 der FDP, war er 1968-74 Mitglied ihres Bundesvorstandes. Und 1969-70 MdB sowie parlamentarischer Staatssekretär im Auswärtigen Amt. 1970-74 EG-Kommissar (1970-72 zuständig für die Außenbeziehungen der EG, 1972-74 für Bildungs-, Forschungs- und Wissenschaftsfragen), übernahm er 1974 die Leitung der „London School of Economics" (bis 1984) und 1987 das Rektorat des Saint Anthony's College in Oxford; seit 1972 ist er Vorsitzender der Friedrich-Naumann-Stiftung (Quelle: Brockhaus Enzyklopädie, 22. Auflage, Bd.5, S. 85).
[365] Dahrendorf 1965, S. 436.

spektrum angereicherte Rolle des ‚Volksgenossen'‴[366] anstelle einer Vielzahl bindender Teilrollen. Worin manifestierte sich nun aber konkret die vereinheitlichende Wirkung des Dritten Reiches? Dahrendorf nennt folgende Beispiele: 1. Der NS habe die Traditionsverbände der sozialistischen Arbeiterschaft ebenso zerschlagen wie die der im deutschnationalen Milieu angesiedelten studentischen Verbindungen. An die Stelle traditionaler Bindungen trat die eine Identifikation mit dem totalitären Staat. 2. Das gleiche gelte für die kirchliche Zugehörigkeit. Die Nazis hätten die Kirchenfeindlichkeit im Dritten Reich gesellschaftsfähig gemacht, um die Menschen aus der religiösen Klientel zu lösen und diese durch das Immediatverhältnis zum totalitären Staat zu ersetzen. 3. In der Stellung der Familie im Dritten Reich sieht Dahrendorf das eklatanteste Beispiel des Kampfes der Nazis gegen traditionale Loyalitäten. Reduziert auf die Funktion, Kinder zu zeugen, seien die Alternativen zur Familie bereits anvisiert worden: Sie reichten vom „Lebensborn" bis zur staatlich geförderten Promiskuität zum Zweck der Bevölkerungspolitik. 4. Die Familie als Ort der Erziehung sei zunehmend eingeschränkt worden: Insbesondere die Hitler-Jugend habe seit 1936 familiare Rechte und Aufgaben übernommen. Unter Ausnutzung des Generationsgegensatzes habe das Regime in vielen Fällen erfolgreich Kinder als Spitzel gegenüber ihren Eltern instrumentalisiert und damit der Sphäre der Privatheit irreparablen Schaden zugefügt.[367]

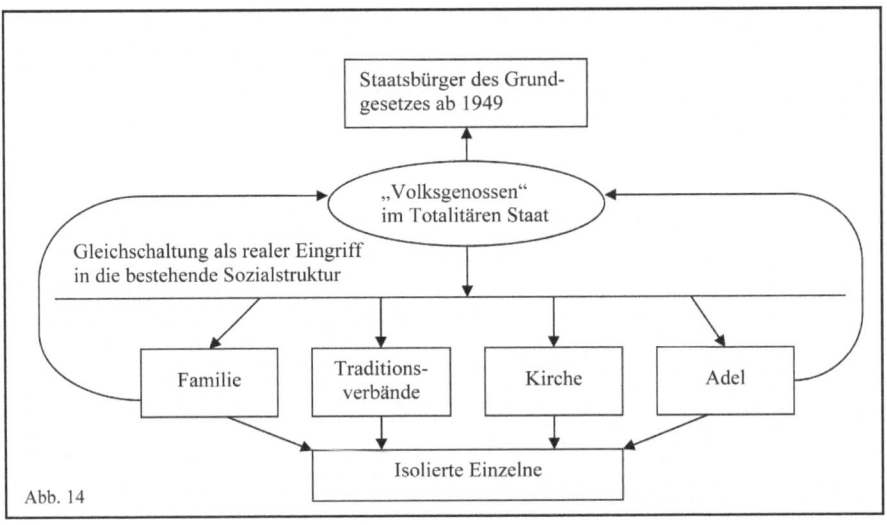

Abb. 14

[366] Ebd.
[367] Vgl. a.a.O., S. 438-441.

Den entscheidenden Stoß gegen traditionale Relikte in der deutschen Sozialstruktur hätten freilich die Nazis gegen die feudalen Eliten geführt. Zwar auch mit deren Hilfe an die Macht gelangt, verwandelten sie dieses Bündnis mehr und mehr zu einer Waffe gegen ihre Kollaborateure aus dem Adel und der durch das Kaiserreich geprägten politischen Klasse (höhere Bürokratie, militärische Führer, Teile der Justiz etc.). „Sie verkörperten eben jenen Traditionalismus in der deutschen Gesellschaft, den die Nazis vor allem zerstören mußten, wenn sie ihre totale Macht aufrechterhalten wollten. So war es eine späte Einsicht, wenn Ulrich von Hassell den Nazis im Jahr 1944 unterstellte, sie beabsichtigten, den ‚Adel und die gebildeten Klassen' aus ihren Positionen zu verdrängen, ja physisch auszurotten (...). Tatsächlich war schon viel früher, vom Anfang der Regierung an, die notwendige Absicht einer Partei, deren einzige Hoffnung in der totalen und brutalen Modernisierung der deutschen Gesellschaft lag".[368] Auf diesem Hintergrund spielt der konservative Widerstand gegen Hitler für Dahrendorfs Modernisierungsthese eine zentrale Rolle. „Der 20. Juli 1944 bezeichnet den tragischen Endpunkt der sozialen Revolution, die das nationalsozialistische Regime in Deutschland mit sich brachte. Erst nach dem 20. Juli war der deutschen Gesellschaft die Rückkehr zum Kaiserreich endgültig versperrt. (...) Gegen nationalsozialistische Willkür wurden vor allem moralische Werte, häufig deren Wirklichkeit in der deutschen Vergangenheit beschworen; das alte Regime war in der Tat eine moralisch bessere Welt; aber sein Aufstand scheiterte und der brutale Weg in die Modernität nahm seinen weiteren Lauf".[369] Die Anschlussfähigkeit des Dritten Reiches an die liberale Demokratie der alten Bundesrepublik ab 1949 sah Dahrendorf also darin, dass die traditionalen Hindernisse in der deutschen Sozialstruktur nach dem Ersten Weltkrieg, welche das Scheitern der Weimarer Republik vorprogrammierten, von den Nazis beseitigt worden waren. Kraft einer „List der Vernunft" (Hegel) legten sie trotz ihres Scheiterns die Grundlagen für die liberale Demokratie des Grundgesetzes, weil einerseits die Rückkehr „hinter die Revolution der nationalsozialistischen Zeit"[370] definitiv verbaut war und der „Volksgenosse" die Wiederkehr des „Untertanen" verbot. (Abb. 14)

§ 3   Das Dritte Reich als soziale Revolution (Schoenbaum, Turner)?

Im Zusammenhang mit Dahrendorfs modernisierungstheoretischer Faschismuskonzeption wird oft auch David Schoenbaums Sozialgeschichte des Dritten Rei-

---

[368] A.a.O., S. 443.
[369] A.a.O., S. 444.
[370] A.a.O., S. 448.

ches „Die braune Revolution" genannt.[371] Diese Ineinssetzung ist nur teilweise zutreffend. „Die Hauptthese dieses Buches", so schreibt Schoenbaum, „ist, daß das Dritte Reich eine doppelte Revolution war. (...) Es war eine Revolution der Zwecke und der Mittel zugleich. Die Revolution der Zwecke war ideologischer Natur; sie sagte der bürgerlichen und industriellen Gesellschaft den Krieg an. Die Revolution der Mittel war ihre Umkehrung. Sie war bürgerlich und industriell, da ja selbst ein Krieg gegen die industrielle Gesellschaft in einem industriellen Zeitalter mit industriellen Mitteln geführt werden muß und da es des Bürgertums bedarf, um das Bürgertum zu bekämpfen".[372] Welche Konsequenzen hatte aber diese doppelte Revolution der Mittel und Zwecke für die Sozialstruktur des Deutschen Reiches? Es ist Schoenbaum zufolge eine neue Qualität des Egalitarismus und der sozialen Mobilität, wie ihn die deutsche Geschichte bisher nicht gekannt hat. Im Gegensatz zu Dahrendorf muss er zwar zugeben, dass sich im Dritten Reich an der objektiven Sozialstruktur wenig veränderte habe. „Die objektive soziale Realität in den statistisch meßbaren Folgen des Nationalsozialismus war gerade das Gegenteil von dem, was Hitler versprochen und die Mehrheit seiner Anhänger von ihm erwartet hatte. Im Jahr 1939 waren die Städte nicht kleiner, sondern größer als zuvor; die Kapitalkonzentration war größer; die Landbevölkerung hatte sich vermindert, nicht vermehrt; die Frauen standen nicht am häuslichen Herd, sondern im Büro und in der Fabrik; die ungleiche Verteilung von Einkommen und Vermögen war größer, nicht geringer geworden; der Anteil der Industrie am Bruttosozialprodukt war gestiegen, der Anteil der Landwirtschaft gesunken; der Industriearbeiterschaft ging es verhältnismäßig gut und den kleinen Geschäftsleuten immer schlechter. Auf den ostelbischen Gütern herrschte nach wie vor der Adel, im Beamtentum herrschten Doktoren, im Heer Generale und Adelsnamen".[373]

Dennoch habe eine Revolution stattgefunden, die weniger die objektive Sozialstruktur als vielmehr das – propagandistisch mit erzeugte, wie hinzuzufügen wäre – Bewusstsein großer Teile der Bevölkerung betraf (Abb. 15). Es war jetzt möglich, dass der kleine Angestellte im Theater in derselben Reihe saß wie der Chef seiner Firma. Der NS habe „zumindest das Klima für den sozialen Aufstieg" geschaffen. „Zwar waren die Aufstiegsmöglichkeiten in der Schule und der Universität beschränkt, doch hatte keine von beiden eine Schlüsselstellung in der nationalsozialistischen Gesellschaft. Daneben gab es genug wirkliche Aufstiegschancen beim Militär, in der Wirtschaft, ja sogar im Beamtendienst, den Einrich-

---

[371] Vgl. Mommsen 1999, S. 317-334.
[372] Schoenbaum 1968, S. 26.
[373] A.a.O., S. 348.

tungen, die die nationalsozialistische Gesellschaft zusammenhielten".[374] Dieser Egalitarismus, so Schoenbaum, habe selbst vor den Säulen der Gesellschaft, den Junkern, den Industriellen und dem Bildungsbürgertum, nicht halt gemacht. Zwar hebt er nicht – wie Dahrendorf – den konservativen Aufstand gegen Hitler vom 20. Juli 1944 hervor. Doch sie erfuhren nach Schoenbaum die Revolution an sich selbst, insofern sie „sich mit ihren eigenen Feinden zusammen(taten), um das Haus abzureißen, das sie beherbergt hatte. (...) Dies war nicht nur eine angemessene Elegie auf das Dritte Reich, es war auch eine Elegie auf die historisch überlieferte deutsche Gesellschaft".[375] Trotzdem sind die unterschiedlichen Resultate der Untersuchungen von Dahrendorf und Schoenbaum nicht zu übersehen. Dahrendorf ging davon aus, dass der NS, wollte er überleben, dieses Ziel nur auf der Grundlage der Modernisierung der realen Sozialstruktur Deutschlands erreichen konnte. Nur durch die Zerschlagung der fragmentierten sozialen Milieus war die totalitäre Integration der Bürger zu erreichen. Schoenbaum dagegen muss akzeptieren, dass die Nazis die Sozialstruktur nicht veränderten, sondern sie lediglich durch die Netzwerke der NS-Organisationen als Scheinwelt überlagerten, die freilich nach der bedingungslosen Kapitulation des Deutschen Reiches im Mai 1945 wie ein Kartenhaus zusammenfielen.[376]

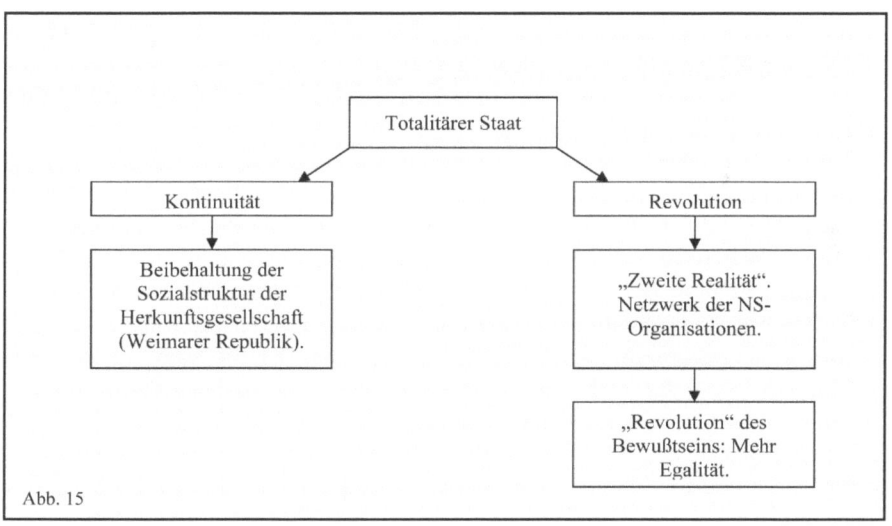

Abb. 15

---

[374] A.a.O., S. 333f.
[375] A.a.O., S. 351.
[376] Vgl. Alber, J. 1989, S. 347f.

Diese Differenz kann freilich nicht den gemeinsamen Revolutionsbegriff verdecken, in dessen Perspektive Dahrendorf und Schoenbaum das Dritte Reich analysieren. Alle bisherigen erfolgreichen Revolutionen haben nach der Zerstörung des Ancien Régime die Kraft gehabt, an die Stelle der alten neue, innovatorische Strukturen aufzubauen. Demgegenüber muss Schoenbaum einräumen, dass die Vollstrecker des Dritten Reiches normale Vertreter einer kranken Gesellschaft waren. Ihre Krankheit bestand darin, dass sie parasitär von der alten Gesellschaft und ihrem Staat lebten, ohne in der Lage zu sein, eine tragfähige alternative Konzeption zu entwickeln, die sich nicht in mythischen Visionen einer menschenverachtenden rassischen Weltherrschaft verlor. Was am Ende blieb, war die Selbstdestruktion, „bereit, sich selbst mit den Mitteln eben der Gesellschaft zu zerstören, deren Untergang sie sich zum Ziel gesetzt hatte".[377] Wenn Schoenbaum und Dahrendorf behaupten, das Dritte Reich sei unter dieser Bedingung „unter den Revolutionen seit 1789 eine Neuheit"[378], aber doch trotz allem eine Revolution, dann müssen sie ihren Revolutionsbegriff bis zum Exzess formalisieren. Gezwungen, diese Formalisierung so weit voranzutreiben, dass unter dem Begriff „Revolution" der Aufstand der Niederlande im 16. Jahrhundert, die Englische Revolution von 1642 bis 1649, die Große Französische Revolution von 1789, die Russische Revolution von 1917 und das Dritte Reich von 1933 bis 1945 interpretierbar bleiben, ist der analytische Preis einer solchen Ausweitung des Revolutionsbegriffs evident: Er lässt jegliche analytische Trennlinie zwischen Revolution und Gegenrevolution vermissen. Historisch gesehen, spricht mehr dafür, in der Machtübergabe an die Nazis im Januar 1933 eher eine Konterrevolution als eine Revolution zu sehen. Während sich bisher alle europäischen Revolutionen als Aufstandsbewegungen von unten gegen große Teile der alten herrschenden Eliten wandten, kamen die Nazis erst durch deren Hilfe an die Macht. Ohne Hindenburg als Repräsentanten des Kaiserreichs, ohne Hugenberg und von Papen als Repräsentanten der Großindustrie und des Großgrundbesitzes, welche die Koalition der Deutschnationalen mit der NSDAP garantierten, wäre es nie zum Dritten Reich gekommen. Auch subjektiv verstanden sich die Nazis als Konterrevolutionäre. Sie traten nicht nur an, die politischen und sozialen Errungenschaften der Revolution von 1918/19 rückgängig zu machen, sondern auch die Emanzipationsresultate der Französischen Revolution von 1789, die von der Erklärung der Menschenrechte bis zur Institutionalisierung der demokratischen Volkssouveränität reichen.

---

[377] Schoenbaum 1968, S. 350.
[378] Ebd.

Gleichwohl hält sich die These hartnäckig, Hitler sei Revolutionär und das Dritte Reich Ausfluss einer genuinen Revolution gewesen. Sie erlebte sogar im Zuge der deutschen Wiedervereinigung Anfang der 90er Jahre des vergangenen Jahrhunderts eine Renaissance insbesondere durch die Arbeiten von Rainer Zitelmann. Um die These Dahrendorfs zu widerlegen, die Modernisierung des Dritten Reiches müsse als *unbeabsichtigte Folge* nationalsozialistischer Politik gelten, versuchte er, anhand von Hitler-Zitaten den Nachweis zu führen, dieser sei ein *bewusster* Revolutionär gewesen. Als Indiz wertete Zitelmann vor allem dessen Sozialpolitik, die sich durchaus im Rahmen moderner Sozialstaaten bewegt habe. Dieses Ziel lasse sich aber nur durch eine Optimierung der Leistungsfähigkeit der „Volksgemeinschaft" erreichen, welche die Beseitigung aller Klassen- und Standesschranken voraussetze „und allen Volksgenossen die Möglichkeit der Teilnahme am sozialdarwinistisch verstandenen Kampf um den sozialen Aufstieg" biete. „Die Erhöhung des Sozialprestiges der Arbeiter diente nicht nur dem Ziel einer besseren Integration dieser Schicht. Mindestens ebenso wichtig war Hitlers Absicht, durch die Relativierung des tradierten Sozialstatus die Voraussetzung für die Erhöhung der sozialen Mobilität zu schaffen. Auf dem Wege eines permanenten Umerziehungsprozesses sollten bestehende Traditionen, ‚Standesdünkel' und ‚Klassenbewußtsein' abgebaut werden".[379] Doch bei seinem Versuch, gelegentliche Hitler-Zitate zu einem stringenten Szenario zu bündeln, ignoriert Zitelmann, dass sie unbedeutend sind im Vergleich zu seinen Äußerungen zur Rassen- und Expansionspolitik. Und was ist von einem sozialstaatlichen Egalitarismus zu halten, der sich nur auf die so genannten „Volksgenossen" bezieht und seine materielle Einlösung explizit an die Unterwerfung und Ausbeutung so genannter minderwertiger Rassen in Osteuropa bindet? So muss Zitelmann selbst zugeben, dass alle sozialen und ökonomischen Zielsetzungen Hitlers „nur innerhalb der deutschen ‚Volksgemeinschaft' verwirklicht werden sollten, aus der ‚rassisch minderwertige' Gruppen, wie z.B. Juden und Zigeuner, von vornherein ausgeschlossen waren. Innerhalb dieses eingeschränkten Bezugsrahmens sollten die Aufstiegsmöglichkeiten für Angehörige sozial benachteiligter Schichten entschieden verbessert werden".[380]

---

[379] Zitelmann 1994, S. 16.
[380] Ebd.

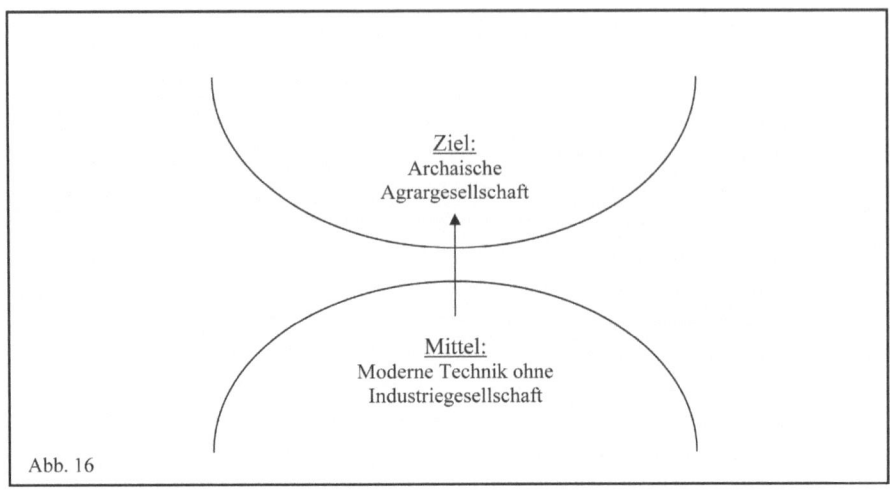

Abb. 16

Freilich ist einzuräumen, dass auch dann, wenn die Nazis Konterrevolutionäre waren, sie als Repräsentanten eines neuen Typs gelten müssen, der ohne historisches Vorbild ist. Zu Recht bemerkt Henry Ashby Turner, die Nazis mussten den technischen Fortschritt vorantreiben, um ihre fortschrittsfeindlichen Ziele zu verwirklichen. „So scheint das deutsche Beispiel anzudeuten, daß eine positive Einstellung zu Ergebnissen der modernen Industrie nicht unbedingt mit der Billigung des umfassenderen Prozesses der ‚Modernization' gleichzusetzen ist. Obwohl Hitler den ‚Materialismus' der modernen Gesellschaft verurteilte, jagte er gern in seinem schweren Mercedes-Kabriolett durchs Land oder kam in einem gecharterten Flugzeug dramatisch aus den Wolken herab. Weder er noch seine Parteifreunde zeigten die geringste Neigung, auf elektrische und sanitäre Installationen oder Zentralheizung zu verzichten. Die meisten waren sogar von der Technik fasziniert und begegneten – obwohl Feinde der industriellen Gesellschaft – der deutschen Industrie mit Ehrfurcht. Bezeichnenderweise empfanden die NS-Größen jedoch nicht deshalb Ehrfurcht, weil sie erkannten, in welchem Maße die Industrie den Lebensstandard der Nation heben könnte, sondern weil die Industrie eine Quelle unermeßlicher Macht war, die sie für ihre anti-modernen Utopien benutzen könnten".[381] Turner fragt auch, ob hinter den modernisierenden Impulsen in Italien ähnliche Motive wirkten. Sollte auch hier die Modernisierung als Mittel zur Wiederherstellung eines rückwärtsgewandten Zieles in Gestalt des Römischen Reiches eingesetzt werden? Auch wenn nach Turner möglicherweise

---

[381] Turner 1980, S. 171.

142

die italienischen Faschisten in dieser Frage keine klare Linie vertraten, ist ihm zufolge nicht auszuschließen, dass sich Mussolini nach der Errichtung seiner Diktatur zu einem wirklichen Anhänger der Moderne wandelte. „Wie alle Regierungen Europas im 20. Jahrhundert mußten auch die Faschisten mit wachsenden materiellen und sozialen Erwartungen fertig werden, die durch frühe Stadien der 'Modernization' in der Bevölkerung geweckt worden waren – Erwartungen, die infolge der schweren wirtschaftlichen und demographischen Probleme Italiens dort besonders groß waren. Wie anderswo gab es auch im faschistischen Italien starke Kräfte, die zumindest nicht den Anschluß an den Prozeß der 'Modernization' verlieren wollten".[382] Die bisherigen Befunde sprechen eindeutig dagegen, dass die Nationalsozialisten diesem Beispiel folgten. Sie wollten zwar über Industrieprodukte verfügen, aber die sozialen Konsequenzen einer modernen Industriegesellschaft vermeiden. Indem sie konsequent die Möglichkeiten und Ressourcen einer hochindustrialisierten Gesellschaft für den Ausbau ihres Repressionsapparates nach innen und ihres militärischen Expansionspotentials nach außen nutzten, gelang es ihnen gleichzeitig, ihre konservativen Bündnispartner in die Defensive zu drängen. So eröffneten sich Handlungsspielräume für die Kräfte der Bewegung vor allem ab 1938, die es ermöglichten, dass sich alle nihilistischen und destruktiven Potenzen, die jeder Faschismusvariante eignen, im Zweiten Weltkrieg ungehindert Bahn brechen konnten.

§ 4 **Die Grenzen und Möglichkeiten der analytischen Potenziale der Modernisierungstheorie**

Das analytische Potenzial der Modernisierungstheorie für die Untersuchung der Bedingungen und Strukturen des Dritten Reiches ist ambivalent. Einerseits kann die Modernisierungstheorie erheblich zur Beantwortung der Frage beitragen, warum die nach dem Ersten Weltkrieg ausbrechenden politischen, gesellschaftlichen und ökonomischen Krisen in der westlichen Welt mit demokratischen Mitteln, aber in Italien und Deutschland durch faschistische Regime gelöst wurden. Niemand kann die Tatsache ignorieren, dass beide Länder, erst in der zweiten Hälfte des 19. Jahrhunderts vereinigt, als verspätete Nationen die weltpolitische Agenda betraten. In Deutschland gewann die ökonomische Modernisierung erst in der zweiten Hälfte des 19. Jahrhunderts an Eigendynamik. Italien war selbst noch nach dem Ersten Weltkrieg ein industrielles Schwellenland. Die partizipatorischen Motivationen, die der Prozess der Industrialisierung begünstigte, hatten

---

[382] A.a.O., S. 173.

also kaum eine Chance, gesamtgesellschaftlich wirksam zu werden. Dass also die in Italien und Deutschland nur schwach in den konservativen Stützmächten und schon gar nicht in der faschistischen Massenbasis verankerten liberal-demokratischen Strukturen erheblich zu deren Sieg beitrugen, dürfte außer Frage stehen.

Trotz dieser gemeinsamen Ausgangspunkte gestaltete sich das Verhältnis zwischen Modernisierung und Faschismus in Deutschland und Italien unterschiedlich. Vieles spricht dafür, dass der italienische Faschismus insofern modernisierender als sein deutsches Gegenstück wirkte, als von ihm – unterstützt und vorangetrieben von seinen konservativen Verbündeten vor allem in der Großindustrie – überhaupt erst massengestützte Impulse für den Aufbau eines industriellen, d.h. modernen Kapitalismus und einen diese Prozesse absichernden „starken Staat" ausgingen. Dies vorausgesetzt, lässt sich sagen, dass das Ordnungsdenken der bürgerlich-nationalistischen Stützmächte Mussolinis weitaus moderner auf die Integrationsprobleme einer klassengespaltenen industriellen Gesellschaft reagierte als die Wortführer der bürgerlichen Oberschicht in Deutschland. Ein nationalistischer Repräsentant des italienischen Großbürgertums wie Alfredo Rocco war nicht reaktionär in dem Sinne, dass er die Befriedigung der gesellschaftlichen Konflikte mit den Mitteln des alten autoritären Ordnungsstaates anstrebte. Vielmehr hielt er an den Klassenorganisationen von Kapital und Arbeit fest, um sie freilich im Rahmen des Korporatismus zu Agenturen der staatlichen Kontrolle umzufunktionieren. Die Entschärfung der Klassenkonflikte sollte durch die partielle Einbeziehung der antagonistischen Interessen unter der Kontrolle des totalen Staates erfolgen.[383] Rocco setzte daher von Anfang an auf die Zustimmung breiter Schichten zu diesem System einer korporativen Formierung der Gesellschaft jenseits der pluralistischen Willensbildungsprozesse der bürgerlich-liberalen Demokratie.

Ihr hatten weder die traditionellen deutschen Eliten noch ihr nationalsozialistischer Bündnispartner Vergleichbares entgegenzusetzen. Das „Gesetz zur Ordnung der nationalen Arbeit"[384] vom 20.1.1934 könnte als die sozialpolitische Ratifizierungsurkunde des Bündnisses zwischen der deutschen Unternehmerschaft und den nationalsozialistischen Machthabern bezeichnet werden. Es beseitigte in noch radikalerem Maße die autonome Vertretung von Arbeiterinteressen als das „Arbeits- und Antistreikgesetz"[385] vom 3.4.1926 im faschistischen Italien. Der Tarifvertrag und kollektive Lohnverhandlungen, in Italien zumindest akzeptiert, wurden in diesem Gesetz ersatzlos gestrichen. Treuhänder der Arbeit, die unmittelbar dem Reichsinnenministerium unterstanden, setzten autoritär die

---

[383] Vgl. Agnoli o. J., S. 46, 49.
[384] Vgl. Hirsch/Majer/Meinck 1984, S. 199-202.
[385] Vgl. Delzell 1970, S. 111-120.

allgemeinen Richtlinien über die Höhe der Löhne und Gehälter sowie die Arbeitsbedingungen fest. Innerhalb dieses Rahmens hatte der Unternehmer in seinen Entscheidungen freie Hand. Die Vertrauensräte, welche die demokratischen Betriebsräte ablösten, konnten kaum als gewerkschaftliche Vertreter der Arbeiter gelten; eher war das Gegenteil der Fall. Von den Unternehmern vorgeschlagen, bestand zwar die Möglichkeit, dass die nominierten Vertrauensleute von den Arbeitern abgelehnt wurden. Doch in diesem Fall ging das Ernennungsrecht auf die „Treuhänder der Arbeit" über, die im Konfliktfall stets den Interessen der Arbeitgeber verpflichtet waren. Auch die Institution des „sozialen Ehrengerichts" war durchaus arbeitgeberfreundlich. Sie diente nicht anders als die DAF und die Freizeitorganisation KdF der Disziplinierung der „Werksgemeinschaft" unter der Führung des Unternehmers. Ließen sie es diesem gegenüber an „Treuepflicht" vermissen, so drohten drakonische Strafen, welche die Einlieferung ins Konzentrationslager mit einschlossen. Zwar waren Streiks und Aussperrung verboten. Doch während das Gesetz alle möglichen Gründe, die die Unternehmer zur Aussperrung veranlassen könnte, beseitigte, beraubte es der Arbeiterschaft ihres wichtigsten Kampfmittels: des Streiks. „Unbestreitbare Tatsache bleibt, daß die Nationalsozialisten zentrale Merkmale der Modernisierung ausgemerzt haben – so die politische Partizipation der Bürger in freien Wahlen und die Institutionalisierung von Regelungsmechanismen des industriellen Konflikts. Mit der Zerschlagung der Gewerkschaften und anderer Verbände haben sie der Bevölkerung Bezugsgruppen entzogen, die alternativen Deutungsmustern der politischen und sozialen Ordnung hätten Geltung geben können. Damit wuchs die Wirksamkeit der Propaganda und die Chance, das Gesellschaftsbild der Bürger für die Dauer ihrer Herrschaft wirksam zu beeinflussen".[386]

Wie immer demgegenüber die „modernistisch-technokratische Wende" (Agnoli) im italienischen Faschismus einzustufen ist, so kommt man doch um die Feststellung nicht herum, dass er nicht in dem Maße parasitär von der überkommenen Struktur der bürgerlichen Gesellschaft und ihres Staates gelebt hat wie der Nationalsozialismus. So achtete der italienische Faschismus in seiner Kulturpolitik darauf, bei aller Betonung der Herrschaftsrepräsentation des Regimes nicht den Anschluss an die ästhetische Moderne, die vom NS rigoros abgelehnt wurde, zu verlieren: Von einer Reduktion der Beziehung zwischen Kunst und Politik auf eine gleichgeschaltete „Systemkunst" kann im faschistischen Italien nicht die Rede sein. „Einerseits stellen sich Bewegungen wie Futurismus, Novecento, abstrakte Kunst und Rationalismus dem Faschismus nicht entgegen, sondern bewerben sich alle darum, ihn zu repräsentieren; andererseits vermag die vielschichtige

---

[386] Alber 1989, S. 358.

Organisation des Staatsapparates – mittels eines durchdachten Systems von Mä-
zenatentum, Auftragsvergaben, Ausstellungen und Wettbewerben – das Einver-
ständnis der Künstler zu kontrollieren und ihnen trotz allem, in der Wahl vielfäl-
tiger Ausdrucksmöglichkeiten, eine gewisse Freiheit zuzugestehen".[387] Dass dieser eingeschränkte Pluralismus modernistischer Stilrichtungen z.B. als „aerodynamische Moderne" die Planungskoordination und das Design im italienischen
Bahnwesen innovatorisch prägte, ist bekannt: Sie beendete die eklektische histo-
risierende Architektur des Bahnhofsbaus der Vergangenheit und bahnte den Weg
für die „Entwicklung einer autochthonen technischen Kultur".[388] Ihr Signum war
der vom Futuristen Filippo Tommaso Marinetti beschworene Mythos der Maschine, der als „Verschmelzung der modernen Schiffe und der Flugzeuge mit
ihren großen Tragflügeln"[389] den neuen Bahnhöfen ihr Gepräge gab. Gewiss darf
die Modernisierungspotenz des italienischen Faschismus nicht überschätzt werden[390]: Der tiefgreifende gesellschaftliche und politische Wandel setzte erst nach
1945 ein. Doch ist auch vor seiner Minimierung zu warnen.: „Der von der Kritik
nach 1945 aufgestellte Gegensatz zwischen positiver, ,antifaschistischer' rationa-
listischer und negativer faschistisch-traditionalistischer Architektur läßt sich
nicht aufrechterhalten".[391]

Demgegenüber war der Nationalsozialismus zwar stark genug, das pluralistische Gefüge der liberalen Demokratie und die in ihm agierenden Massenorganisationen zu zerschlagen und durch ein totalitäres Einparteiensystem zu ersetzen. Aber er war zu schwach, alternative innovative Strukturen, die über ein
kurzfristiges Krisenmanagement hinausgingen, aufzubauen. Wie Hans Mommsen am Beispiel des Dritten Reiches zeigte, kam es bestenfalls zu einer „vorgetäuschten Modernisierung". Zwar wandte die NSDAP in den Wahlkämpfen der
Weimarer Republik moderne Werbemethoden an. Auch machte sie sich propagandistisch für die technische Motorisierung stark. Der KdF-Wagen und der Bau
von Autobahnen, die Unterstützung des Rennsports sowie die Forcierung des
Schiffs- und Flugzeugbaus stellten wichtige Elemente in der propagandistischen
Selbstdarstellung des Regimes dar. Auch schien das Dritte Reich die ökonomische Stagnation der Weimarer Republik ebenso zu beenden wie den beruflichen
Aufstiegsmöglichkeiten und der Verjüngung der Leitungsgremien ein weites
Feld zu eröffnen. Tatsächlich bestand „die modernisierende Wirkung des Re-
gimes vor allem darin, daß es bestehende Traditionen vielfach beiseite schob und

---

[387] Garofalo/Veresani 1994, S. 640.
[388] Columba 1994, S. 623
[389] A.a.O., S. 621.
[390] Vgl. Petersen 1988, S. 23.
[391] A.a.O., S. 12.

deren soziales Substrat im bürgerlichen und proletarischen Umfeld weitgehend zerstörte. In Einzelbereichen wie etwa beim BDM hatten die Formen, die das Regime an deren Stelle setzte, auch unbeabsichtigte emanzipatorische Wirkungen. Die von Schoenbaum umschriebene Vertauschung der Zweck-Mittel-Relation beschleunigte die seit der Epoche des Imperialismus anhaltenden Umschichtungsprozesse und die Abwanderung ländlicher Arbeitskräfte in die industriell geprägten Regionen".[392] Doch insgesamt brachte der Nationalsozialismus keine weiterwirkenden modernisierenden Konsequenzen hervor, die dauerhaft die überkommenen Einrichtungen hätten ersetzen können.

Diese Aussage lässt sich im Bereich der Technik, der Kultur, der Ideologie und der Gesellschaft verifizieren. Zwar mangelte es im Bereich der Technologie nicht an einschlägiger Kompetenz und Erfindungsgeist der Ingenieure. Aber das Defizit war die Umsetzung der wissenschaftlich-technischen Innovation, die an dem von den Nazis selbstverschuldeten Ämterchaos scheiterten. „In keinem der kriegsführenden Staaten erfolgte die Normierung von kriegswichtigen Gütern so unvollkommen wie im Dritten Reich. Die Flugzeugproduktion stellte ein einziges Fiasko dar, nicht weil die Techniker nicht in der Lage gewesen wären, mit der Rüstung der Westmächte schrittzuhalten – die Konstruktion der Me 262 verschaffte dem Deutschen Reich einen klaren technischen Vorsprung – , sondern weil es sich als unmöglich erwies, die auf dem Feld der Flugzeugproduktion kollidierenden Interessen auszugleichen, zu denen auch ideologisch motivierte Vorgaben Hitlers gehörten. Die Fehlentscheidung, anstelle der Jägerproduktion die materialaufwendige V 2 als Vergeltungswaffe zu produzieren, beleuchtet die mangelnde Rationalität der Rüstungspolitik des Regimes".[393] Auch kann nicht als Indiz für Modernisierung gewertet werden, dass führende jüdische Wissenschaftler vertrieben wurden. Abgesehen von der lähmenden Wirkung auf den Wissenschaftsbetrieb, hinterließen sie eine Kompetenzlücke, die nicht geschlossen werden konnte. Ihr entsprach „die tiefe Verachtung von Fachwissen, Expertentum und Verwaltungshandeln, die die NS-Funktionäre an den Tag legten".[394] Aber auch die NS-Ideologie kann nicht als Beleg für den Modernisierungswillen des Regimes gelten: Rückwärtsgewandt, war sie ein Produkt der wilhelminischen Ära und trotz ihrer futuristischen Visionen ebenso reaktionär wie das geistige Klima des Dritten Reiches, das eine „kulturelle Reaktion (repräsentierte). Nur auf dem Gebiet des Films konnte das Regime beanspruchen, einen ernst zu nehmenden kulturellen Beitrag geleistet zu haben. In Literatur und Kunst hingegen

---

[392] Mommsen 1990, S. 42.
[393] A.a.O., S. 41.
[394] A.a.O., S. 42.

brachte es ebenso wenig einen eigenständigen Stil zuwege, und brillierte allenfalls in der Entfaltung öffentlicher Propagandarituale".[395]

Im Übrigen sind die rezessiven Züge des Politik- und Gesellschaftsverständnisses oft hervorgehoben worden: Sie haben ihr Zentrum in der Ablehnung klarer Kompetenzregelungen und effizienter Arbeitsteilung zugunsten eines charismatischen Führer-Gefolgschafts-Verhältnisse, dessen atavistische neofeudale Stoßrichtung in der geplanten Neuordnung der besiegten osteuropäischen Länder der Welt vor Augen geführt wurde: eine kleine Schicht von deutschen „Herrenmenschen" steht einer Masse rechtloser Heloten gegenüber, die eher der spartanischen Sklavenhaltergesellschaft als einem modernen Gemeinwesen gleicht. Auch wenn – entgegen der These Dahrendorfs – die Sozialmilieus im Dritten Reich nicht zerstört wurden, sondern – wie die Wahlen von 1949 zeigten – eine bruchlose Identität mit der Weimarer Republik aufwiesen, ist nicht auszuschließen, dass die Nazis tatsächlich punktuell traditionale Relikte der deutschen Gesellschaft – wie die Hegemonie des Adels im Heer und in der staatlichen Bürokratie – zerschlugen. Aber die so gegen die eigene ideologische Intention erfolgte Bahnung des Wegs in eine liberale Gesellschaft ist bestenfalls die Schaffung gewisser Rahmenbedingungen für eine politische und soziale Modernisierung, aber nicht diese selbst. Doch sogar dieser These stehen Befunde gegenüber, die den Nationalsozialismus als selbstdestruktive Kraft ausweisen, welche die Grundlagen der Modernisierung, nämlich gewaltlose Steuerungs- und Konsensbeschaffungsmechanismen, eher systematisch zerschlug: In dem Maße, wie das Charisma der faschistischen Herrschaft zu veralltäglichen drohte, sich die Möglichkeiten der Konsumbefriedigung der Massen angesichts der gewaltigen Rüstungsausgaben reduzierten und, wie gezeigt, die Arbeitsbeziehungen auf ein vormodernes Zwangssystem heruntergestuft wurden, das jede Form der Mitbestimmung von vornherein ausschloss, musste das Regime zunehmend auf offenen Terror setzen. „Tatsächlich stieg die Zahl der KZ Häftlinge von rund 27 000 im Sommer 1933 über 95 000 im Jahr 1942 bis auf 714 000 im Jahr 1945 an. Die Zahl der Delikte, auf die die Todesstrafe stand, wuchs zwischen 1933 und 1943 von 3 auf 46. Die Zahl der Todesurteile erhöhte sich von 23 im Jahr 1938 auf 926 im Jahr 1940 und verdoppelte sich danach fast im Jahresrythmus, bis 1943 ein Höchststand von 4438 erreicht wurde. Am Ende des NS-Regimes waren Historiker-Schätzungen zufolge rd. 2 Prozent der deutschen Bevölkerung, das sind etwa 1,4 Millionen Menschen, mindestens einmal der Verfolgung und Verhaftung durch das Regime ausgesetzt".[396]

---

[395] A.a.O., S. 41.
[396] Alber 1989, S. 357.

Tatsächlich sind die empirischen Befunde, die gegen eine Modernisierungstendenz des Dritten Reiches sprechen, ernüchternd. So setzte eine Liberalisierung der Familienstruktur erst in der Bundesrepublik ein. Sie ermöglichte es auch den Frauen, in dynamischer Steigerung Zugang zum Berufsleben zu finden. Bei der Elitenrekrutierung wurden ebenfalls moderne Kriterien erst nach 1945 wieder relevant. Auch spricht das empirische Material nicht dafür, dass sich die Chancengleichheit nach universalistischen Kriterien im Dritten Reich vergrößerte. Jens Alber kommt nach Prüfung aller verwertbaren empirischen Befunde zu dem Schluss, dass „erst die Zerstörung des nationalsozialistischen Regimes, die darauf folgende Teilung Deutschlands, die die Sozialstruktur der Bundesrepublik von einigen traditionellen Bürden entlastete, und die Integration der Bundesrepublik in die Kultur-, Wirtschafts- und Verteidigungsgemeinschaft des Westens (...) die Grundlagen für eine erfolgreiche Modernisierung des Landes" schufen, „die einen radikalen Kontinuitätsbruch mit der deutschen Vergangenheit darstellt."[397] Mit dieser Feststellung ist ein Problem aufgeworfen, das im Zentrum geistesgeschichtlicher Diagnosen der Ursachen und der Struktur des Dritten Reiches steht. Ist der Nationalsozialismus eine von außen auf die deutsche Geschichte einwirkende Kraft gewesen oder muss er als deren Resultat angesehen werden? Der Kontroverse über diese Frage, die gleich nach dem Ende des Zweiten Weltkrieges ausbrach, haben wir uns im Folgenden zuzuwenden.

---

[397] A.a.O., S. 358.

Siebentes Kapitel
Geistesgeschichtliche Faschismusdiagnosen

§ 1 Die unterschiedlichen Ausgangsbedingungen in Italien und Deutschland

Wer die gemeinsamen Ausgangsbedingungen des Faschismus in Italien und
Deutschland untersuchen will, kommt um die Feststellung nicht herum, dass
beide Länder im Vergleich zu Frankreich, England und den Vereinigten Staaten
„verspätete" Nationen sind. Wenn in Deutschland Preußen die Bildung des Nationalstaates vorantrieb, so hat in Italien Piemont diese Rolle gespielt. Gleichzeitig
ließ die innenpolitische Stoßrichtung des nationalen Vereinigungsprozesses ihre
außenpolitische Entsprechung in dem Ziel erkennen, sich nicht mit der Rolle
einer Mittelmacht zufrieden zu geben, sondern in den Kreis der Großmächte
aufzusteigen. Sowohl der italienische Faschismus als auch der deutsche Nationalsozialismus waren sich in diesem Bestreben mit ihren konservativen Bündnispartnern einig, dass ein solcher Anspruch nur über die Entfaltung eines imperia-
len Machtstaates realistisch war. Dennoch darf ein entscheidender Unterschied in
der Entwicklung dieser beiden „verspäteten" Nationen nicht übersehen werden:
„Das Verhältnis zwischen Freiheit und Einheit entsprach in Preußen und Piemont jeweils ganz verschiedenen politischen (und kulturellen) Weltanschauun-
gen. In Italien wußte man beide Faktoren in einer ausgewogeneren Weise zu
verbinden, allerdings um den Preis einer Beweglichkeit bis hin zur Instabilität.
Aufgrund dessen vermochte man zwar nicht dieselben positiven Ergebnisse in
der Macht- und und Industriepolitik hervorzubringen wie in Deutschland, vermied aber jene Extreme, die später in Deutschland auf einen tragischen Sonderweg führten".[398]

Diese Differenz brach nach dem Ende der faschistischen Regime in Italien
und Deutschland – wie in einem Brennspiegel fokussiert – auf und warf ein grel-
les Licht auf die divergierende Entwicklung beider Diktaturen nach ihrer Konsolidierungsphase. Wie in dieser Darstellung gezeigt, gelangte zwar in beiden Ländern der Faschismus nur mit Hilfe seiner konservativen Stützmächte an die
Macht. Doch für die italienische Entwicklung ist konstitutiv, dass sich die letzteren noch vor der militärischen Kapitulation Italiens am 8. September 1943 aus

---

[398] Ferraris 1988, S. 25.

dem Bündnis mit dem Faschismus aus eigener Kraft zu lösen vermochten, das mit dem innenpolitischen Sturz Mussolinis am 25. Juli 1943 beendet war. Es ist sicherlich nicht übertrieben, wenn man die Zeit zwischen dem Ende der Diktatur und dem 8. September 1943 als den absoluten Tiefpunkt in der Geschichte des italienischen Einheitsstaates betrachtet. Doch zugleich signalisierte er aber auch seinen Neubeginn. „Italien verfügte über reiche positive Erfahrungen im auf Freiwilligkeit, Spontanität und Charisma aufbauenden Guerilla-Krieg, für die der Name Garibaldi steht. Diese Traditionen lebten mit großer Intensität und in erneuerten Formen der 'Resistenza' wieder auf. Während mehr als 600 000 Italiener in eine harte deutsche Kriegsgefangenschaft gingen und die in Bürgerkrieg und Krieg verstrickte Nation in Resignation und Apathie zu versinken drohte, stiegen erste kleine Gruppen von bewaffneten Jugendlichen in die Berge, organisierte sich in den Städten in der Illegalität der antifaschistische Widerstand. Aus der Illegalität und dem Widerstand heraus organisierte sich das neue Parteiensystem, bildete sich eine neue Elite, fand die Nation ein neues moralisch-politisches Selbstbewußtsein. ,Das Wort Vaterland bekam endlich wieder einen humanen und brüderlichen Sinn' (Galante Garrone)".[399]

Demgegenüber gelang es den traditionellen Eliten in Deutschland nicht, sich aus eigener Kraft aus der Hegemonie des Nationalsozialismus zu befreien. Der militärische Widerstand unter Goerdeler, Beck und Stauffenberg gegen Hitler scheiterte. Ob er selbst im Fall des Gelingens jemals eine Legitimationsgrundlage in den Massen gefunden hätte, kann bezweifelt werden. Ausgehend von Neuordnungsvorstellungen, die dem vordemokratischen Zeitalter verpflichtet waren, gingen aus ihrem Scheitern auch keine Impulse für eine breite soziale Bewegung hervor, welche mit der italienischen Resistenza vergleichbar gewesen wäre. Die bedingungslose militärische Kapitulation des Deutschen Reiches im Mai 1945 wurde von großen Teilen der deutschen Bevölkerung keineswegs als Tag ihrer Befreiung empfunden – abgesehen freilich von den zahlreichen Opfern des nationalsozialistischen Regimes. Wie konnte es dazu kommen, dass die große Mehrheit in Deutschland – im Gegensatz zu Italien – Hitler und seiner Diktatur bis zum Schluss die Treue hielt, als das Dritte Reich längst zu einem Trümmerhaufen herabgesunken war? Wie war es möglich, dass eine kleine Gruppe entschlossener Desperados eine der großen Kulturnationen und führenden Industriestaaten der Welt in die größte militärische und moralische Niederlage ihrer Geschichte hineinmanövrierte? War das Dritte Reich ein „Betriebsunfall" der deutschen Geschichte oder deren notwendiges Resultat? Was konnte getan werden, um einer Wiederholung der katastrophalen Entwicklung entgegen zu wirken? Und gab es

---

[399] Petersen 1988, S. 14.

überhaupt vom Nationalsozialismus nicht korrumpierte Tendenzen der Geschichte, die als Kristallisationskern einer neuen deutschen Identität dienen konnten? Diese Fragen weckten in Teilen der deutschen Eliten das Bedürfnis, ihre eigene Rolle im Dritten Reich zu reflektieren und gleichzeitig nach Auswegen aus der Krise zu suchen.

§ 2   Friedrich Meinecke und die „deutsche Katastrophe"

Es war der Historiker Friedrich Meinecke, der sich als einer der ersten Repräsentanten des deutschen Bildungsbürgertums nach dem Zweiten Weltkrieg dieser Herausforderung stellte: Er veröffentlichte bereits 1946 sein Buch „Die deutsche Katastrophe"[400], das mehrere Auflagen erlebte. Subjektiv ehrlich geschrieben, ist seine Bekenntnisschrift ein wichtiges Zeitdokument, das es verdient, unbedingt Ernst genommen zu werden.[401] Tatsächlich kann niemand nach unvoreingenommener Lektüre des Textes bestreiten, dass hier einer der führenden deutschen Historiker der ersten Hälfte des 20. Jahrhunderts zu einer umfassenden Kritik des Dritten Reichs ansetzte. Aus politischen Gründen 1935 von seiner Funktion als Herausgeber der „Historischen Zeitschrift" entbunden, war Meinecke zu keinem Zeitpunkt Mitglied der NSDAP. „Ich habe von vornherein die Machtergreifung Hitlers als den Beginn eines allergrößten Unglücks für Deutschland angesehen und meine Auffassung in zahllosen Gesprächen mit urteilsfähigen Zeitgenossen immer wieder überprüft und vervollständigt. Es ist das geistige und politische Gegenlager zu Hitler, das dadurch hier zu Worte kommt, zumal auch in den Erinnerungen, die mit den Betrachtungen verknüpft wurden. Was ich im Austausch mit Männern wie Groener, Brüning, Beck und anderen gehört habe, durfte ich, soweit es historisch bedeutsam war, nicht untergehen lassen".[402] Ausdrücklich stimmte er dem Diktum General Groeners zu, die Reichswehr hätte Hitler

---

[400] Vgl. Kershaw 2002, S. 20f.
[401] Der Historiker Friedrich Meinecke wurde am 30.10. 1862 in Salzwedel geboren; er starb in Berlin (West) am 6.2.1954. Schüler J. G. Droysens, H. von Sybels und H. von Treitschkes wurde er 1901 Professor in Straßburg, 1906 in Freiburg im Breisgau und 1914-1928 in Berlin. Der Ausgangspunkt seiner Forschungen war das Zeitalter der deutschen Erhebung gegen Napoleon. Mit seinem Werk „Weltbürgertum und Nationalstaat" (1908) wurde er der Begründer der politischen Ideengeschichte. Ihm ging es weniger um den Ablauf des Geschehens als vielmehr um die Erhellung der in der Geschichte wirksamen Ideen. Im Historismus als der vorwiegend auf das Historische ausgerichteten Betrachtungsweise in allen Geisteswissenschaften sah er den wichtigsten deutschen Beitrag zum abendländischen Denken seit der Reformation. Im Ersten Weltkrieg wurde Meinecke zu einem Gegner der Annexionspolitik und rechnete sich den bürgerlichen Linken zu. Den Nationalsozialismus lehnte er bedingungslos ab und warnte 1933 öffentlich vor ihm. 1894 bis 1935 war er Herausgeber der „Historischen Zeitschrift", von 1928 bis 34 Vorsitzender der Historischen Reichskommission (Quelle: Brockhaus Enzyklodädie, 22. Auflage, Bd. 14, S. 414).
[402] Meinecke 1946, S. 7.

und seine Bewegung gewaltsam niederwerfen müssen: So tief sei die Kluft „zwischen Hitlergeist und gesundem deutschen Geist"[403] gewesen. Wenn die Prämisse aller Konzeptionen über den Faschismus zutrifft, dass sie in Opposition zu ihm entwickelt wurden, dann hat Meinecke mit seinem Buch dieses Kriterium erfüllt.

Doch die Frage ist, durch welche Strukturmerkmale eine aus geistesgeschichtlicher Sicht kritische Analyse des Faschismus charakterisiert ist, die sich strikt abgrenzt von einer marxistischen oder auch nur konsequent soziologischen Deutung des zur Diskussion stehenden Phänomens. Wer sich dem konzeptionellen Paradigma Meineckes annähern will, ist gut beraten, verschiedene Ebenen seines Deutungsmusters zu unterscheiden. An welchem Kriterium misst er den Nationalsozialismus, wenn er diesen vom „gesunden deutschen Geist" absetzt? Welche Qualität ordnet er dem deutschen Faschismus und seinem „Führer" zu? Sodann muss geklärt werden, worin Meinecke die allgemeinen Voraussetzungen der nationalsozialistischen Fehlentwicklung sah und welche historischen Triebkräfte sie schließlich zur Realität werden ließen. Und schließlich ist zu erörtern, inwiefern das Dritte Reich in die Kontinuität der deutschen Geschichte eingeordnet werden kann. Erst wenn diese Fragen hinreichend beantwortet sind, ist eine begründete Beurteilung des Kritikmusters möglich, an dem Meinecke die durch den Faschismus bewirkte deutsche Katastrophe misst.

Was den ersten Untersuchungskomplex betrifft, so lässt Meinecke den Leser nicht im Unklaren, worin er den Kern der „gesunden" deutschen Staatlichkeit sieht: Es ist die angeblich gelungene Synthese von Geist und Macht sowie ihr sich gegenseitig korrigierendes Verhältnis, welche im 19. Jahrhundert zur Zeit der Stein-Hardenbergschen Reformen, in der von Meinecke so bewunderten Goethe-Zeit und – wenn auch nicht unbedingt hegemonial – noch deutlich erkennbar auch im Kaiserreich von 1871 bis 1914 aufleuchtet. Zwar war das „heilige Erbe der Goethezeit"[404] als das unübertroffene Signum der „gesunden" deutschen Geschichte immer auch bedroht vom borniertem Militarismus preußischer Observanz. Doch bis zum Ersten Weltkrieg, so wird man Meinecke interpretieren müssen, bewegte sich die deutsche Geschichte innerhalb einer gesamteuropäischen Normalität. Ihr Absturz setzte erst im Januar 1933 mit der Machtübergabe an Hitler ein. Was nun folgte, das Dritte Reich, war ein solcher abrupter Bruch mit der deutschen Geschichte, dass es weder mit sozio-ökonomischen noch mit historischen, sondern nur noch mit theologisch-apokalyptischen Kategorien zu fassen ist. Das Werk Hitlers müsse „zu den Durchbrüchen eines satanischen Prinzips in der Weltgeschichte gerechnet werden".[405] Wer vom Dritten Reich rede, dürfe

---

[403] A.a.O., S. 74.
[404] A.a.O., S.21.
[405] A.a.O., S.26.

daher den „Untergrund satanischer Mittel"[406], auf dem es gründe, nicht uner-
wähnt lassen. Die entscheidende Pointe dieses Erklärungsmusters ist die Korrelation zwischen der Dämonisierung und der Personalisierung geschichtsmächtiger
Kräfte, die im Kontext der Entstehung des Dritten Reiches von außen auf die im
Prinzip „normal" verlaufende deutsche Geschichte als eine fremde Gewalt eingewirkt haben. Hitlers Wesen und Wirken, so Meinecke, seien „trotz dessen engs-
ter Verknüpfung mit dem deutschen Leben seiner Zeit etwas ganz Singuläres,
uns Fremdes und schwer Begreifliches".[407] Seine Egozentrik bediente sich zwar
der „vorhandenen geschichtlichen Kräfte und (der) Wunschbilder seiner deutschen Zeitgenossen wohl mit ungeheurer Energie (...), ohne doch ganz innerlich
und wurzelhaft mit ihnen verwachsen zu sein".[408] Die Personalisierung der historischen Entwicklung zum Dritten Reich aber manifestierte sich Meinecke zufolge
in der nationalsozialistischen Massenbewegung selbst. „Sie ist eines der großen
Beispiele für die singuläre und unberechenbare Macht der Persönlichkeit im
geschichtlichen Leben – hier nun der schlechthin dämonischen Persönlichkeit.
Wer anders als eine solche hätte es vermocht, jenen Verbrecherklub zu organisieren, der das deutsche Volk zu umklammern und auszusaugen vermochte?".[409]

Wie konnten nun aber diese dämonischen Kräfte, personalisiert in Hitler, die
„gesunde Staatlichkeit" Deutschlands zerstören und dadurch die deutsche Katastrophe des Dritten Reiches ermöglichen? Neben dem „Machtrausch weiter
Teile des höheren Bürgertums seit der Bismarckzeit, ihre Entgleisung und Mate-
rialisierung"[410], der Verengung und Erstarrung des preußischen Militarismus
sowie der im Zuge der Industrialisierung erfolgten Umwandlung des *homo sa-
piens* in den *homo faber* und der damit angeblich verbundenen „Entseelung"[411]
betont Meinecke vor allem die Heraufkunft der Massen im 19. Jahrhundert als
Faktor der Politik. Sie seien das gesellschaftliche Substrat der beiden „Wellen"
dieser Epoche, in deren möglicher Synthese Meinecke eine wichtige Bedingung
der Möglichkeit des Dritten Reiches sieht, nämlich die Woge des Nationalismus
bereits nach den Befreiungskriegen und dann in der zweiten Hälfte des 19. Jahrhunderts die Flut des Sozialismus. Während die erste Welle ihre Massenbasis im
Mittelstand hatte, wurde die zweite vom Industrieproletariat getragen. Bereits
Jakob Burckhardt habe „in den optimistischen Illusionen der Aufklärungszeit
und der Französischen Revolution (...) den Keim des Unheils, des falschen Stre-
bens nach unerreichbarem Menschenglück der Massen" antizipiert, „was sich

---

[406] A.a.O., S. 106.
[407] A.a.O., S. 89.
[408] A.a.O., S. 89f.
[409] A.a.O., S. 141.
[410] Ebd.
[411] Vgl. ebd.

dann in Erwerbssinn, Machtsinn und allgemeines Streben nach Wohlleben um-
setzte".[412] Diese Situation der Auflösung der alten Ordnung und der Notwendigkeit des Aufbaus neuer gewaltsamer Bindungen begünstigte die Demagogie der
politischen Abenteurer vom Schlage Hitlers. Er und seine Kumpanen gehörten zu
jenen „Raubtiernaturen", die es in jedem Volk gebe. „Sie stecken in den dämonischen Tiefen der Gesellschaft, springen hervor in Zeiten der Revolution und des
Unglaubens und werden zu den *terribles simplificateurs*".[413]

Diese pejorative Stigmatisierung der Massen wirft ein charakteristisches
Licht auf den sozio-politischen Standort Meineckes und zeigt zugleich die Grenzen seiner Kritik am Dritten Reich auf. Mehrfach identifiziert sich Meinecke mit
den oppositionellen Strömungen des konservativen Lagers der Weimarer Republik: Seine politischen Referenzfiguren sind die Generäle Groener und Beck sowie
der ehemalige von der Sozialdemokratie tolerierte Reichskanzler Brüning. Auch
Meinecke lässt in seinem Buch mit keinem Wort erkennen, dass er zurück zur
Demokratie der Weimarer Reichsverfassung wollte. Deren Reform auf dem Niveau der autoritären Präsidialkabinette – allerdings auf rechtsstaatlicher Grundlage und unter Beibehaltung der kulturellen Standards der Weimarer Klassik –
waren auch für ihn offenbar das Ziel, welches ihm als Lösung der Verfassungskrise der Jahre 1930 bis 1932 vorschwebte. Dieser Schluss ist auch dann nahe
liegend, wenn man sich die Demokratiephobie Meineckes vor Augen hält. In
Anlehnung an Jakob Burckhardt betont er wiederholt, die Freiheitsgelüste der
Massen liefen auf ihre eigene Negation hinaus: „Zur Misere ihres täglichen Daseins könnten sie dann jeden Morgen mit Trommelschlag antreten und abends
mit Trommelschlag wieder nach Hause geleitet werden. Also als abendländi-
sches, nicht bloß als deutsches Problem, als Geschichtsproblem einer verfallenden
Kultur überhaupt, sah Burckhardt diese Dinge sich vollziehen. Das Beispiel
Frankreichs, der zweimalige Umschlag daselbst von Demokratie und Cäsarismus
beschäftigte seine historische und prophetische Phantasie".[414] Zwar konzedierte
Meinecke die Mitverantwortung und Schuld des deutschen Bürgertums „an
allem, was die Katastrophen und insbesondere das Emporkommen des Nationalsozialismus vorbereitet hat"[415], sei nicht gering: Er nennt dessen chauvinistischen
Egoismus, dessen Bedenkenlosigkeit in der Wahl der Mittel und dessen Gleichgültigkeit gegenüber den Erfordernissen eines europäischen Zusammenlebens.

---

[412] A.a.O., S. 10.
[413] A.a.O., S. 136.
[414] A.a.O., S.10.
[415] A.a.O., S.36.

Doch den größten Beitrag für die Bereitung des Nährbodens des Faschismus sah Meinecke im so genannten „Massenmachiavellismus".[416]

Einst die Angelegenheit einer kleinen Aristokratie, sei er im Zuge der Nationalisierung der Massen nun die Sache immer weiter von unten nachdrängender Schichten geworden. „Damit vermehrten sich aber auch die Schlüssel zum Giftschrank, in dem die Essenzen des Machiavellismus lagen".[417] Als dessen gefährlichste Spielart habe sich das „Hitlermenschentum" erwiesen, weil ihm zur Befriedigung seines Hedonismus jedes Mittel recht sei. Andererseits muss Meinecke zugeben, dass es nicht nur die Massen waren, die Hitler zur Macht verhalfen: In keiner freien Wahl konnte er die absolute Mehrheit der Stimmen auf sich vereinigen. Es waren die Repräsentanten der konservativen Eliten wie der Reichspräsident von Hindenburg, die ihm auf der Grundlage des Art. 48 WRV im Rahmen eines Präsidialkabinetts die Macht übergaben. Wenn aber in letzter Instanz die Entstehung des Dritten Reiches auch ein Elitenproblem ist, müssen wir an Meinecke die Frage richten, wie es zu diesem Schritt kommen konnte. An keiner Stelle ist sein Buch ratloser und analytisch schwächer als in seiner Darstellung der Bündniskonstellation zwischen den konservativen Stützmächten und der nationalsozialistischen Massenbewegung. Der Weg ins Dritte Reich ist nach Meinecke nämlich mit den Steinen der Kontingenz gepflastert. Als ob es nie eine „Harzburger Front", also die Koalition zwischen Nazis, Deutschnationalen und dem Stahlhelm gegeben hat, sei es Hugenberg nur deswegen gelungen, seinen Bündniskurs in der eigenen Partei durchzusetzen, weil eine Reihe von stimmberechtigten Parteimitgliedern in der entscheidenden Sitzung fehlten.[418] Meinecke bedauert das moralische Versagen des „senilen" Reichspräsidenten, der angeblich auch anders hätte entscheiden können: als ob Hindenburgs Umgebung nicht längst Einflüssen erlegen wäre, die endgültig einen Schlussstrich unter die pluralistische und soziale Demokratie der Weimarer Republik ziehen wollten, um die sozio-politischen Verhältnisse der Kaiserzeit wieder einzuführen.[419] Und das Bedauern Groeners über sein Versäumnis, Hitler und seine Bewegung nicht mit militärischer Gewalt zerschlagen zu haben, kann nicht darüber hinwegtäuschen, dass die Reichswehr die Weimarer Republik mehr schwächte als ihr einen zuverlässigen machtpolitischen Halt zu verschaffen.

Niemand wird Meinecke widersprechen wollen, dass in der Geschichte sowohl der subjektive Faktor als auch die Kontingenz der objektiven Ereignisse eine bedeutende Rolle spielen. Und gewiss war das Dritte Reich kein unabwend-

---

[416] A.a.O., S. S. 81f.
[417] A.a.O., S. 81.
[418] Vgl. a.a.O., S.93.
[419] Vgl. a.a.O., S. 94f.

bares Schicksal ohne alternative Lösungen der Weimarer Verfassungskrise. Aber Individuen handeln immer auch in Kontexten und Strukturen, die sie nur bedingt verändern können und daher bewusst oder unbewusst auf ihre subjektive Handlungsdisposition einwirken. Wenn aber diese Einschätzung zutrifft, begeht Meinecke genau den Fehler, den wir der sowjetmarxistischen Analyse[420] vorwerfen müssen: Während letztere den Faschismus verfehlt, weil sie ihn ohne Rest der gesellschaftlichen Interessenlage führender Kapitalfraktionen subsumiert, läuft Meinecke Gefahr, das Versagen der herrschenden Eliten zu exkulpieren, indem er diese zum Opfer der angeblichen Dämonie des Nationalsozialismus und ihres Führers erklärt. Diese analytische und kognitive Kapitulation vor dem faschistischen Syndrom widerspiegelt sich selbst noch in seinen Versuchen, nach dem Zusammenbruch des Nazi-Regimes Perspektiven nach vorn zu entwickeln. So schlägt er die Gründung landesweit vernetzter Goethe-Gesellschaften vor, um durch deren kulturelle Aktivitäten die geistigen Nachwirkungen des Nationalsozialismus im Nachkriegsdeutschland effektiv zu bekämpfen. Doch dass gerade auch die Weimarer Klassik ein Indiz der Entpolitisierung großer Teile des deutschen Bürgertums ist, erwähnt Meinecke nicht. Er verschweigt auch, dass das Erbe Bismarcks diese Tendenz begünstigte, die mit der Flucht in die Innerlichkeit der Kulturnation begann. Gerade dass Bismarck keine fähige politische Elite hinterließ, war ein entscheidender Grund für den Bruch mit den positiven Tendenzen seiner Politik, die Meinecke zu Recht betont: „Wäre die Bismarcksche Vorsicht und weise Behutsamkeit in der Europa- und Weltpolitik seiner Nachfolger auch weiter geübt worden, so hätten wir auch die Gefahrenzone der imperialistischen Ära ungeschädigt durchschreiten und vielleicht auch in der Heilung unserer inneren Schäden vorankommen können".[421] So aber schlitterte eine unfähige politische Klasse nicht nur dilettantisch in den Ersten Weltkrieg hinein. Fast noch katastrophaler wirkte sich aus, dass sie in der Endphase der Weimarer Republik – ohne ein Konzept des demokratischen Umganges mit den Massen – dem Faschismus im Kern naiv gegenüberstand.

Trotz der subjektiv ehrlichen Bemühungen Meineckes wirkt seine Kritik am Dritten Reich hilflos[422], weil er die ihm zugrunde liegende soziale Bewegung personalisiert und Hitler zu einem Dämon der Weltgeschichte stilisiert. Die geschichtspolitische Stoßrichtung eines solchen Argumentationsmusters ist evident: Der Faschismus ist nicht wirklich die Folge der deutschen Geschichte. Vielmehr wurde er von Kräften angetrieben, die gleichsam von außen in die an sich positive Entwicklung des deutschen Staates eingriffen und diesen in die Katastrophe

---

[420] Vgl. Kapitel II, §§ 1-4.
[421] Meinecke 1946, S.86.
[422] Vgl. zu diesem nicht nur für Meinecke charakteristischen Phänomen auch Haug 1967.

des Dritten Reiches stürzten. Dieses Muster personaler Dämonisierung des Nationalsozialismus reiht sich in eine Fülle von Versuchen unmittelbar nach dem Zweiten Weltkrieg auch in der angloamerikanischen Welt ein, die eine pathologische Fehlentwicklung Deutschlands von Luther zu Hitler ausmachen zu können glaubten.[423] Wir haben zu prüfen, ob der Historiker Gerhard Ritter, ein aktiver Widerstandskämpfer im Umkreis von Carl Goerdeler, in seiner Auseinandersetzung mit dem nationalsozialistischen Regime Meineckes Paradigma bestätigte oder ob er es in entscheidenden Aspekten korrigierte.

§ 3 Gerhard Ritter und das deutsche Geschichtsbild nach 1945

Auch Gerhard Ritter[424] ist zu attestieren, dass er ähnlich wie Friedrich Meinecke eine kritische Auseinandersetzung mit dem Dritten Reich anstrebte: Sie ist durchaus als eine geistesgeschichtlich inspirierte Faschismuskonzeption zu lesen, die allein schon deswegen ernst genommen zu werden verdient, weil Ritter als Mitglied des Goerdelerkreises am 1.11. 1944 von der Gestapo verhaftet und, vor den Volksgerichtshof in Berlin gestellt, erst am 25.4.1945 aus dem Gefängnis in Berlin befreit wurde. Als seine Schrift „Europa und die deutsche Frage"[425] 1948 zuerst erschienen war und 1962 in zweiter Auflage unter dem Titel „Das deutsche Problem. Grundfragen deutschen Staatslebens gestern und heute"[426] publiziert wurde, griff er bewusst in die damals laufende Debatte über die Revision des deutschen Geschichtsbildes ein, das im Zuge der einsetzenden *reeducation* auf der politischen Tagesordnung stand. War die deutsche Geschichte nach der Katastrophe des Dritten Reiches ein einziger Irrweg, wie Alexander Abusch in der damaligen SBZ verkünden zu müssen glaubte? Ist Deutschland tatsächlich das „Zentrum aller Gefahren für den Frieden Europas"[427]? Muss Hitler, der „neue Dschingis-Khan, als Erbe und konsequenter Fortsetzer alter deutscher Tradition"[428] betrachtet werden? Ist sein Drittes Reich nichts weiter als das Endprodukt

---

[423] Vgl. Kershaw 2002, S. 21.
[424] Der Historiker Gerhard Ritter wurde in Sooden, heute Bad Sooden-Allendorf, am 6.4.1888 geboren; er starb in Freiburg im Breisgau am 1.7.1967. Schüler Hermann Onckens wurde er 1924 Professor in Hamburg, dann in Freiburg im Breisgau (1925-1956). Während des Dritten Reiches gehörte er dem Widerstandskreis um C. F. Goerdeler an und war 1944/45 in Haft. Nach 1945 war er maßgeblich an der Wiederbelebung der deutschen Geschichtswissenschaft beteiligt. Ritter ist ein wichtiger Vertreter der klassischen nationalstaatlichen, pro-preußischen-protestantischen Tradition der deutschen Geschichtsschreibung (Quelle: Brockhaus Enzyklopädie, 22. Auflage, Bd. 18, S. 447).
[425] Vgl. hierzu Kershaw 2002, S. 21f.
[426] Vgl. Ritter 1962.
[427] Ritter 1948, S. 9.
[428] Ebd.

„in der Entwicklung preußisch-deutschen Staatsdenkens"[429]? Und war der „brutale Eroberungs- und Angriffsgeist, der den Zweiten Weltkrieg entfesselte, von jeher das Kennzeichen preußisch-deutscher Politik"[430]?

Die Stärke der Analyse Ritters ist darin zu sehen, dass es ihm gelingt, die sowjetmarxistische Ineinssetzung von preußisch geprägtem Konservatismus und Nationalsozialismus und damit die Kontinuität des Politikverständnisses von Friedrich II. und Bismarck einerseits und Hitler andererseits zu destruieren. Wenn Friederich II. auch ein Machtpolitiker *par excellence* war, so schlug doch auch, wie Ritter betont, die Seele der Aufklärung in seiner Brust, die ihn den Antimachiavelli schreiben und ihn den Kontakt mit der französischen Aufklärung, allen voran mit Voltaire, suchen ließ. „Er wollte nicht bloß Feldherr", schreibt Ritter zu Recht, „sondern zugleich humanitärer 'Philosoph von Sanssouci' sein – nicht bloß Cäsar, sondern auch Marc Aurel nachstreben. Die Schwierigkeit, das eine mit dem anderen zu vereinigen, macht die Problematik und das innerste Geheimnis seines Lebens aus. Es unterscheidet ihn aber ganz deutlich von jenen brutalen Klischeebildern des 'Borussizismus', mit denen die heutige Parteipolemik sein Andenken zu vernebeln pflegt".[431] Aber auch von der Primitivität eines Adolf Hitler sei er ebenso weit entfernt gewesen, „wie das Flötenkonzert von Sanssouci vom Horst-Wessel-Lied".[432] Diese qualitative Differenz schlägt sich Ritter zufolge in dem nieder, was allgemein unter preußischen Tugenden verstanden wird: strenge Rechtlichkeit, Sparsamkeit, Gewissenhaftigkeit und Sachlichkeit. Dieser Tugendkodex aber sei unvereinbar mit der „Verlogenheit, Gewissenlosigkeit, Korruption, Verschwendungssucht und dem militärischen Dilettantismus der neuen Machthaber", aber auch mit dem ganzen System „rechtloser Willkür der Polizeiorgane", sowie der „Gesinnungsschnüffelei und politischen Streberei, die auch im Offizierskorps eindrangen", mit der „Vermischung militärischer und politischer Aufgaben der SS" und der „gewaltsamen Politisierung der Armee im Sinn einer Parteidoktrin".[433]

Aber auch von Bismarcks Politikverständnis führt Ritter zufolge keine Brücke zu Hitlers visionärem Größenwahn, der in letzter Instanz auf die Weltherrschaft hinauslief. Das, was Bismarck von dem modernen Nationalisten und Abenteurer Hitler trennt, ist Ritter zufolge nicht nur die „Unvergleichbarkeit des geistigen Ranges und der menschlichen Qualitäten".[434] Was Hitler meisterhaft verstand, nämlich die nationalen Leidenschaften der Massen anzustacheln und für seine

---

[429] A.a.O., S. 193.
[430] Ebd.
[431] A.a.O., S. 29.
[432] Ebd.
[433] A.a.O., S. 34.
[434] A.a.O., S. 86.

Zwecke zu instrumentalisieren, sei Bismarck völlig fremd gewesen. „Und eben das, was Hitler gänzlich fehlte, so daß er wie ein Besessener in den Untergang taumelte und sein ganzes Volk mit hinein riß, war das eigentliche Geheimnis der bismarckschen Staatsmannschaft: die nüchtern kühle, durch keine Leidenschaft verdunkelnde, dem Machtgebrauch feste Schranken setzende Staatsraison, die überlegene Kunst des geborenen Diplomaten, der die großen Höfe Europas wie kein zweiter kennt. Diesem Unterschied gegenüber ist es gänzlich belanglos, daß beide Männer Machtmenschen waren wie alle aktiven Politiker, also beide geneigt, sich selbst gleichzusetzen mit ihrem Staat. Dem Emporkömmling war dieser Staat doch zuletzt nur ein Werkzeug der ‚Partei‘, d.h. seiner selbst; mit ihm mochte und sollte, als es ans Ende kam, das ganze Volk untergehen. Dem Ministerpräsidenten Altpreußens galt der Machtbesitz zuletzt nur als 'Dienst'".[435] In diesem Sinne habe Bismarck durch ein sorgfältig ausbalanciertes Machtgleichgewicht in Europa die Reichsgründung von 1871, insbesondere auch durch den Ausgleich mit Russland, mit einer Strategie des Augenmaßes abzusichern versucht. Hitler dagegen visierte das genaue Gegenteil an. Er destruierte das Einigungswerk durch seine maßlose Expansionspolitik am Vorabend und während des Zweiten Weltkrieges. Indem er Bismarcks Außenpolitik, geprägt durch pragmatische Umsicht und Rücksicht-nahme auf die Interessen der anderen Großmächte, durch seine Konzeption der Blitzkriege ohne realistische Kriegsziele ersetzte, habe er aufgehört, diese an die Reproduktionsbedingungen des Dritten Reiches strukturell zurückzukoppeln. Man geht sicherlich nicht fehl, wenn man Ritters Interpretation dadurch charakte-risiert sieht, dass ihm zufolge Hitler aus der altpreußischen Tradition der „legalen Herrschaft" zugunsten eines charismatisch legitimierten Cäsarismus ausbrach, welcher sich innen- und vor allem außenpolitisch von einem visionären Politik-verständnis leiten ließ, das „unpreußischer" nicht sein konnte.

Problematisch wird das Geschichtsbild, das Ritter inauguriert, erst dann, wenn er seine analytische Unterscheidung zwischen dem altpreußischen, im Kern auf statische Ordnungsstrukturen festgelegten Staat auf der einen und den auf innen- und außenpolitische Dynamik fixierten, das allgemeine Gesetz durch die konkrete Maßnahme substituierenden Konglomerat faschistischer Sonderge-walten auf der anderen Seite in den Dienst seiner Hauptthese stellt: Ähnlich wie in Meineckes Zeitdiagnose läuft sie auf die Behauptung hinaus, das Dritte Reich sei im Großen und Ganzen ein Fremdkörper in der preußisch-deutschen Ge-schichte. Gewiss wirkten sich unterschiedliche geopolitische Sachzwänge aus, welche auf die kontinentale Lage Deutschlands im Vergleich zur insularen Geo-graphie Englands zurückzuführen seien. Doch insgesamt gesehen, ist in Ritters

---

[435] Ebd.

Sicht das Dritte Reich gleichzusetzen mit einem von einem anderen Planeten herrührenden Meteoriten, der von außen auf die im Vergleich zu den übrigen Staaten „normal" verlaufende Geschichte des Deutschen Reiches einschlug: eine Katastrophe, die in letzter Instanz zurückzuführen sei auf den nicht kalkulierbaren subjektíven Faktor in der Person Hitlers und auf kontingente historische Umstände. Das „Fremdartige" des nationalsozialistischen Selbstverständnisses herausstellend, betont Ritter immer wieder, der Antisemitismus habe in Deutschland vor dem Ersten Weltkrieg keine bedeutende Rolle gespielt, „und wo er sich politisch organisierte, wurzelte er mehr in wirtschaftlichen Ressentiments des Kleinbürgertums und der Bauernschaft als in irgendwelcher Rassentheorie".[436] Erst der „Österreicher Hitler" vollzog Ritter zufolge bewusst und durchgreifend den Frontwechsel des deutschen Nationalismus, indem er neben dem historischen Erbfeind Frankreich und dem Hauptfeind England nun die slawischen Völker zum „Weltfeind Nr. 1 der Zukunft" [437] erklärte. Auch die Verrohung des politischen Kampfes, in Deutschland undenkbar, sei ebenfalls, neben den Einflüssen des Ersten Weltkrieges, „ohne Einwirkung jener brutalen Kampfmethoden" nicht zu erklären, „die Hitler aus dem Chaos des verfallenden Habsburgerreiches mit seinem erbitterten Nationalitätenstreit mitbrachte"[438].

Trotz Ritters Personalisierung der Entstehung und der Struktur des Dritten Reiches steht in seinem Geschichtsbild Hitler nicht für sich selbst; vielmehr charakterisiert er den Diktator als Exponent „unbeherrschbarer Kräfte der Tiefe"[439]: Gemeint sind die radikaldemokratischen Tendenzen, wie sie die attische Volksherrschaft einerseits und die Französische Revolution andererseits prägten. Ritter wiederholt nur die von Platon und Aristoteles vertretene These, dass die äußerste Demokratie, die zu Chaos und Anarchie führende „Pöbelherrschaft", notwendig in die Tyrannis umschlage.[440] Die Möglichkeit zu einer solchen Transformation biete sich überall dort, „wo nach Zerbrechen aller historischen Autoritäten die unmittelbare Volksherrschaft vom ‚Aufstand der Massen' her versucht wird, ohne Aufgliederung dieser Massen durch föderative und korporative Organe oder durch die Tradition alter politischer Eliteschichten. Es kommt dann nur darauf an, daß in politischen Krisenzeiten irgendein politischer Aktivist auf der Bühne erscheint, dem es gelingt, durch Agitation und durch Aufsehen erregende Taten zum Volksmann großen Stils zu werden und sich selbst als Träger der Volkssouveränität, als Repräsentation des einheitlichen Volkswillens wahrschein-

---

[436] A.a.O., S. 116f.
[437] A.a.O., S. 146.
[438] A.a.O., S. 199.
[439] A.a.O., S. 44.
[440] Vgl. Saage 2005, S. 58-63.

lich zu machen. Eine solche Situation war in Deutschland erst nach dem ersten Weltkrieg gegeben, und insofern *war das Hitlertum im Rahmen deutscher Geschichte (...) etwas grundsätzlich Neues"* (Hervorhebung von mir, R.S.).[441] Doch die direkte Demokratie in ihrer ursprünglichen Form ist nicht, wie Ritter behauptet, von „liberalen Beimischungen"[442] frei gewesen. Wer die von Thukydides überlieferte Totenrede des Perikles[443] unvoreingenommen liest, muss zu dem entgegengesetzten Schluss kommen: Die direkte Partizipation der Bürger am diskutant aufzuhellenden politischen Entscheidungsprozess geht eine Synthese mit liberalen Freiheitsrechten ein. Auf Verdienst, nicht auf Standeszugehörigkeit beruhendes öffentliches Ansehen, die Akzeptanz des Privateigentums, Chancengleichheit beim sozialen Aufstieg auch für arme Bürger, gegenseitige Toleranz, die Achtung der Gesetze, der Schutz der Verfolgten, die Weltoffenheit der Polis sowie der umsichtig institutionalisierte Willensbildungsprozess in der Volksversammlung sind liberale Strukturmerkmale der attischen Demokratie.

Aber auch das Bild, das Ritter von der Französischen Revolution zeichnet, ist zumindest einseitig. Hitler war nicht deren Erbe, sondern der Liquidator ihrer zentralen Ideen. Sowohl der italienische als auch der deutsche Faschismus traten an, den universalistischen Individualismus der Aufklärung in der rassistischen Volksgemeinschaft oder im wieder zu errichtenden römischen Imperium auszulöschen. Dass die Aufklärung insbesondere im Terreur der Jahre 1793/94 ihre eigene Dialektik erlebte, wird niemand bestreiten können. Doch der große Vordenker des liberalen Rechtsstaates, Immanuel Kant, würde Ritter entgegenhalten, dass das terroristische Verhalten der Sansculotten keine „natürliche" Konstante ist. Vielmehr sei die Verrohung der Massen zu einem erheblichen Teil das Werk der untergegangenen absolutistischen Monarchie und der ihr zugrunde liegenden Adelsgesellschaft: „Man muß, sagen sie (die Politiker, R.S.) die Menschen nehmen, wie sie sind, nicht wie der Welt unkundige Pedanten oder gutmütige Phantasten träumen, daß sie sein sollten. Das *wie sie* (d.h. die Massen, R.S.) *sind* aber solle heißen: Wozu wir sie durch ungerechten Zwang, durch verräterische, der Regierung an die Hand gegebene Anschläge *gemacht haben*, nämlich halsstarrig und zur Empörung geneigt".[444] Umgekehrt widerstand die Millionen umfassende Klientel der Sozialdemokratie in Deutschland und Österreich während der Zwischenkriegszeit der „faschistischen Versuchung". Ganz im Sinne des oben zitierten Diktums Kants ist dieser Tatbestand ebenfalls kein „natürlicher Befund" der Massenpsychologie, sondern das Ergebnis der Aufklärungsarbeit, durch die

---

[441] Ritter 1948, S. 193f.
[442] A.a.O., S. 45.
[443] Vgl. Saage 2005, S. 55-57.
[444] Zit. n. Fetscher 1972, S. 35.

das Industrieproletariat in den zahlreichen sozialdemokratischen Bildungsinstitutionen geprägt worden ist.

Tatsächlich reflektiert sich in Ritters Argumentation die Hilflosigkeit der alten deutschen Eliten am Vorabend des Dritten Reiches im Umgang mit dem massendemokratischen Zeitalter. Ohne ein Konzept, dem Aufstiegs- und Entfaltungsbegehren breiter Bevölkerungsschichten entgegen zu kommen, blieben sie hilflos gegenüber Hitlers charismatischem Populismus. Dieser ließ zwar die Massen nicht zu ihrem Recht kommen. Aber er schuf für sie in seinem Organisationsnetz eine „zweite Welt", in der sie den Schein der Egalität für dessen Wirklichkeit nahmen.[445] Auf Aufmärschen und Reichsparteitagen zum kollektiven Akteur stilisiert, verhalf die nationalsozialistische Choreographie den Massen zu einem, wenn auch manipuliertem Selbstbewusstsein, von dem die Legitimation des Regimes bis zu seiner Kapitulation profitierte. Diese Hilflosigkeit der traditionellen Eliten im Umgang mit den Massen des industriellen Zeitalters wurde nur noch übertroffen von ihrer eigenen machtpolitischen Verblendung. Dass Ritter Friedrich II. und Bismarck hinreichend vom charismatischen Führungsstil Hitlers absetzten konnte, ist gezeigt worden. Aber gilt diese klare Unterscheidung auch noch uneingeschränkt für die Regierungszeit Wilhelms II., die eine deutliche Abkehr von Bismarcks außenpolitischer Gleichgewichtskonzeption und dem altpreußischen Tugendkodex erkennen lässt?

Zwar gibt Ritter eine Reihe schwerwiegender Fehler der Reichsregierung unter Wilhelm II. zu. So nennt er insbesondere die von Tirpitz vorangetriebene Flotten-Rüstung, die ohne Not das Verhältnis zu England gestört und erheblich zur außenpolitischen Isolierung des Kaiserreichs beigetragen habe. Auch verschweigt er nicht die Annexionspläne der Alldeutschen, die diese im großen Stil propagandistisch und medial verbreiteten. „In dieser Literatur des allerniedersten Ranges findet man tatsächlich schon große Teile, darunter zentrale Stücke, des nationalsozialistischen Gedankengutes beisammen. Die Parallelität ist so verblüffend, daß es wohl eine Nachforschung lohnte, ob etwa Adolf Hitler selbst in seiner Jugend von der Lektüre dieses Schrifttums vergiftet worden ist".[446] Doch Ritter hielt die Alldeutschen für randständig; kein gebildeter Deutscher habe sie im Kaiserreich ernst genommen.[447] Aber dass der Graben zwischen ihren Annexionsplänen und den Kriegszielen der deutschen Reichsregierung im Ersten Weltkrieg so tief war, wie Ritter behauptete, wird heute niemand mehr ernsthaft behaupten können. Schon der Friede von Brest-Litowsk vom 3.3.1918 lässt eine

---

[445] Vgl. Kapitel VI, §3.
[446] Ritter 1948, S. 147.
[447] Vgl. a.a.O., S. 148f.

extrem imperialistische Handschrift der siegreichen Mittelmächte erkennen.[448] Russland musste auf das Baltikum, Polen, Finnland und die Ukraine verzichten. Außerdem hatte es Gebiete an die Türkei abzutreten, so dass sich sein Territorium auf den Umfang des russischen Reiches im 16. Jahrhundert reduzierte. Außerdem verlor es 75 % seiner Kohlebergwerke sowie 73 % seiner Eisenindustrie. Ein Zusatzvertrag vom 27.8.1918 sah eine Kriegsentschädigung von 6 Milliarden Goldmark vor. Zwar ist die Kontroverse über den Anteil der deutschen Reichsregierung am Ausbruch des Ersten Weltkrieges nach Fritz Fischers grundlegendem Werk „Der Griff zur Weltmacht"[449] und der Riezler-Tagebücher nicht eindeutig entschieden. Fest steht jedoch, dass sich Hitler nach dem heutigen Stand der historischen Forschung in seiner Expansionspolitik auf Strömungen in der deutschen Politik nach Bismarck berufen konnte, die ihm vorgegeben waren.

Spätestens an dieser Stelle wird die Ambivalenz der geschichtspolitischen Argumentationsstrategie Gerhard Ritters deutlich. Sein Ausgangspunkt war, dass nach dem Ende des Dritten Reiches große Teile der Welt, die unter der Herrschaft Hitlers zu leiden hatten, in dessen Verbrechen das konsequente Resultat der bisherigen deutschen Geschichte sahen. Das Ziel, dieses Bild Deutschlands als einer „gemeingefährlichen" Nation zu revidieren, vor Augen, ging es ihm um die Wahrung der Chance der Deutschen, „eines Tages wieder einen würdigen Platz in der Gemeinschaft der europäischen Nationen einzunehmen".[450] Zwar wurde das von Ritter benannte Ziel schließlich erreicht. Die Bundesrepublik Deutschland, fest eingebunden in die EU sowie normativ integriert in das westliche Wertesystem, hat in den letzten 50 Jahren eine liberale Demokratie von bemerkenswerter Stabilität hervorgebracht. Ob diese Leistung hätte vollbracht werden können, wäre man der von Ritter aufgezeigten Richtung in ein vordemokratisches Zeitalter als Alternative zum Dritten Reich gefolgt, erscheint zumindest fraglich. Wir werden im Folgenden zu prüfen haben, ob es Helmuth Plessner in seiner zeitgenössischen Diagnose der geistesgeschichtlichen Ursachen des Dritten Reiches besser gelang, mit dem Diktum umzugehen, dass, wer den Faschismus verurteilt, den Fokus seiner Kritik auch auf jene konservative politische Klasse zu zentrieren hat, welche Hitler im Januar 1933 den Griff zur Macht überhaupt erst ermöglichte.

---

[448] Vgl. Fischer 1961, S. 621-668.
[449] Vgl. Fischer 1961.
[450] Ritter 1948, S. 7.

§ 4   Helmuth Plessner und „die verspätete Nation"

Wir haben gesehen, dass Friedrich Meineckes und Gerhard Ritters Diagnosen des Dritten Reiches ein faschismuskritischer Impuls zugrunde lag, der diese erst in den Rang von Konzeptionen über den Nationalsozialismus im hier gemeinten Sinne hebt. Eine analoge Stoßrichtung zeichnet Helmuth Plessners „Die verspätete Nation. Über die Verführbarkeit des bürgerlichen Geistes"[451] aus, deren ursprüngliche Fassung im holländischen Exil unter dem Titel „Das Schicksal des deutschen Geistes im Ausgang seiner bürgerlichen Epoche"[452] entstand und 1935 in der Schweiz veröffentlicht wurde. In seiner Vorrede zu der Ausgabe von 1959, auf die sich der Verfasser im Folgenden bezieht, schrieb Plessner: „Nicht nur, weil mir der Abschied von Deutschland schwer wurde, den seine damalige Regierung mir aufzwang, auch nicht, weil die Ereignisse von Anfang an die Wendung ins Verhängnisvolle und Unaufhaltsame eines leichtfertig heraufbeschworenen Geschicks erkennen ließen, sondern weil mir an dem Fremden, Rohen, Gewalttätigen der Aktion, die vorgab, eine Revolution zu sein, um ihren verbrecherischen Charakter zu verdecken, ein spezifischer Abfall von dem, eine spezifische Entartung dessen wirksam zu werden schien, welches zum Besten des deutschen Geistes, zum Besten auch seiner lebendigen, zukunftsträchtigen Möglichkeiten gehört".[453]

Diese Äußerung signalisiert die entscheidende Differenz zu Meinecke und Ritter: Plessner[454] operiert nicht mit der Fiktion eines „guten" und eines „entarteten" Deutschlands. Vielmehr stellt er seiner Untersuchung als Motto das Diktum Thomas Manns voran, „daß es nicht zwei Deutschland gibt, ein böses und ein gutes, sondern nur eines, dem sein Bestes durch Teufelslist zum Bösen ausschlug".[455] Damit wählte Plessner einen anderen Weg der Annäherung an die „deutsche Katastrophe". Ritter sah die bessere deutsche Geschichte im „Preußentum" aufgehoben, dem er den Nationalsozialismus Hitlers als eine aus den trüben Quellen des österreichischen Vielvölkerstaates gespeiste rassistische Ideologie gegenüberstellte. Aber er konnte nicht plausibel darlegen, warum sich das preußische Element in der Endphase der Weimarer Republik vom Faschismus

---

[451] Vgl. Plessner 1982.
[452] Vgl. Plessner 1935.
[453] Plessner 1982, S. 13.
[454] Der Philosoph und Anthropologe Helmuth Plessner wurde am 4.9.1892 in Wiesbaden geboren; er starb am 12.6.1985 in Göttingen. Zunächst Professor in Köln, emigrierte er 1933 nach Groningen und übernahm nach seiner Rückkehr 1951 eine Professur in Göttingen. Plessner gilt neben Max Scheler als Begründer der philosophischen Anthropologie im engeren Sinne. Gegenüber der Umweltfixierung der Tiere zeichnet sich der Mensch durch die Einheit von Weltgebundenheit und Weltoffenheit aus (Quelle: Brockhaus Enzyklopädie, 22. Auflage, , Bd. 17, S. 248).
[455] Zit. n. Plessner 1982, S. 13.

überwältigen ließ, obwohl es in Gestalt der Reichswehr, der Kontrolle über die Polizei und der Unterstützung durch Großindustrie und Großagrarier alle machtpolitischen Trümpfe in der Hand zu haben schien. Und Meineckes Versuch, den Nationalsozialismus kritisch aufzuarbeiten, scheiterte in letzter Instanz an der Beantwortung der Frage, warum das deutsche Volk 1933, dessen Elite für sich gerne in Anspruch nahm, als Volk der Dichter und Denker zu gelten, von den klassischen Höhen der Goethezeit gleichsam im freien Fall in die Abgründe der nationalsozialistischen Barbarei stürzte. Plessner geht in seiner Zeitdiagnose über Meinecke und Ritter insofern hinaus, als er die historische Entstehung des intellektuellen Nährbodens untersucht, der in Deutschland – im Gegensatz zu den westlichen Nationalstaaten Englands, Frankreichs und der Vereinigten Staaten von Amerika – die faschistische Option in Gestalt eines völkischen Dezisionismus schichtenübergreifend überhaupt erst praxismöglich gemacht hat. Dabei unterscheidet er sich in einer wesentlichen Hinsicht von Meinecke und Ritter: Nicht die aus der Industrialisierung hervorgegangenen Massen, die angeblich für Hitler und seine Satrapen erst den demagogischen Resonanzboden schufen, sind der Ausgangspunkt des Dritten Reiches, sondern jene intellektuellen Eliten in Deutschland, die von Jünger und Schmitt bis Möller van den Bruck und Heidegger die letzten Reste der von der westlichen Aufklärung in die deutsche Kultur eingedrungenen humanistischen Elemente zerstörten.

Natürlich weiß Plessner, dass die intellektuellen Eliten Deutschlands der nationalsozialistischen Propaganda nicht blind folgten, sondern ihr gegenüber eine gewisse Ambivalenz erkennen ließen. „Daß die gebildete Schicht sie, bis auf vereinzelte Ausnahmen, zu denen aber auch Akademiker gehörten, nicht ernst nahm, ist ebenso sicher bezeugt wie die Bereitschaft vieler Intellektueller, sich ihr theoretisch und praktisch anzupassen. Steckt also nicht in dem Versuch der Propaganda, durch gewisse Elemente (und keine anderen) Massenwirksamkeit zu erzielen, eine berechnete Spekulation auf die Empfänglichkeit und Verführbarkeit gerade auch der intellektuellen Elite?"[456] Plessner bestreitet nicht, dass die „Nazis Meister in der Kunst der Verfälschung"[457] waren. Aber er gibt zu bedenken, dass ein Falsifikat ohne einen „gewissen Kern von Wahrheit"[458] kaum die gewünschte Wirkung der Indoktrination erzielen könne. Man müsse von dem schlichten, nach 1945 selten untersuchten Tatbestand ausgehen, dass die von ihnen angeblich unterschätzte nationalsozialistische Ideologie keineswegs die Entflammbarkeit der Intellektuellen für sie verhinderte, „als die Macht unter ihren Parolen zunächst spektakuläre Erfolge hatte, dann das Erlahmen der Kritik

[456] A.a.O., S. 23.
[457] A.a.O., S. 25.
[458] Ebd.

an den halben und ganzen Identifikationen mit dem Staat im Kriege, das Debakel und die Zerreißung des Landes, Diffamierung, Empörung und Selbsthaß".[459] Und selbstverständlich trifft diese Verführbarkeit, der große Teile der Eliten erlagen, auch für die mittelständischen Schichten zu, die in der Weltwirtschaftskrise dem deutschen Faschismus zuströmten und ihm erst zu einer Massenbasis verhalfen.[460] Ausgeplündert bereits durch die große Inflation des Jahres 1923 und radikalisiert durch die Panik, welche die große Weltwirtschaftskrise ab 1929 in ihren Reihen auslöste, verbanden sie ihren sozialen Überlebenswillen mit einem dezidierten antiproletarischen Absetzungsstreben. Doch während die Arbeiterschaft die Garantie ihres Aufstiegs in der Entwicklung der ökonomischen Verhältnisse verbrieft sah, musste der Mittelstand, also die Handwerker, kleinen Bauern, mittlere und kleinere Kaufleute, die akademischen Berufe etc., sich im Laufe seiner Revolte einen „künstlichen Halt" erst schaffen. So war der Boden für eine Ideologie geschaffen, „die unter Einsatz aller spezifisch deutschen Gefühlsmächte den Glauben an Biologie mit dem Glauben an die Urtümlichkeit des eigenen Volkstums zu einem Programm unmittelbarer Aktion verbindet. Der zu politischer Macht gewordene Staat der reinen Aktion konnte das Erbe der Philosophie als geistiger Führungsmacht des deutschen Lebens antreten".[461]

Aber die Frage ist, wie es zu einer geistigen Situation im Deutschland der Weimarer Republik[462] kommen konnte, in der sich eine Orientierung für die Mehrzahl der geistigen Elite und der mittelständischen Massen hegemonial durchsetzte, welche radikal ablehnte, wofür die seit dem 16. Jahrhundert einsetzende westliche Aufklärung stand: der Glaube an den natürlichen Fortschritt, die *rights of men*, der Toleranzgedanke, das *self-government*, die liberale Demokratie, der gesellschaftliche Pluralismus sowie die revolutionären Ideen von Freiheit, Gleichheit und Brüderlichkeit des Jahres 1789. Warum brachten es antiaufklärerische Doktrinen, wie der Historismus (Ranke), der Sozialdarwinismus (Spencer) und der biologisch begründeten Rassismus (Gobineau) im 19. Jahrhundert in England, den USA und Frankreich nur zu begrenztem Einfluss, während sie in Deutschland zu einer politischen Macht werden konnten? Worauf ist es zurückzuführen, dass die imperialistische Ideologie des 19. Jahrhunderts zwar ein gesamteuropäisches Phänomen war, jedoch in den westlichen Staaten im Rahmen demokratischer Institutionen kanalisiert werden konnte, während sie in Deutschland, im Zuge der Weltwirtschaftskrise bis ins Extrem radikalisiert, zur legitimatorischen Grundlage eines faschistischen Gewaltsystems mutierte? Herbert Mar-

[459] A.a.O., S. 26.
[460] Vgl. a.a.O., S. 199f.
[461] A.a.O., S. 200f.
[462] Vgl. Jaspers 1931, S. 65-76.

cuse warf 1937 in einer Rezension Plessner vor, er sei bei seinem Versuch, diese Fragen zu beantworten, notwendig aufgrund seiner eigenen Standpunktlosigkeit und seiner einseitigen Spiritualisierung der Ursachen des Faschismus gescheitert. „Die Standpunktlosigkeit der ‚geistesgeschichtlichen' Phrase", schrieb Marcuse, „schwankt zwischen Verteidigung und Anklage des autoritären Staates. (...) Solchem Denken wird die ganze gegenwärtige Situation zu einer Krise der Weltanschauung (...). Wenn die Philosophen dann doch einmal gegen die ‚Kapitulation vor der Politik' protestieren, kann es der Politik nur recht sein".[463] Doch Plessner war von Anfang an klar, dass er sein Programm der Dechiffrierung des deutschen Sonderweges und seiner Folgen nur durch eine kritische Analyse erreichen konnte, die auf einem deutlich in der Aufklärung fundierten Standpunkt beharrt. Bei aller Betonung des historischen Verstehens philosophischer Konfigurationen ließ er die realen gesellschaftlichen Verhältnisse nicht außer acht, welche in Deutschland „der Entwicklung des philosophischen und politischen Irrationalismus einen so besonders fruchtbaren Boden schafften".[464]

Plessner sucht aufgrund dieser methodologischen Option Antworten auf die Frage nach den Ursachen der Verführbarkeit des bürgerlichen Geistes konsequent im spezifischen Verlauf der deutschen Geschichte zu finden, den er auf die Formel der „verspäteten Nation" bringt. Deren Signum enthüllt er durch einen Vergleich der historischen Staatswerdung Englands, Frankreichs und den Vereinigten Staaten einerseits und Deutschlands andererseits. Zusammenfassend stellt er fest: „Die wesentliche Differenz zwischen den Deutschen und den Völkern des alten Westens, die ihre nationalstaatliche Basis im 16. und 17. Jahrhundert gefunden hatten und auf ‚goldene Zeitalter' zurücksehen können (was wir nicht können)"[465], liege in einer signifikanten Zeitverschiebung begründet. Sie resultiere aus der Tatsache, dass sich in Deutschland ein nationales Selbst- und Leitbild erst in der zweiten Hälfte des 19. Jahrhunderts herausbildete. Diese – im Vergleich zu England, den USA und Frankreich – verspätete Nationenbildung habe insofern eine Weichenstellung in Richtung auf eine „deutsche Sonderentwicklung" mit weitreichenden Konsequenzen bewirkt, als sie eine innere Verbindung zwischen den Mächten der Aufklärung und der Formierung eines deutschen Nationalstaates verhinderte. „Dadurch bildete sich ein Dualismus im Verantwortungsbewußtsein gegen den Staat und gegen die geistige Welt heraus, den wiederum das Luthertum und weiterhin die kirchliche Entwicklung nachhaltig verstärkte. Uns fehlten in den entscheidenden Jahrhunderten der Gestaltung einer neuen Welt, die sich gegen Mittelalter und Aristotelismus, gegen Kaiser und Reich durchsetz-

---

[463] Marcuse 1937, S. 185.
[464] Plessner 1982, S. 215.
[465] A.a.O., S. 16f.

te, nicht die Männer (Leibniz!), aber die öffentlichen Gewalten, die ihnen in vor-gegebenem gesellschaftlichem Rahmen eine gesamtdeutsche Wirkung hätte si-chern können. (...) Sie entfalten die Voraussetzung für die deutsche Geschichte der Innerlichkeit, der Quelle unserer höchsten Vermögen, der Philosophie und der Musik, deren Entfaltung mit dem Mangel der gesellschaftlichen Entwicklung in Deutschland auf das genaueste zusammenhängt".[466]

Innerhalb dieses Paradigmas der verspäteten Formierung einer deutschen Nation vermag Plessner noch vor Georg Lukacs' These der deutschen Sonder-entwicklung[467] die unterschiedliche Verarbeitung des Modernisierungsschocks, der ursächlich aus der Industriellen Revolution folgte, plausibel zu deuten. Ge-wiss, die von ihr ausgehende Säkularisierungswelle war eine gesamteuropäische Erscheinung. Aber sie wurde in Frankreich und England „besser vertragen als in dem national nur schwach integrierten Deutschland, dem ein Rückhalt an politi-scher Aufklärung, an politischem Humanismus fehlte".[468] Der junge National-staat, der unter Bismarck entstand, verfügte über keine authentische Staatsidee, die – über humanistische Ziele vermittelt – auf eine Tradition hätte zurückgreifen können, welche die entwurzelnden Effekte des Modernisierungsprozesses auf die kleinbürgerlichen Massen liberal-demokratisch hätte abfedern können. Hin und her schwankend zwischen dem Mythos der vergangenen Reichsidee und der imaginierten Zukunft imperialer Machtentfaltung, der selbst Liberale wie Fried-rich Naumann, Hugo Preuss und Max Weber erlagen[469], trat an die Stelle des sich auflösenden christlichen und nachchristlichen Weltbildes die totale Historisie-rung des Augenblicks, die vollständige Pluralisierung von Geschichtsverläufen, „die in je eigener Perspektive gebunden, von Gegenwart her zur Gegenwart hin in ihrem Zusammenhang sich erschließen. Diesem letzten Grad der Entmytholo-gisierung der Geschichte entspricht die negative Theologie des Menschen in seiner puren Geschichtlichkeit, der Formalismus reiner Existenz".[470] Wie einer der Schüler Plessners, Christian Graf von Krockow, in seiner Dissertation „Die Ent-scheidung" am Beispiel des politischen Denkens Carl Schmitts, Ernst Jüngers und Martin Heideggers gezeigt hat[471], läuft dieser politische Existentialismus auf eine Ästhetisierung der Politik hinaus, die sich auf formale Kategorien wie Kampf, Entscheidung und Entschlossenheit reduzierte. Auf sich selbst gestellte Gegen-wärtigkeit findet in ihrer letzten Konsequenz ihren angemessenen Ausdruck in

---

[466] Ebd.
[467] Vgl. Kap. VI, § 1.
[468] A.a.O., S. 19.
[469] Vgl. Saage 2005, S. 199-210.
[470] Plessner 1982, S. 19f.
[471] Vgl. Krockow 1990.

der reinen Dezision, die, sich jenseits aller humanen Normen aktualisierend, als das unverwechselbare Signum faschistischen Politikverständnisses zu gelten hat.

Man wird Plessner zustimmen können, dass er die Forschung in der Beantwortung jener Frage entscheidend vorangebracht hat, an der Meinecke und Ritter scheiterten. Wie ist es möglich gewesen, dass der deutsche Liberalismus mit seinem Höhepunkt in der Goethezeit (Meinecke) und das Preußentum in der Tradition Friedrichs II. und Bismarcks (Ritter) trotz aller divergierenden Unterschiede zum Bündnispartner Hitlers und seiner faschistischen Massenbewegung werden konnte? Plessner zeigt zumindest die intellektuellen Voraussetzungen dieses Vorganges auf: Unterhalb der nicht zu bestreitenden divergierenden Ordnungsmuster, deren Existenz Broszat in der modernen historischen Forschung bestätigt hat[472], gab es im 20. Jahrhundert einen untergründigen Konsens der Ablehnung humanistischen, der Aufklärung verpflichteten Fortschrittsdenkens, der beide Lager miteinander verband und letztlich – in der akuten gesellschaftlichen und politischen Krise der Endphase der Weimarer Republik – trotz aller Bedenken der alten Eliten jenes Bündnis entscheidend mit ermöglichte, auf dem das Dritte Reich beruhte. Diese Pathologie des geistigen Selbstverständnisses großer Teile des bürgerlichen Deutschlands, die dieses anfällig für die „faschistische Versuchung" – im Gegensatz zu den politischen Eliten der westlichen Welt – machte, hat seine Wurzeln nicht in einem metaphysischen Volkscharakter, wie Plessner hervorhebt, sondern in der Geschichte. 10 Jahre nach der Publikation der zweiten Auflage von Plessners Werk erschien Ernst Noltes Standardwerk „Der Faschismus in seiner Epoche". Ob Noltes Rekonstruktion des faschistischen Phänomens Einsichten enthält, die über Plessners brilliante Analysen hinausweisen, wird im Folgenden zu untersuchen sein.

§ 5   Die Möglichkeiten und Grenzen der geistesgeschichtlichen Analyse des Faschismus: Ernst Nolte

Als Ernst Nolte[473] 1963 sein Werk „Der Faschismus in seiner Epoche"[474] veröffentlichte, war klar, dass diese Untersuchung eine tiefe Zäsur in der geistesgeschicht-

---

[472] Vgl. Kapitel III, § 2.

[473] Der Historiker Ernst Hermann Nolte wurde in Witten am 11.1.1923 geboren. Von 1965 bis 1973 war er Professor für neuere Geschichte an der Universität Marburg, seit 1973 an der Freien Universität Berlin. Nolte befasst sich mit Themen der Zeitgeschichte, u.a. mit der Entwicklung und Wesen des Faschismus. 1986/87 stand er im Zentrum des Historikerstreites (Quelle: Brockhaus Enzyklopädie, 19. Auflage, Bd. 15, S. 650).

[474] Vgl. hierzu u.a. Besson 1968, S. 305-313; Nipperdey 1970, S. 620-638; Kühnl 1970, S. 318-371; Wippermann 1975, S. 77-88; Saage 1987, S. 160-175.

lichen Auseinandersetzung mit dem Nationalsozialismus hinterlassen würde. Wie wir sahen, fokussierten Friedrich Meinecke, Gerhard Ritter und Helmuth Plessner das Dritte Reich in seiner negativen Einzigartigkeit: sei es als „deutsche Katastrophe", sei es als der deutschen Geschichte wesensfremdes, aus der attischen Demokratie und der Französischen Revolution herrührendes Element, sei es als „verspätete Nation". Nolte dagegen interpretierte den Nationalsozialismus als das, wenn auch radikalste Resultat einer ganzen Epoche, nämlich der Zeit von 1918 bis 1945. Gleichzeitig ging er über Meinecke, Ritter und Plessner dadurch hinaus, dass er jenseits seiner marxistischen Konnotation den Begriff „Faschismus" als epochenspezifisches Merkmal in die wissenschaftliche Diskussion einführte[475] und dadurch die ideologische Konfrontation der „Faschismustheorien", die verkürzt und umstandslos dem sowjetmarxistischen Lager zugeordnet wurden, mit der in der westlichen Welt hegemonialen Totalitarismustheorie durchbrach. Außerdem wird man Nolte attestieren müssen, dass er als einer der ersten Historiker der Nachkriegszeit eine komparative Perspektive der Analyse der Faschismen der Zwischenkriegszeit eröffnete – ganz abgesehen von den damals neuen Erkenntnissen ideologischer Legitimationsstrategien faschistischer Bewegungen.

Trotz dieser unbestreitbaren Verdienste bleibt jedoch die Frage bestehen, ob Noltes Buch an den kritischen Standards seiner Vorgänger festhält, ob er sie weiterentwickelt oder ob er hinter sie zurückfällt. Anders gefragt: Können wir mit Hilfe seiner Untersuchung die Tiefe der politischen, sozialen und moralischen Katastrophe des deutschen Faschismus plausibler rekonstruieren, als dies den Ansätzen Meineckes, Ritters und Plessners gelang? Und vor allem: Steht für ihn die Einzigartigkeit dieses Desasters in gleicher Weise außer Frage wie für seine Vorgänger? Es ist wohl der philosophischen Bildung Noltes geschuldet, dass er seine methodologischen Prämissen weitaus gründlicher reflektiert als dies bei den meisten Historikern der Fall ist. Auf jeden Fall ist Nolte zu bescheinigen, dass sich seine Untersuchung durch eine methodologische Transparenz auszeichnet, wie man sie in einer historischen Untersuchung nur selten findet. Diese Chance sollte für die Auseinandersetzung mit geistesgeschichtlich orientierten Faschismusanalysen nicht ungenutzt bleiben. Da nämlich die Wahl des methodischen Zugriffs auf das historische Material entscheidend auf die Resultate einer Untersuchung einwirkt, sind wir gut beraten, wenn wir uns Noltes Ausführungen über die auf einander verweisende typologische und phänomenologische Methode zuwenden, mit deren Hilfe er das faschistische Phänomen analytisch zu durchdringen sucht. Wer Klarheit in die Mannigfaltigkeit möglicher Untersu-

---

[475] Vgl. Nolte 1979, S. 32f.

chungsansätze der politischen Ideengeschichte bringen will, ist aus heuristischen Gründen gut beraten, zwischen zwei großen Richtungen zu unterscheiden, die freilich auch durchaus konvergieren und als *mixtum compositum* in Erscheinung treten können: Es ist die grundlegende Unterscheidung zwischen *Deskription* und *Explikation*, zwischen der *Beschreibung* bzw. dem *Verstehen* eines ideenpolitischen Phänomens und seiner *Erklärung* bzw. der *Begründung*, warum es dieses Profil und kein anderes entwickelt hat.[476]

So sehr sie sich auch in der analytischen Fokussierung ihrer Problemstellung voneinander unterschieden, so näherten sich doch die Untersuchungen Meineckes, Ritters und Plessners dem *explikativen* Erkenntnisinteresse an: Sie wollten Gründe und Ursachen aufzeigen, *warum* es 1945 zur deutschen Katastrophe kommen konnte. Bei Nolte dagegen dominiert der deskriptive Zugriff auf den Faschismus. Mittels der *typologischen* und der *phänomenologischen* Methode will er ihn in seinem historischen Kontext zur „Entfaltung" bringen, ihn gleichsam hermeneutisch sich selbst explizieren lassen. Nolte meint, ein solches „sinnverstehendes" Verfahren sei nur möglich, wenn man für seinen Untersuchungsgegenstand zumindest partiell Zuneigung empfindet. Er sieht den „schwierigsten und verborgensten Aspekt des Problems der Objektivität" darin, dass man auch dem Faschismus jene Sympathie nicht versagen kann, „die nach der Lehre der klassischen deutschen Geschichtsschreibung eine unabdingbare Voraussetzung der Objektivität ist"[477], nämlich dann nicht, „wenn (...) dem Faschismus die Aufrichtigkeit und Wirkungsmacht der subjektiven Zielsetzungen (...) nicht abgestritten werden soll".[478] Die problematische Dimension dieser Aussage liegt auf der Hand. Muss man sich tatsächlich, wenn auch nur tentativ, mit dem Faschismus identifizieren, um ihn „wissenschaftlich" begreifen zu können? Wie soll ein solcher Kraftakt auch nur emotional möglich sein angesichts des Zivilisationsbruches, dessen sich der italienische Faschismus und im höheren Maße noch der Nationalsozialismus schuldig machte? Und warum muss ich mich überhaupt, wenn auch nur teilweise, mit meinem Untersuchungsgegenstand ineinsetzen, wenn ich ihn „verstehen" will? Kann sich nur ein gläubiger Christ der Religionssoziologie und Kirchengeschichte zuwenden? Betreibt dieses Geschäft nicht vielleicht ein Agnostiker aufgrund seiner analytischen Distanz effektiver als ein von dogmatischen Glaubensgewissheiten verblendeter Christ?

Dennoch muss man jeden Ansatz danach beurteilen, wie er seinen Gegenstand analytisch zu durchdringen vermag und wo seine Grenzen liegen. Nolte geht es darum, anhand einer formalen Definition des Faschismus eine Skala zu

---

[476] Vgl. hierzu auch Mason 1981, S. 23-45.
[477] Nolte 1979, S. 34.
[478] A.a.O., S. 35.

172

konstruieren, deren Reichweite vom Protofaschismus über den Normalfaschismus bis zum Radikalfaschismus reicht. Diese Definition lautet: *„Faschismus ist Antimarxismus, der den Gegner durch die Ausbildung einer radikal entgegengesetzten und doch benachbarten Ideologie und die Anwendung von nahezu identischen und doch charakteristisch umgeprägten Methoden zu vernichten trachtet, stets aber im undurchbrechbaren Rahmen nationaler Selbstbehauptung und Autonomie".*[479] Je nachdem, wie intensiv die formalen Elemente dieser Definition, also Antimarxismus, rassistische Ideologie (Antisemitismus), Vernichtungsmethoden sowie nationale Selbstbehauptung und Autonomie, ausgeprägt sind, ist es möglich, eine topografische Skala zu entwerfen, in deren Rahmen die einzelnen Faschismen der Zwischenkriegszeit eingeordnet werden können. So lassen sich nach Nolte vier typologische Stellen ausmachen: „die noch-nicht-faschistische des unteren Pols, die unter Umständen präfaschistisch heißen darf; den ersten Punkt des Innenbereichs, der frühfaschistisch genannt werden sollte, wenn die chronologischen Umstände es zulassen (bei abkürzender Betrachtung kann er als Pol, nämlich als Innenpol fungieren); die normalfaschistische Mittelposition und den radikalfaschistischen oberen Pol. (...) Innerhalb der Reihe würden jedenfalls alle Faschismen ihren angemessenen Platz finden können. Die Typologie legt den Grund für eine Topologie".[480] Man wird Thomas Nipperdeys Feststellung aus dem Jahr 1970 auch heute noch zustimmen können, wenn er in der Typologie Noltes „einen beachtlichen und bisher konkurrenzlosen Versuch" sah, „das Phänomen des Faschismus mit den Phänomenen der Faschismen zu vermitteln. Die Beschreibung des Verhältnisses der Hauptbewegungen als ,Praxis' – Praxis als Konsequenz, als Prämisse, als Vollendung -, ist ein anderes Beispiel für die Entwicklung einer konkreten Typologie".[481]

Dass ein solches typologisches Muster wertvolle Hilfe bei der Strukturierung des Materials der zahlreichen Faschismen der Zwischenkriegszeit leisten kann, steht außer Frage. So kann es uns die in der historischen Wirklichkeit befindlichen Stufen des Faschismus begreiflich machen: „je nach der Entwicklung der Ideologie und dem stärkeren Hervortreten eines der beiden Hauptmomente, des pseudosozialistischen oder des elitären bzw. rassistischen, je nach der Entschiedenheit und mehr oder minder universalen Natur des Vernichtungswillens, je nach der Energie der Praxis".[482] Auch liefert es Kriterien der Abgrenzung von anderen sozialen Bewegungen rechter Provenienz: „weder die Alldeutschen noch Stoeckers Christlich-Soziale fallen unter sie, umgekehrt besteht kein Anlaß, jeden

---

[479] A.a.O., S. 51.
[480] A.a.O., S. 48.
[481] Nipperdey 1970, S. 630.
[482] Nolte 1979., S.52.

Gegner Hitlers in seiner Partei und auch den anderen Gruppen der extremen Rechten für einen Nicht-Faschisten zu erklären".[483] Doch symptomatisch ist auch, dass Nolte die Grenzen der typologischen Methode nicht in ihrem Mangel an kritischem Potential sieht. Vielmehr läuft sie ihm zufolge Gefahr, „ein ungeheures Material mehr von außen als von innen in Bewegung zu setzen. (...) Die Typologie macht den Gegenstand nicht genügend lebendig und geht zu wenig ins unterscheidende Detail".[484] Die eigentlich *kritische Frage* aber, die eine solche Typologie nahe legt, stellte Nolte nicht: Warum konnte sich in Deutschland der Radikalfaschismus entwickeln, während er es in seinem Ursprungsland Italien „nur" zu seiner Normalform brachte? Hätte er dieses Problem aufgeworfen, so wäre dessen Konsequenz gewesen, dass die deskriptive Stoßrichtung der Typologie durch eine explikative Dimension überlagert worden wäre. Ausgehend von der komparativen Ebene der Typologie müsste dieser Perspektivwechsel seiner sozio-politischen Kontext-Analyse hin zu den Problemlagen überleiten, mit denen sich bereits Meinecke, Ritter und Plessner auseinandersetzten und sehr unterschiedlich beantworteten: Welche Kräfte in der deutschen Geschichte sind dafür verantwortlich, dass es zur deutschen Katastrophe kommen konnte?

Auch bei Nolte weist die typologische Methode über sich hinaus. Aber ihre Tendenz geht in eine unverkennbar affirmative Richtung, wenn mit Hilfe des phänomenologischen Ansatzes die nicht explizierten Elemente ihrer typologischen Definition wie „Marxismus" oder „Ideologie" hermeneutisch entfaltet werden: „,Phainomenon' heißt: das sich Zeigende, das Erscheinende. (...) Für die Wissenschaft von der Gesellschaft wird der Begriff aber erst brauchbar, wenn er soziale Erscheinungen bezeichnet, die sich durch eine eigene Sprache und ein eigenartiges Selbstverständnis zu erkennen geben, ja vielleicht erst selbst hervorbringen. Es wären also nur diejenigen sozialen Gebilde Phänomene zu nennen, die eine 'Ideologie' haben und für die dieses Selbstverständnis (neben anderen Faktoren) konstitutiv ist. (...) In diesem Sinne sind Phänomene zum Beispiel die katholische Kirche, das mittelalterliche Reich, der französische Nationalstaat, der Marxismus. Phänomenologie hieße dann: Verständnis dieser Phänomene, wie sie sich von sich aus darstellen. Sie wäre also entgegengesetzt sowohl einer bloß konstatierenden Beschreibung von Vorgängen wie einer von außen kommenden Kritik".[485] Was aber ist diese hermeneutische Immunisierung gegenüber „von außen kommender" Kritik anderes als die Apologie des Forschungsgegenstandes selbst, auch wenn die phänomenologische Methode mehr erfassen will als die bloße faschistische Ideologie? Doch selbst wenn sie Ereignisgeschichte, Selbstver-

---

[483] Ebd.
[484] Ebd.
[485] A.a.O., S. 53.

ständnis im weiteren Diltheyschen Sinne und Organisationsstruktur in ihren analytischen Fokus mit einbezieht, vermag sie den Zwängen affirmativer Selbstexplikation nicht zu entkommen. Ausdrücklich betont Nolte, dass nur zwei Faschismen der Zwischenkriegszeit den Maßstäben phänomenologischer Selbstexplikation genügen: der italienische Faschismus und der deutsche Nationalsozialismus. „Die Aufgabe wäre also vor allem die", so resümierte Nolte, „den Faschismus und den Nationalsozialismus zu Wort kommen zu lassen ohne voreilige Kritik und fern von solchen Konstruktionen, die eifervoll und engherzig lediglich Belegstellen zu sammeln erpicht sind".[486]

Man wird nicht sagen können, dass Noltes phänomenologische Methode im Forschungsprozess vollständig versagt hätte. Neben den genannten innovativen Resultaten warf sie zum Zeitpunkt der Veröffentlichung dieses Werkes ohne Zweifel neues Licht auf Mussolinis und Hitlers Ideologie und ihre Umsetzung in organisierte Praxis. Mussolini, so kann Nolte zeigen, reagierte auf wechselnde politische Kontexte flexibel. Aus diesem Grund kam es in seiner ideologischen Orientierung zu erheblichen Mutationen von einem lebensphilosophisch geprägten Marxismus bis zu einem rassistisch eingefärbten Nationalismus. Hitler dagegen hielt starr an seiner sozialdarwinistischen und biologistisch ausgelegten Rassenlehre mit antisemitischer Stoßrichtung von ihrer Fixierung in der Weimarer Republik bis zu seinem Selbstmord im Führerbunker unter der Reichskanzlei in Berlin fest. Aber es ist auch kein Zufall, sondern methodologische Konsequenz, wenn Nolte nicht selten die kritische Distanz zu seinem Untersuchungsgegenstand vermissen lässt, auf die Meinecke, Ritter und vor allem Plessner – jeder auf seine Weise – beharrten. Zwar widerspricht er Meineckes und Ritters These, „Hitler sei ein nicht recht begreiflicher Zufall in der deutschen und europäischen Geschichte gewesen".[487] Aber er unterscheidet sich auch von Plessner, wenn er Hitler zu einer „epochalen Gestalt"[488] stilisiert: Dem letzteren ist Hitler die Inkarnation einer nationalen Fehlentwicklung mit katastrophalen Konsequenzen, dem anderen der „Abschluß eines Weltalters".[489] Zwar warnt Nolte vor einer Heroisierung seines Untersuchungsgegenstandes. Aber dennoch will er „Hitlers raumpolitischen Tendenzen die Größe des Kolossalen und Unerhörten nicht (...) absprechen".[490] Und klingt es nicht wie eine Eloge, wenn er Mussolini unter die „bedeutenden totalitären Charaktere der Epoche" einreiht und ihm attestiert, er sei zwar „nicht der gedankentiefste, aber wohl der gedankenreichste, nicht der bedeu-

---

[486] A.a.O., S. 54.
[487] A.a.O., S. 511.
[488] A.a.O., S. 512.
[489] Ebd.
[490] A.a.O., S. 292.

tendste, aber der menschlichste, nicht der eindeutigste, sondern der vielfältigste"[491] unter den Diktatoren des 20. Jahrhunderts gewesen?

Doch die offene Apologie des Faschismus tritt erst am Ende des Buches zutage. Die bereits diskutierte typologische und die an diese anschließende phänomenologische Methode war auf die Ebene des Binnenpolitischen bezogen und galt im Kern für alle Faschismen: Es ging darum, die Ideologie Hitlers und Mussolinis als Antimarxismus zu begreifen, welcher die nationale Selbstbehauptung und Autonomie durch die Anwendung charakteristischer, auf die Vernichtung des Gegners zielender Methoden betrieb. Die zweite und dritte Bestimmung trifft nur noch auf den Nationalsozialismus zu. Nolte definiert sie als den *„Todeskampf der souveränen, kriegerischen, in sich antagonistischen Gruppe. – Er war praktischer und gewalttätiger Widerstand gegen die Transzendenz".*[492] In diesem Licht ist der Nationalsozialismus nicht mehr als eine Erscheinung innerhalb der Politik und der Geschichte zu begreifen; vielmehr leuchtet im Radikalfaschismus nun der „Naturgrund der Politik" selbst auf. Aber diese Ontologisierung des Nationalsozialismus bringt in ihrer teleologischen Potenz noch eine dritte Ebene hervor, die Nolte den *„Widerstand gegen die Transzendenz"* nennt: Gemeint ist die Sistierung aller theoretischen und praktischen Tendenzen, welche, in ihren Varianten von Marx, Nietzsche und Max Weber antizipiert, die bürgerliche Gesellschaft hervorbringt und über sich hinaustreibt. Der Faschismus nimmt nach Nolte in seinem Kampf gegen die theoretische (philosophische oder theologische) Transzendenz und die praktische Transzendenz (radikale Veränderung der Welt) eine Sonderstellung ein. Demgegenüber lehnt der Konservatismus die praktische Transzendenz ab, optiert aber für ihre theoretische Variante. Der Bolschewismus verfährt umgekehrt. Nur dem Faschismus ist es nach Nolte vorbehalten, gegen die Dynamik der Transzendenz sowohl in ihrer theoretischen als auch praktischen Spielart Widerstand zu leisten: „Es ist letzten Endes der emanzipatorische Prozess selbst, gegen den sich der Faschismus als Widerstand konstituiert".[493] Damit ist das äußerste Telos der von Nolte entwickelten, aufeinander verweisenden Faschismuskonzeptionen erreicht: „Die erste Definition enthält in gewisser Weise bereits die zweite, und wiederum erfährt erst im Zusammenhang der zweiten ein so zentraler Begriff wie die Ideologie seine endgültige Erklärung. Und die zweite sieht sich ihrerseits unmittelbar zur dritten fortgetrieben, da die Politik selbst nichts Politisches mehr ist und als solche nur vor einer Folie manifest werden kann, die anderer Natur ist als sie".[494]

---

[491] A.a.O., S. 294.
[492] A.a.O., S. 507.
[493] Nipperdey 1970, S. 629.
[494] Nolte 1979, S. 516.

176

Wer im Faschismus ein transpolitisches Phänomen sieht, ontologisiert ihn und macht ihn in letzter Instanz unangreifbar. Wäre Nolte bei seiner Bestimmung des Faschismus in ihrem Status als binnenpolitisches Phänomen verharrt, so hätte er die Fragen stellen können, die nicht nur Meinecke, Ritter und Plessner bedrängten, sondern ihre Relevanz bis auf den heutigen Tag bewahrt haben. Aber in dem Maße, wie er den Faschismus von der sozio-politischen Realität, in der er entstand und innerhalb derer er seine zerstörerische Dynamik entfaltete, abkoppelte, fällt sein Ansatz mangels kritischer Potenz auf ein Niveau zurück, das die Bezeichnung „Konzeption" im hier gemeinten Sinn nur partiell verdient. Selbst Nipperdey, der eine Eloge auf die Arbeiten Noltes zum Faschismus veröffentlichte, musste zugeben, dass der Autor bei seinem Bemühen, den Nationalsozialismus als Anti-Glaube darzustellen, „bei der Schilderung der Haltung der Deutschen nach der Machtergreifung von 1933 (...) in eine ganz eigentümliche Emphase (verfällt), in der man fast eine geheime Trauer um den Verlust der emphatischen Existenz (des NS, R.S.) vermuten könnte, wenn nicht die Grundthesen eindeutig dagegen sprächen".[495] Eine dieser „Grundthesen" in Noltes Untersuchung, denen man wissenschaftliche Relevanz nicht abzusprechen vermag, ist die „Angst" der durch den Industrialisierungsprozess entwurzelten Kleinbürger, auf die bereits Plessner verwies.[496] Sie muss in der Tat als Motor und Treibsatz der Dynamik des Radikalfaschismus gelten: als Angst vor dem Ende des deutschen Volkes in der Habsburger Monarchie, als Angst vor der Revolution im Innern, als Angst vor dem unversöhnlichen Feind Frankreich und vor dem Bolschewismus, als Angst vor der wirtschaftlichen Hegemonie der Vereinigten Staaten und als Angst vor den Juden, wie sie insbesondere für Hitler charakteristisch war. „Immer wieder steht die Vorstellung des physischen Untergangs in nächster Nachbarschaft: wenn der Jude siegt, wird der Planet wie vor Jahrmillionen menschenleer seine Bahn ziehen".[497]

Doch wie gehen die sozialpsychologischen Ansätze einer sozialpsychologischen Faschismusanalyse mit dem Phänomen politisch ausbeutbarer Angst um, deren Entstehung nicht zufällig in die Zeit fällt, in der der Aufstieg des Faschismus von einer politischen Sekte zu einer Massenbewegung eine soziale Tatsache geworden war? Auf jene Erklärungsversuche, welche im Gefolge der sozialpsychologischen Faschismuskonzeption Wilhelm Reichs die Diskrepanz zwischen materieller Interessenlage und ideologischer Fehlorientierung untersuchen, ist abschließend einzugehen.

---

[495] Nipperdey 1970, S. 636.
[496] Vgl. Kapitel VII, § 4.
[497] Nolte 1979, S. 487.

Achtes Kapitel
Sozialpsychologische Faschismuskonzeptionen

§ 1   Wilhelm Reich und die „Massenpsychologie des Faschismus"

Wilhelm Reich[498] hat seinen Klassiker „Massenpsychologie des Faschismus"[499] nach eigenen Aussagen „im Verlaufe des Anwachsens der reaktionären Flut in Deutschland in den Jahren 1930 bis 1933"[500] geschrieben. Im Nachwort zur zweiten Auflage, 1934 erschienen, teilt er dem Leser mit, es sei von sachlichem Interesse, „dass die Publikation dieses Buches, im besondere die Feststellung der erlittenen Niederlage (der sozialistischen Arbeiterbewegung, R.S.) meinen Ausschluss aus der kommunistischen Partei zur Folge hatte; die Begründung lautete, meine Anschauungen wären ‚konterrevolutionär'".[501] Wer Reichs Studie auf dem Hintergrund der zwischen 1930 und 1933 im kommunistischen Lager immer noch kanonisierten Sozialfaschismusthese[502] liest, kann sich über diese Entwicklung nicht wundern: Sie verstieß so ziemlich gegen alle ideologischen Tabus jener Zeit, welche die kommunistische Generallinie für sakrosankt erklärte: seine Weigerung, die Massenbasis des Faschismus als bloßes Produkt kapitalistischer Propaganda einzustufen und den Zulauf zur NSDAP lediglich als Ausfluss einer Psychose zu deuten; sein Vorschlag, endlich den „subjektiven Faktor" in der Geschichte ernst zu nehmen, indem in das Paradigma des Historischen Materialismus die auf der Freudschen Lehre aufbauende sozialpsychologische Dimension der faschistischen Massenbasis integriert wird; sein Postulat schließlich, die mechanistische Zuordnung des „Überbaus" zur sozio-ökonomischen „Basis" zu

---

[498] Wilhelm Reich, österreichische Psychoanalytiker, wurde am 24.3.1897 in Dobrczynica (Galizien) geboren; er starb am 3.11.1957 in Lewisburg (Pa). Seit 1922 Leiter des Wiener Seminars für psychoanalytische Therapie, entfernte er sich durch die Übernahme marxistischer Gedanken von den Hauptvertretern der Psychoanalyse und ging 1939 in die USA. Reich hob die repressive Funktion von Familie und Gesellschaft hervor, die ihre autoritäre Ordnung vor allem durch sexuelle Unterdrückung (Monogamie, Inzestverbot) aufrechterhalte. Er entwickelte eine spekulative „Orgon"-Theorie (Biophysikalische Allkraft) und wurde wegen entsprechender Praktiken als Kurpfuscher verurteilt. Reich starb in Haft. Seine Gedanken wurden in den sechziger Jahren von der „Neuen Linken" aufgegriffen (Quelle: Der große Brockhaus, 18. Aufl., Bd. 18, S. 84).
[499] Vgl. Deleuze/Guattari 1974, S. 153 u. passim; Wippermann 1976, S. 56-58 sowie Theweleit 2005, B. I, passim u. Bd. II, S. 404-405 sowie passim.
[500] Reich 1934, S. 10.
[501] A.a.O., S. 279.
[502] Vgl. Kapitel II, §§ 1 u. 2.

revidieren. Und selbst seine mit den Kommunisten geteilte prinzipielle Gegnerschaft zur Sozialdemokratie milderte Reich insofern ab, als er im Nachwort zur zweiten Auflage den Kampf reformistischer Arbeiter in Österreich gegen den Austrofaschismus im Februar 1934 lobend erwähnte[503]: Er hatte ihn so beeindruckt, dass er ihn durch die Widmung der zweiten Auflage seiner „Massenpsychologie des Faschismus" mit den Worten würdigte: „Dem Andenken der gefallenen österreichischen Kämpfer für die sozialistische Zukunft".[504]

Man verbaut sich den Zugang zu Reichs Zeitdiagnose, wenn man die Klärung der methodologischen Grundlagen seines sozialpsychologischen Ansatzes ausklammert. Freud, so schreibt Reich zu Recht, „und die Mehrheit seiner Schüler lehnen die soziologischen Konsequenzen der Psychoanalyse ab und bemühen sich sehr, den Rahmen der bürgerlichen Gesellschaft nicht zu überschreiten".[505] Tatsächlich hatte Sigmund Freud in seiner berühmten Schrift „Das Unbehagen in der Kultur" dem Kommunismus eine unzweideutige Absage erteilt.[506] Auch wenn er sich aus Kompetenzgründen weigerte, ökonomische Kritik an dem kommunistischen Ansatz zu üben, sind für ihn dessen psychologische und anthropologische Voraussetzungen, auf die es in unserem Kontext gerade ankommt, illusorisch. Fest stehe, dass mit der Abschaffung des Privateigentums sich nichts an der Agressionslust des Menschen ändern werde, weil diese älter ist als jenes.[507] Vom Hobbesschen Menschenbild ausgehend, das das zwischenmenschliche Verhalten – durch Aggression als naturwüchsige Konstante vermittelt – dem Prinzip des *homo homini lupus* (der Mensch ist des Menschen Wolf)[508] annähert, entfallen ihm zufolge mit dem Privateigentum und vor allem mit der bürgerlichen Familie wichtige Instrumentarien zur Kanalisierung aggressiven Verhaltens, das, auf sich allein gestellt, keine wünschbare Alternative im Sinne einer lebenswerten Existenz darstelle. Wenn sich Reich dennoch als marxistischer Kommunist zur Freudschen Psychoanalyse in seiner Auseinandersetzung mit der Massenbasis des Faschismus bekennt, muss er im Potential der Lehre seines Meisters Elemente aufweisen, die dieser – aus welchen Gründen auch immer – ignorierte: Elemente, welche mit Konsequenzen des Historischen Materialismus konvergieren.

Reich beruft sich in der Tat auf folgende gemeinsame Schnittmengen mit dem Freudschen Ansatz, dessen subversive Stoßrichtung unübersehbar sei: Zunächst nennt er dessen Erkenntnis, dass das Bewusstsein nur ein kleines Segment

---

[503] Reich 1934, S. 281.
[504] A.a.O., S. 3
[505] A.a.O., S. 11.
[506] Vgl. Freud 1994, S. 77.
[507] Vgl. a.a.O., S. 78.
[508] Vgl. a.a.O., S. 76.

des Seelischen ist. Von unbewusst ablaufenden und der Kontrolle des Bewusstseins entzogenen Prozessen gesteuert, haben anscheinend sinnlose psychische Tatbestände wie der Traum etc. einen präzisen Sinn und eine Funktion, welche sich restlos dechiffrieren lassen, sofern es gelingt, die Entwicklungsgeschichte des jeweiligen Individuums lückenlos zu rekonstruieren: Dies vorausgesetzt, distanziere sich die Psychoanalyse sowohl von dem, was man „Hirnmythologie" nenne, als auch von Konstruktionen, die auf einen mysteriösen objektiven Geist hinausliefen.[509] Als weitere große Entdeckung nennt Reich Freuds These, es gebe eine von der Fortpflanzung unabhängige Sexualität, die bereits beim Kleinkind festzustellen sei. Die Sexualität bzw. deren Energie, die Libido, stamme aus körperlichen Quellen: Sie wirke als dynamischer Motor des Seelenlebens, sobald sie in Konflikt mit realen Bedingungen des Daseins gerate. Biologische Voraussetzungen und soziale Faktoren des Lebens träfen also im Seelischen aufeinander.[510] Ferner habe Freud mit der These wissenschaftliches Neuland betreten, dass die kindliche Sexualität, im Zentrum der Kind-Eltern-Beziehung (Ödipuskomplex) stehend, aus Angst vor Bestrafungen (Kastrationsängste) verdrängt werde. Sie entziehe sich somit der Kontrolle des Bewusstseins, wirke aber weiter und könne dadurch erhebliche Störungen im Seelenleben hervorrufen. Für Reichs „Massenpsychologie des Faschismus" entscheidend ist aber vor allem die vierte Entdeckung Freuds, die neues Licht auf die moralischen Instanzen des Menschen geworfen hätte. Weit davon entfernt, Ausfluss transzendenter Größen zu sein, entlarvte Freud sie als das Resultat der Erziehung der Eltern und ihrer Vertreter. Sie trügen erheblich dazu bei, dass der einzelne in dessen frühester Kindheit die moralischen Normen durch Druck von außen verinnerliche. „Im Kern dieser Erziehungsmaßnahmen wirken diejenigen, die sich gegen die Sexualität des Kindes richten. Der Konflikt, der sich ursprünglich zwischen den Wünschen des Kindes und den Verboten der Eltern abspielt, setzt sich später als Konflikt zwischen Trieb und Moral *innerhalb* der Person fort. Die moralischen Instanzen, die selbst unbewusst sind, wirken sich beim Erwachsenen gegen die Erkenntnisse der Sexualität und des unbewussten Seelenlebens aus; sie unterstützen die Sexualverdrängung (‚Sexualwiderstand') und erklären den Widerstand der Welt gegen die Entdeckung der kindlichen Sexualität".[511]

Im Gegensatz zu Freud selbst, ließ Reich keinen Zweifel daran, dass diese Entdeckungen den Rahmen der bürgerlichen Gesellschaft sprengen mussten: Sie entzögen deren ideologische Stützen, nämlich der bürgerlichen Moralphilosophie und der Religion ebenso den Boden wie der Vorstellung ewiger Werte im Sinne

---

[509] Reich 1934, S. 44.
[510] Ebd.
[511] A.a.O., S. 46.

des Christentums mit ihrer Leugnung kindlicher Sexualität sowie ihrer Reduktion des Geschlechtlichen auf seine Fortpflanzungsfunktionen. Wenn Reich dergestalt in den genannten vier Erkenntnissen Freuds die gemeinsame Schnittmenge der Psychoanalyse mit dem Historischen Materialismus marxistischer Provenienz sah, stellt sich die Frage, wie die „Arbeitsteilung" zwischen diesen beiden Ansätzen funktioniert. Reich betonte immer wieder, es gehe ihm nicht darum, Marx durch Freud zu ersetzen, ihn zu ergänzen oder beide zu vermengen. Ihm komme es vielmehr darauf an, die Stelle im Historischen Materialismus zu benennen, „an der die Psychoanalyse eine wissenschaftliche Funktion zu erfüllen hat, die die Sozialökonomie nicht zu leisten vermag: die Erfassung der Struktur und Dynamik der Ideologie, nicht deren historischen Bodens".[512] Das Marxsche Paradigma, so Reich, habe zwei Fragen offen gelassen, nämlich *wie* sich das materielle Sein in ideelles Bewusstsein umsetze und *wie* das dergestalt entstandene Bewusstsein auf seine ökonomische Basis zurückwirke. „Diese Lücke füllt die analytische Psychologie aus, indem sie den Prozess im menschlichen Seelenleben aufdeckt, der von den Seinsbedingungen bestimmt ist, und somit den subjektiven Faktor wirklich erfasst. Sie hat also eine streng umschriebene Aufgabe. Sie kann nicht etwa die Entstehung der Klassengesellschaft oder die kapitalistische Produktionsweise erklären (sofern sie solches versucht, kommt regelmäßig reaktionärer Unsinn heraus, z. B. der Kapitalismus sei eine Erscheinung der Habgier des Menschen), wohl aber ist allein sie befähigt – und nicht die Sozialökonomie – zu erforschen, wie der Mensch einer Epoche etwa aussieht, denkt, handelt, wie sich die Widersprüche seines Daseins in ihm auswirken, wie er mit diesem Dasein fertig zu werden versucht etc. Sie untersucht zwar nur den einzelnen Menschen, wenn sie sich aber zur Erforschung der einer Schichte (sic!), Klasse, Berufsgruppe etc. *gemeinsamen*, typischen psychischen Prozesse spezialisiert und das Unterschiedliche ausschaltet, wird sie zur Massenpsychologie".[513]

Reichs Fokussierung der analytischen Sozialpsychologie auf den subjektiven Faktor innerhalb des marxistisch interpretierten Phänomens der faschistischen Massenbasis in Italien und Deutschland vorausgesetzt, könnte man seine „Massenpsychologie des Faschismus" als einen paradigmatischen Versuch bezeichnen, ein zentrales Phänomen zu erklären, mit dem die Welt spätestens seit dem September 1930 konfrontiert war, nachdem die Nationalsozialisten von einer kleinen Sekte mit 2.6% der Stimmen bei den Reichstagswahlen vom 20.5.1928 ihren Stimmenanteil am 14.9.1930 auf 18.3% und bei den Wahlen vom 11.7.1932 auf 37,4 % erhöhten[514]: eine Entwicklung, für deren Analyse die Komintern, wie in

---

[512] A.a.O., S. 47.
[513] A.a.O., S. 30.
[514] Vgl. Broszat 1986, S. 13.

Kapitel II gezeigt worden ist, keine überzeugenden Argumente beizusteuern hatte. Reich kennzeichnete dieses Problem mit dem Begriff der „Schere". So konstatierte er 1933 „eine *Schere* zwischen der Entwicklung an der ökonomischen Basis, die nach links drängte, und der Entwicklung der Ideologie breiter Schichten, die nach rechts erfolgte".[515] Die kommunistische Linke habe in diesem Zusammenhang übersehen, dass sich der Faschismus zu Beginn seiner Entwicklung als Massenbewegung gegen das Großkapital richtete. Daher gehe es nicht an, „in ihm nur eine Garde des Finanzkapitals" zu sehen, „schon deshalb nicht, weil er eine Massenbewegung ist".[516] Richtig antizipierte Reich, dass alle sozialpsychologischen Versuche, den Faschismus im Rahmen der Dimitroff-Formel zu untersuchen, scheitern müssen: Ohne den Bezug des dialektischen Zusammenhanges zwischen den objektiven Rahmenbedingungen und deren psychischer Verarbeitung zu fokussieren, kommt ein solcher Ansatz, wie die in den 1950er Jahren in der DDR entstandene Studie Müller-Hegemanns[517] zeigt, über die formale Auflistung bestimmter Eigenschaften „wie Pessimismus, Ordnungsliebe, Sentimentalität, sexuelle Impotenz, Diensteifer und Korrektheit in der Kleidung etc. als spezifisch faschistisch"[518] nicht hinaus. Gemäß dieser der Dimitroff-Formel verpflichteten Lesart[519] gelten im Prinzip als „Faschisten" alle, die keine Kommunisten sind. Demgegenüber insistierte Reich auf der Widerspiegelung der Schere zwischen sozialer Lage und ideologischem Bewusstsein auch im kollektiven Verhalten des in Panik geratenen Mittelstandes. „Dass er in der Krise gegen das ‚System' rebelliert, verstehen wir unmittelbar. Dass er aber, obwohl bereits ökonomisch proletarisiert, trotzdem das Absinken ins Proletariat fürchtet und extrem reaktionär wird, ist nicht unmittelbar sozialökonomisch zu verstehen. Auch er hat einen Widerspruch in sich zwischen rebellierendem Fühlen und reaktionären Zielen und Inhalten".[520] Wenn dieser Schere mit sozialökonomischen Untersuchungsmethoden nicht beizukommen ist, stellt sich die Frage, ob Reichs sozialpsychologischer Ansatz ein solches Phänomen analytisch überzeugender in den Griff zu bekommen vermag.

Reichs Untersuchungsperspektive konzentriert sich auf eine zentrale Institution der bürgerlichen Gesellschaft, die in der ökonomistischen Auseinandersetzung der Komintern mit dem Faschismus vollständig ausgeblendet war: die bürgerliche Familie. Als „Struktur- und Ideologiefabrik" der kapitalistischen Vergesellschaftung komme an ihr keine seriöse Erklärung der subjektiven Vor-

---

[515] Reich 1934, S. 19.
[516] A.a.O., S. 20.
[517] Vgl. Müller-Hegemann 1955.
[518] Wippermann 1975, S. 59.
[519] Vg. Müller-Hegemann 1955, S. 7.
[520] Reich 1934, S.37.

aussetzungen der Massenbasis des Faschismus vorbei, weil sie der institutionelle Ort der systematischen Sexualverdrängung sei, die eine massenhafte Akzeptanz der reaktionären Krisenlösung des Faschismus als subjektiven Faktor erst ermöglichte. „Ohne Einbeziehung dieser Institution ist ein Verständnis der sexuellen Ökonomie und des ideologischen Prozesses des Patriarchats unmöglich. Die Psychoanalyse von Menschen jeder Altersstufe, aus allen Ländern und jeder sozialen Schichte (sic!) ergibt: Die Verknüpfung der sozialökonomischen mit der sexuellen Struktur der Gesellschaft und die ideologische Reproduktion der Gesellschaft erfolgen in den ersten vier bis fünf Lebensjahren und in der Familie. Die Kirche setzt diese Funktion nur fort".[521] Diese Sexualökonomie im Schoße der bürgerlichen Familie laufe auf die moralische Hemmung der natürlichen Geschlechtlichkeit des Kindes hinaus, deren letzte Etappe die schwere Beeinträchtigung der genitalen Sexualität des Kleinkindes sei. Ängstlich, scheu, autoritätsfürchtig, gehorsam, im bürgerlichen Sinne brav und erziehbar, führe das sexuelle Denkverbot zur allgemeinen Denkhemmung und Kritikunfähigkeit. „Als Vorstufe dazu durchläuft das Kind den autoritären Miniaturstaat der Familien, an deren Struktur sich das Kind zunächst anpassen muss, um später in dem allgemeinen gesellschaftlichen Rahmen einordnungsfähig zu sein. Die Umstrukturierung des Menschen erfolgt – das muß genau festgehalten werden – zentral durch Verankerung sexueller Hemmung und Angst am lebendigen Material der sexuellen Antriebe".[522]

Reich hat ein Schema der Sexualökonomie als der wichtigsten ideologischen Reproduktionsstätte des privatwirtschaftlichen Gesellschaftssystems entworfen (Abb. 17). Aus ihm geht hervor, dass aus dem Klassenstaat resultierende Ausbeutung und Sexualunterdrückung zwar im Prinzip einen Ansatz zur Rebellion darstellen, weil Nahrungs- und Sexualbedürfnis ihre Befriedigung fordern. Aber dieser emanzipatorische Befreiungsschlag wird durch die in der Familie erfolgte Sexualverdrängung verhindert. In dem Maße nämlich, wie diese sich in moralische Verbote und ethische Hemmungen verwandelt, entzieht sie der Revolutionsbereitschaft in den Subjekten den Boden. Statt der Rebellion nehmen vielmehr die Ideologien von Pflicht und Ehre vom Individuum Besitz: eine Tendenz, die noch dadurch verstärkt werde, dass sich der Vater mit der Obrigkeit identifiziere und die religiöse Sexualangst diese Tendenz stabilisiere.[523] Der Nationalsozialismus beute diesen psychischen Mechanismus durch seine Rassentheorie rücksichtslos aus. Deren objektive Funktion ziele darauf ab, „den imperialistischen Tendenzen einen biologistischen Mantel umzuhängen und die subjektive Funkti-

---

[521] A.a.O., S. 50.
[522] A.a.O., S. 50f.
[523] A.a.O., S. 84-90.

on" bestehe darin, „Ausdruck bestimmter *affektiver, unbewusster* Strömungen im Fühlen des nationalistischen Menschen zu sein und bestimmte psychische Haltungen zu verdecken".[524] Die faschistische Weltanschauung sei die Weltanschauung der Asexualität, der „sexuellen Reinheit": Sie ließen sich auf eine Erscheinung der durch die patriarchalische und privatwirtschaftliche Gesellschaft bedingten Sexualverdrängung und Sexualscheu erklären.[525] Auf eine Formel gebracht, interpretierte Wilhelm Reich den Faschismus und seine Massenbasis als „das Aufbäumen einer sexuell ebenso wie wirtschaftlich todkranken Gesellschaft gegen die schmerzhaften, aber entschiedenen Tendenzen des Bolschewismus zur sexuellen ebenso wie ökonomischen Freiheit (...), einer Freiheit, bei deren bloßen Vorstellung den *bürgerlichen* Menschen Todesangst überkommt".[526]

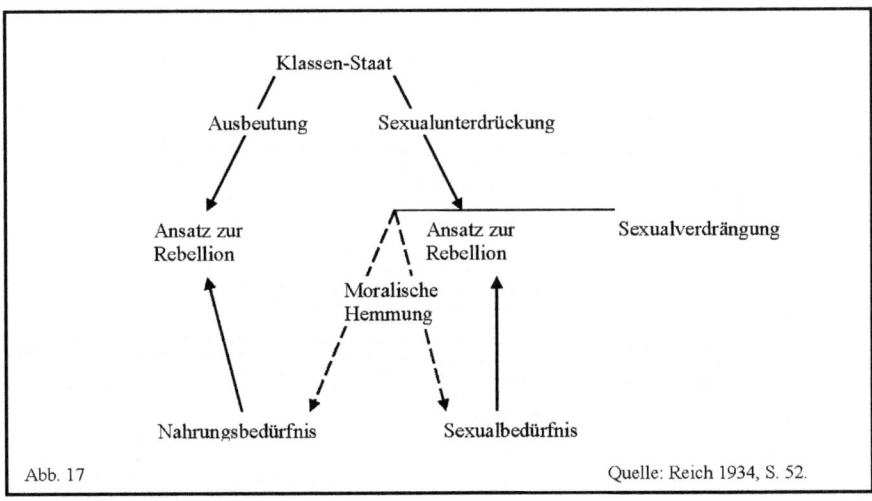

Abb. 17   Quelle: Reich 1934, S. 52.

Ohne den Boden des Historischen Materialismus prinzipiell zu verlassen, ist es das Verdienst Wilhelm Reichs, gegen das ökonomistische Muster der Komintern bei der Analyse der faschistischen Massenbasis den „subjektiven Faktor" nachhaltig betont zu haben, wie er sich als ideologische Orientierung im Bewusstsein mittelständischer Massen verstetigte. Dass er bei der Reproduktion rechter Ideologiemuster deren Verankerungen in der bürgerlichen Familie betont, ist eine unausweichliche Konsequenz seiner an der Freudschen Theorie angelehnten,

---

[524] A.a.O., S.120.
[525] A.a.O., S. 127.
[526] A.a.O., S. 94.

184

diese aber signifikant modifizierenden sozialpsychologischen Untersuchungsmethode. Zwar zeigt Reich sehr deutlich die Grenzen seines eigenen Ansatzes auf: Die analytische Sozialpsychologie kann wohl begründete Aussagen über die Tatsache treffen, dass Massen entgegen ihrer sozio-ökonomischen Lage zu faschistischen politischen Optionen neigen. Aber zur Entstehung der wirtschaftlichen Rahmenbedingungen selbst, unter denen dieser Prozess stattfindet, müsse sie schweigen. Dennoch hat sich Reich einige methodologische „Grenzüberschreitungen" zuschulden kommen lassen, welche die Relevanz seines Ansatzes erheblich einschränken. Seine Kritik der bürgerlichen Familie und der ihre Sozialisationsmuster prägenden psychischen Strukturen lebt von der kommunistischen Alternative, dass erst mit der Abschaffung des Privateigentums und der Familie die seelische Disposition zu faschistischen Krisenlösungsstrategien auf Massenbasis gegenstandslos geworden ist. Aber Reich unterlässt es in seiner Schrift, sich mit der Kritik Freuds an den seiner Meinung nach defizitären anthropologischen Prämissen der kommunistischen Heilslehre[527] auseinanderzusetzen. Ist Reichs Position noch haltbar, wenn sich tatsächlich die These Freuds bewahrheiten würde, dass sich aggressives Verhalten auch jenseits des Privateigentums und der Familie Bahn bricht? Und was geschähe, wenn Privateigentum und Familie in ihrer Funktion zumindest der partiellen Aggressionskanalisierung entfielen? Ein weiteres von Reich nicht gelöstes Problem kommt hinzu. Aus heutiger Sicht unterschätzte er ganz offenbar die Fähigkeit der bürgerlichen Gesellschaft mit einer weitgehenden Liberalisierung der Sexualität umzugehen, ohne automatisch eine sozialistisch-kommunistische Identität annehmen zu müssen. Gleichzeitig überschätzte er den Einfluss der christlichen Sexualmoral auf die Massen, der allerdings zu seiner Zeit sicherlich nachhaltiger gewesen ist als zu Beginn des 21. Jahrhunderts. Auch passen Tendenzen der Nazis, die bürgerliche Familie zum Beispiel in Gestalt der Lebensborn-Experimente zu zerstören, nicht in das von Reich entworfene Bild. Vor allem aber leitet Reich seine Schlüsse aus dem spezifischen deutschen Beispiel ab, ohne deren Verallgemeinerungsfähigkeit zu prüfen. In den angloamerikanischen Ländern, so ist zu vermuten, sind aus dem kapitalistischen Reproduktionsprozess ähnliche Familienstrukturen hervorgegangen wie in Deutschland. Dennoch haben sie faschistischen Tendenzen im großen und ganzen widerstanden. Außerdem ist die dominante Rolle des autoritären Vaters und der bürgerlichen Familie insgesamt bei der Entstehung des faschistischen „Ich" nachhaltig in Frage gestellt worden.[528]

---

[527] Vgl. Kapitel VIII, § 1.
[528] Vgl. Kapitel VIII, § 4.

Trotz dieser gravierenden Vorbehalte ist Reichs „Massenpsychologie des Faschismus" nicht folgenlos geblieben. Insbesondere Erich Fromm hat Erkenntnisse Sigmund Freuds und Wilhelm Reichs über die subjektive Disposition der mittelständischen Massenbasis des Faschismus 1941 in seinem Buch „Furcht vor der Freiheit" weiter entwickelt. Zu welchen Resultaten er bei seiner Analyse des subjektiven Faktors innerhalb des faschistischen Syndroms gelangt, wird im Folgenden zu zeigen sein.

§ 2 Erich Fromm und die „Furcht vor der Freiheit"

Auch Erich Fromm[529] ging es in seinem 1941 zuerst in den USA erschienenen Buch „Die Furcht vor der Freiheit" um die entscheidende Frage, wie es kommen konnte, dass in Italien und Deutschland die Bürger zweier Demokratien in ihrer Mehrheit bereit waren, auf die in den Verfassungen beider Länder verankerte individuelle Freiheit zugunsten der Omnipotenz einer faschistischen Diktatur zu verzichten. Ebenso wenig wie Reich bezweifelte Fromm die Bedeutung ökonomischer und gesellschaftlicher Bedingungen, welche zu diesem welthistorischen Vorgang führten. Gleichfalls ist er mit ihm aber auch der Überzeugung, dass es in diesem Zusammenhang „ein den Menschen selbst betreffendes Problem" gibt, „das wir verstehen müssen. Zweck dieses Buches ist es, jene dynamischen Faktoren in der Charakterstruktur des modernen Menschen zu analysieren, die in den faschistischen Ländern dazu geführt haben, die Freiheit aufzugeben": eine Tendenz, „die bei Millionen Menschen in unserem eigenen (amerikanischen) Volk ebenfalls stark verbreitet" sei.[530] Um sie zu analysieren, komme man um einen Ansatz nicht herum, der das Wechselspiel von psychologischen, ökonomischen, gesellschaftlichen und ideologischen Faktoren fokussiere. Wer ernsthaft die große Anziehungskraft der faschistischen Krisenlösung begreifen wolle, sehe sich gezwungen, dem Tatbestand seine Aufmerksamkeit zu widmen, den Reich den „subjektiven Faktor" nannte: also die psychologischen Grundlagen der massenhaften Attraktivität des Faschismus. „Denn wir haben es hier mit einem politischen System zu tun, das seinem Wesen nach nicht an die rationalen Kräfte des

---

[529] Erich Fromm, Psychoanalytiker und Schriftsteller, wurde am 23.3.1900 in Frankfurt am Main geboren; er starb am 18.3.1980 in Muralto bei Locarno. Fromm arbeitete zunächst am Frankfurter Institut für Sozialforschung und emigrierte 1934 in die USA, wo er 1940 eingebürgert wurde. Professor ab 1935 u.a. an der Michigan State University, an der Universidad Nacional Autonoma de Mexiko und an der New York University, enwickelte Fromm eine psychotherapeutische Methode, die sich vorwiegend auf Verschmelzung von Psychoanalyse und marxistischer Soziologie stützt. Wegen seiner kritischen Einstellung gegenüber Sigmund Freud wird er zu den Neopsychoanalytikern gezählt (Quelle: Brockhaus Enzyklopädie, 19. Auflage, , Bd. 7, S. 694).
[530] Fromm 2005, S. 11. Die deutsche Übersetzung wurde verglichen mit Fromm 1971.

Selbstinteresses appelliert, sondern das im Menschen diabolische Kräfte weckt und mobilisiert, von deren Existenz wir nichts wussten oder von denen wir zumindest annahmen, sie seien schon lange ausgestorben".[531]

Auch wenn der Faschismus und sein massengestützter Angriff auf die Autonomie des Individuums als das Resultat eines in der Frühen Neuzeit einsetzenden Emanzipationskampfes der Befreiung des Ich von allen traditionalen Bindungen die meisten Menschen unvorbereitet traf, gab es in der zweiten Hälfte des 19. und im frühen 20. Jahrhundert Denker, die seismografisch das kommende Desaster antizipierten: Fromm nennt Nietzsche, Marx und vor allem Freud. „Freud hat die Aufmerksamkeit mehr als jeder andere auf die Beobachtung und Analyse der irrationalen und unbewussten Kräfte gelenkt, die das Verhalten der Menschen mitbestimmen. Er und seine Schüler haben in der modernen Psychologie nicht nur den irrationalen und unbewussten Bereich der menschlichen Natur entdeckt, dessen Existenz der moderne Rationalismus übersehen hatte, Freud hat auch gezeigt, daß diese irrationalen Phänomene bestimmten Gesetzen folgen und daher rational zu erklären sind. Er hat uns gelehrt, die Sprache der Träume und der somatischen Symptome ebenso wie die Irrationalitäten im menschlichen Verhalten zu verstehen. Er hat entdeckt, daß sowohl das irrationale Verhalten eines Menschen als auch seine gesamte Charakterstruktur die Reaktion auf Einflüsse ist, welche die Außenwelt insbesondere während der frühen Kindheit auf ihn ausübte".[532] Gerade dadurch, dass Freud seine Aufmerksamkeit auf individuelle geistige und psychische Störungen richtete, habe er den Weg zum Gipfel jenes Vulkans unserer Zivilisation gezeigt, von dem aus der Blick in den „kochenden Krater" möglich geworden sei. Ohne Zweifel gründete Erich Fromm seine Analyse des Faschismus auf diesen Prämissen der Psychoanalyse Freuds. Aber zum Zweck seiner Faschismusanalyse modifizierte er ähnlich wie Wilhelm Reich wesentliche Aspekte der Freudschen Lehre, wenn auch in charakteristischer, von Reichs Ansatz abweichender Weise.

Es ist insbesondere ein Kernbereich der Freudschen Analyse, den Fromm als zeitgebunden und „vom Geist seiner Kultur durchtränkt"[533] verwirft: die traditionelle Vorstellung der dichotomischen Gegenüberstellung von Mensch und Gesellschaft sowie sein negatives Menschenbild. Insbesondere Freuds an Hobbes' *homo homini lupus* angelehnte statische Anthropologie[534] ordnete der Gesellschaft die Aufgabe zu, den Menschen zu domestizieren und ihn durch Kanalisierung seiner aggressiven Triebe zu einem Kulturmenschen zu „sublimieren". Dabei sei

---

[531] A.a.O., S. 12.
[532] A.a.O., S. 13.
[533] Ebd.
[534] Vgl. Freud 1974, S. 76.

die Beziehung des einzelnen zur Gesellschaft stets statisch: Sich im Kern gleich bleibend, ändere er sich nur insofern, „als die Gesellschaft einen größeren Druck auf seine natürlichen Triebe ausübt (und so eine noch stärkere Sublimierung erzwingt) oder ihm mehr Befriedigung erlaubt (und dafür Kultur opfert)".[535] Demgegenüber ist für Fromms Ansatz nicht entscheidend, in welchem Maße die Gesellschaft dem einzelnen das Ausleben oder die Reprimierung seiner Triebregungen gestattet: Das Schlüsselproblem ist für ihn vielmehr die spezifische Art der Bezogenheit des Individuums zur Welt und vor allem die Einsicht, dass das Individuum kein statisches, sondern ein dynamisches Verhältnis zur Gesellschaft hat. Was Freud in Gestalt der Triebregungen und Triebbefriedigung als anthropologische Konstante hypostasierte, ist nach Fromm ein gesellschaftlich durch und durch vermitteltes Phänomen. „Die schönsten wie auch die abscheulichsten Neigungen des Menschen sind kein festgelegter, biologisch gegebener Bestandteil seiner Natur, sondern das Resultat des gesellschaftlichen Prozesses, der den Menschen erzeugt. Die Gesellschaft hat also nicht nur die Funktion, etwas zu unterdrücken – obwohl sie auch diese Funktion hat -, sondern auch eine kreative Funktion. Die Natur des Menschen, seine Leidenschaften und seine Ängste, sind ein Produkt der Kultur. Tatsächlich ist der Mensch selbst die wichtigste Schöpfung und Errungenschaft des unaufhörlichen menschlichen Bemühens, die Dokumentation dessen, was wir Geschichte nennen".[536]

Fromm hat mit dieser „Korrektur" des Freudschen Ansatzes die Grundlagen seines eigenen sozialpsychologischen Paradigmas einer Analyse des Faschismus transparent gemacht: Es geht darum, den Prozess der gesellschaftlichen Selbsterzeugung des modernen Menschen ebenso zu verstehen wie den seiner Selbstdestruktion in Gestalt seiner Flucht vor der Freiheit und ihrer Unterordnung unter die Gewalt eines faschistischen Führers. Wie einerseits die gesellschaftlichen und historischen Bedingungen der Entstehung und der Liquidierung der Freiheit des Individuums zu rekonstruieren sind, müssen gleichzeitig die psychologischen Prämissen verdeutlicht werden, die entsprechende subjektive Dispositionen in den Individuen als Reaktion auf die „objektiven Prozesse" der Gesellschaft und ihrer Geschichte hervorgerufen haben. Insbesondere das 3. Kapitel „Freiheit im Zeitalter der Reformation" und das 4. Kapitel „Die beiden Aspekte der Freiheit für den modernen Menschen" widmet Fromm der sozio-psychischen Vorgeschichte der Bereitschaft von Millionen, ihre Freiheit der faschistischen Führerdiktatur zu opfern. Die Anfänge dieses Prozesses reichen bis zum Spätmittelalter und zur Renaissance zurück: Sie offenbaren Fromm zufolge das Janusgesicht der

---

[535] Fromm 2005, S. 15.
[536] Ebd.

individuellen Freiheit. Einerseits gewinnt das moderne Individuum dadurch seine spezifische, auf Autonomie gegründete Würde, dass es aus den ständischen und kirchlichen Bindungen der mittelalterlichen Welt heraustritt: Tendenziell auf sich allein gestellt, schafft es die Grundlagen einer säkularen Zivilisation, die in der Weltgeschichte ohne Beispiel ist. Andererseits jedoch ist es gerade die Isolation und die Einsamkeit, welche das Licht der individuellen Freiheit wie ein Schatten begleiten: Sie nähren in ihm das Bestreben, seine Autonomie als Last zu empfinden.

Freilich reagierten Fromm zufolge die Schichten der frühneuzeitlichen Gesellschaft unterschiedlich auf diesen Prozess der Anonymisierung. Die frühkapitalistischen Oligarchen, obwohl auch durch Konkurrenz und Machtstreben verunsichert, profitierten von diesem Vorgang und erlebten ihn überwiegend als Aufbruch in eine neue Zeit mit nie da gewesenen Möglichkeiten individueller Entfaltung und Machtakkumulation. Die ausgebeuteten Unterschichten verschaffen sich Distanz von ihrer Angst durch regelmäßige Aufstände gegen die von ihnen gehassten Reichen: Akte emanzipatorischer Aufsässigkeit, die den Druck ihrer kollektiven Frustration milderten. Dagegen war das eigentliche Opfer der konservative Mittelstand, der sich dem Status quo verpflichtet und sich sowohl von den oberen als auch von den unteren Segmenten der Gesellschaft bedroht fühlte. Gleichzeitig musste er seinen Hass verbergen, wollte er sich nicht der Chance begeben, am Aufschwung teilzuhaben. Diese spezifische gesellschaftliche Zwischenposition förderte nach Fromm die Bereitschaft, sich seiner Freiheit dadurch zu entledigen, dass man sich einer anonymen Gewalt unterwirft. Im 16. Jahrhundert seien es vor allem die Reformatoren Luther und Calvin gewesen, die diesem Bedürfnis ihrer mittelständischen Basis entgegenkamen. „Luther und Calvin sind Musterbeispiele für diesen Menschentyp, der ganz von Feindseligkeit durchdrungen ist".[537] Beide müssten zu den größten Hassern unter den religiösen Führern der Weltgeschichte gezählt werden. Aber noch bedeutsamer sei, „daß diese Feindseligkeit auch in ihre Lehren eindrang und unausweichlich eine Gruppe ansprechen mußte, die selbst von einer intensiven, ebenfalls verdrängten Feindseligkeit erfüllt war. Den auffälligsten Ausdruck fand ihre Feindseligkeit in ihrer Gottesvorstellung, besonders in Calvins Lehre. (...) Dieses Bild eines despotischen Gottes, der die unumschränkte Gewalt über die Menschen und deren Unterwerfung und Demütigung verlangt, war eine Projektion der Feindseligkeit und des Neides der Mittelschicht".[538]

---

[537] A.a.O., S. 74.
[538] Ebd.

Fromms These ist nun, dass diese sozialpsychologischen Strukturen, die aus der zerfallenden Welt des Feudalismus hervorgingen und die subjektive Disposition eines neuen Individualismus in seiner ganzen Janusgesichtigkeit darstellten, sich bruchlos vom Frühkapitalismus zum Monopolkapitalismus des 20. Jahrhunderts perpetuierten. „Der Mensch wurde zu einem Zahnrad im riesigen Wirtschaftsapparat – zu einem wichtigen Zahnrad, falls er über viel Kapital verfügte, und zu einem unwichtigen, wenn er kein Geld hatte -, aber er war stets ein Zahnrad, das einem Zweck diente, das außerhalb seiner selbst lag. Die Bereitschaft, die eigene Person außermenschlichen Zwecken unterzuordnen, hatte der Protestantismus längst vorbereitet, wenngleich Luther und Calvin nichts ferner gelegen hätte, als ein solches Übergewicht der wirtschaftlichen Betätigung gutzuheißen. Aber sie hatten in ihrer theologischen Lehre immerhin dieser Entwicklung den Boden bereitet, indem sie dem Menschen sein geistiges Rückgrat brachen, ihm das Gefühl für seine Würde und seinen Stolz nahmen und ihn lehrten, er habe mit seiner Tätigkeit Zwecken zu dienen, die außerhalb seiner selbst liegen".[539] Im Grunde genommen wirkte also bei der Identifikation des alten und des neuen Mittelstandes mit den Nazis und ihrem Führer – Fromm zufolge – ein ähnlicher psychischer Mechanismus wie jener, der die mittelständischen Schichten der Frühen Neuzeit ihren religiösen Vordenkern Luther und Calvin folgen ließ: Von den ökonomischen Katastrophen der Inflation von 1923 und der Weltwirtschaftskrise ab 1929 geschüttelt und sich sowohl von der monopolkapitalistischen Oberschicht als auch vom Proletariat bedroht fühlend, erlebten sie gleichzeitig den Niedergang zweier Säulen in ihrem Weltbild, das ihnen im Kaiserreich eine gewisse Stabilität zuteil werden ließ: den von der Revolution destruierten starken Staat und den beginnenden Zerfall der Familie. In Panik geraten, fühlte sich gerade die Mittelschicht „von der NS-Ideologie ungeheuer angesprochen, von ihrem Geist blinden Gehorsams gegenüber dem Führer, dem Haß gegen rassische und politische Minderheiten, vom Streben nach Eroberung und Herrschaft, und von der Verherrlichung des deutschen Volkes und der ‚nordischen Rasse', und dieser Appell an die Emotionen gewann sie für die Sache der Nazis und machte sie zu ihren begeisterten Anhängern und Verfechtern".[540]

Worin bestanden nun aber die psychologischen Merkmale der NS-Ideologie, die eine problemlose Identifikation der Mittelschichten mit dem deutschen Faschismus ermöglichten? Da Fromm davon ausgeht, dass die NS-Weltanschauung im Kern in Hitlers „Mein Kampf" formuliert worden ist, rekurriert er in seiner Analyse vorwiegend auf diese Quelle. Die in der Epoche des Monopolkapitalis-

---

[539] A.a.O., S. 85.
[540] A.a.O., S. 154f.

mus sozial entwurzelten Kleinbürger, so müssen wir Fromm interpretieren, fanden in dieser Schrift alles, womit sie sich ideologisch ineinssetzten. Ihr Autor „war ein typischer Vertreter des Kleinbürgertums, ein Niemand ohne alle Zukunftsaussichten, der das intensive Gefühl hatte, ein Ausgestoßener zu sein. In ‚Mein Kampf' spricht Hitler an mehreren Stellen von sich als dem ‚Niemand', als dem ‚Unbekannten', der er in seiner Jugend gewesen sei. Aber obwohl dies im wesentlichen an seiner eigenen gesellschaftlichen Stellung lag, verstand er es mit nationalen Symbolen zu rationalisieren".[541] Vor allem aber bietet nach Fromm Hitlers Autobiographie eine „vorzügliche Illustration" des in den kleinbürgerlichen Massen zur Hegemonie gelangten autoritären Charakters mit seinen sowohl sadistischen als auch masochistischen Zügen: Das Streben nach mehr oder weniger unbeschränkter Macht mit deutlich destruktiven Zügen verbinde sich mit seiner Sehnsucht nach Auflösung in einer überwältigend starken Macht, um an deren Ruhm und Kraft teilhaben zu können. Es kann hier nicht darum gehen, sowohl die sadistischen als auch die masochistischen Elemente in den einschlägigen Textstellen von Hitlers „Mein Kampf" zu referieren, welche Fromm als Belege anführt.[542] Dass er aber zweierlei plausibel zu zeigen vermag, steht außer Frage: einerseits die Tatsache, dass das sadomasochistische Grundmuster in den mittelständischen Schichten aufgrund ihrer sozio-ökonomischen Lage stärker dominant war als in anderen Klassen der deutschen Gesellschaft nach dem Ersten Weltkrieg (z.B. das liberale und katholische Bürgertum sowie die Arbeiterschaft) und andererseits der Nachweis, dass die Nazis, allen voran Hitler, diesen Sozialcharakter besser zu bedienen verstanden als alle anderen politischen Kräfte in der Endphase der Weimarer Republik.

Doch diesen Erkenntnisfortschritten stehen analytische Defizite gegenüber, die nicht verschwiegen werden dürfen. So analogisiert Fromm die Anhänger der Theologie Luthers und Calvins in den Mittelschichten des 16. Jahrhunderts mit der Situation der deutschen Zwischenschichten am Vorabend des Dritten Reiches: Ihre Flucht vor der Freiheit ende im nationalsozialistischen Aktivismus, der seinerseits Ausdruck des sadomasochistischen Musters gewesen sei, welches einst dem Protestantismus in seiner lutherischen und calvinistischen Spielart eine Massenbasis verschafft habe. Diese These kann nicht überzeugen, weil sie zu linear sozio-psychische Strukturen des 16. ins 20. Jahrhundert extrapoliert. In der Renaissance wurde die individuelle Freiheit erst „entdeckt": Nur eine kleine Oberschicht partizipierte tatsächlich an ihr und lebte sie mehr oder weniger kreativ aus, indem sie innovatorische Impulse auf Kultur, Wissenschaft und Ökono-

---

[541] A.a.O., S. 159.
[542] Vgl. a.a.O., S. 162-173.

mie ausstrahlte. Im 20. Jahrhundert war dieser Modernisierungsprozess weit fortgeschritten und, vermittelt durch demokratische Verfassungen, zu einem integrierten Bestandteil einer modernen Massenkultur geworden. Wenn sie sich in der Frühen Neuzeit einem allmächtigen Gott unterwarfen, konnten die mittelständischen Massen eigentlich noch gar nicht wissen, was individuelle Freiheit positiv bedeutete. Im 20. Jahrhundert dagegen war dieses Wissen längst zu einer Selbstverständlichkeit geworden. Daher sind wir jetzt mit einem Problem konfrontiert, das auch historisch neu war: Was treibt Menschen im vollen Wissen um die Chancen der Freiheit dazu, sich ihrer zu entledigen, indem sie sich bedingungslos einem faschistischen Führer unterwerfen?

Es gibt aber noch einen anderen Einwand gegen Fromms Kontinuitätsthese. Das Verhältnis des Protestantismus zur individuellen Freiheit ist komplexer als seine Ausführungen vermuten lassen. Zwar spricht einiges dafür, dass das Staatskirchentum Luthers zur Formierung autoritärer Charaktere in den mittelständischen Schichten beigetragen hat. Aber bereits im Calvinismus haben wir es mit einer anderen Ausgangslage zu tun. Es ist doch gerade das Freikirchentum gewesen, das als eine der Grundlagen der modernen Demokratie zu gelten hat. In dem Maße, wie die Gemeinden auch Foren öffentlich relevanter Meinungsbildung waren, schufen sie die Grundlagen für eine kritisch räsonierende Öffentlichkeit, ohne die eine liberale Demokratie niemals entstanden wäre.[543] Und waren es nicht calvinistische Denker, die – wie Beza, Duplessis-Mornay und Hotman – Widerstandslehren[544] gegen eine tyrannisch gewordene absolutistische Obrigkeit propagierten? War es nicht der „protestantische Geist" insbesondere in seiner calvinistischen Spielart, der im Aufstand der Niederlande gegen die spanische Zentralgewalt und in der Großen Englischen Revolution erfolgreich für die individuelle Gewissensfreiheit kämpfte und dadurch dem feudal-absolutistischen Erbe ein Ende bereitete? Auch die Französische Revolution und ihre Massenbasis in den Zwischenschichten lässt sich kaum der Frommschen Analogiesierungsthese subsumieren. Die entschiedensten Kämpfer für die Zerschlagung des Feudalsystems und des Absolutismus in Frankreich als Vorbedingung demokratischer Verfassungen waren die Jakobiner mit ihrem Anhang in den mittleren und unteren Zwischenschichten.[545]

In gewisser Weise fällt Fromm hinter seine Kritik an Freud zurück, wenn er diesem vorwirft, er ontologisiere die den Menschen leitenden Triebe und Aggressionen, indem er sie zu Naturkonstanten hypostasiere. Aber genau diesen Fehler scheint Fromm zu wiederholen, wenn er eine gerade Linie von den Verhaltens-

[543] Vgl. Saage 1981, passim.
[544] Vgl. a.a.O., S. 23-38.
[545] Vgl. neuerdings Saage 2005, S. 120-127.

dispositionen der frühneuzeitlichen zu den faschistischen Mittelschichten des 20. Jahrhunderts zieht. Wenn psychische Muster gesellschaftlich vermittelt sind, müssen auch die stets variablen sozio-politischen Kontexte neu rekonstruiert werden. Welche Stoßrichtung der mittelständische Radikalismus hat, ob er freiheitsfördernd oder freiheitsverneinend ist, hängt von dem gesellschaftlichen Umfeld ab, innerhalb dessen er wirkt. Er entscheidet darüber, dass z. B. die Levellers in der Großen Englischen Revolution und die Jakobiner in der Französischen Revolution die Grundlage für die freiheitlichen Verfassungen Europas schufen. Umgekehrt wirkte es auf die Zwischenschichten in Italien und Deutschland in der Weise ein, dass sie dem Faschismus zu einer Massenbasis verhalfen. Doch Fromms nicht überzeugende Vermittlung von sozio-politischen Kontexten und der Formierung spezifischer sozial-psychologischer Verhaltensdispositionen kann seine Leistung nicht schmälern, Faschismuskonzeptionen um die Einsicht bereichert zu haben, dass der Nationalsozialismus und der italienische Faschismus ohne die Existenz massenhaft auftretender autoritärer Charaktere nicht zu verstehen sei. 1950 veröffentlichten Adorno u.a. die schulemachende empirische Studie „The Authoritarian Personality"[546], welche viele psychische Verhaltensdispositionen, wie Reich und Fromm sie am Beispiel faschistischen Massenverhaltens und seiner historischen Vorläufer beschrieben, bestätigte: das manichäische Weltbild des potentiellen Faschisten oder, wie in der Studie genannt, des Ethnozentristen; dessen Neigung, strikt zwischen der Innengruppe, mit der er sich vorbehaltlos identifiziert, und der Außengruppe, auf die sein latenter Vernichtungswillen gerichtet ist, zu unterscheiden; die Immunisierung gegen den Einfluss logischer und rationaler Argumente; die Starrheit seines Denkens; der sado-masochistische Grundzug seines psychischen Apparates; seine Gefühlsarmut und geringe kreative Potenz; sein unnachgiebiger Hass gegenüber den Liberalen etc.

Aber das Spektrum des sozialpsychologischen Profils des Faschismus ist unvollständig, wenn seine spezifische charismatische Herrschaftslegitimation und die subjektive Bereitschaft der Massen, in ihrem Medium sich mit dem Führer zu identifizieren, unberücksichtigt bleiben. Mit ihr werden wir uns im Folgenden zu beschäftigen haben.

---

[546] Vgl. Adorno/Frenkel-Brunswik/Levinson/Sanford 1982, passim.

§ 3   Franz Neumann und die Sozialpsychologie des charismatischen Führerkults

„Charismatische Herrschaft ist lange Zeit vernachlässigt und lächerlich gemacht worden, hat aber offenbar weit zurückreichende Wurzeln und wird, wenn die geeigneten psychologischen und sozialen Bedingungen erst einmal vorhanden sind, zu einer machtvollen Antriebskraft", schrieb Franz Neumann[547] 1942 in seinem Standardwerk über den Nationalsozialismus. „Die charismatische Macht des Führers ist kein bloßes Trugbild – niemand kann bezweifeln, dass Millionen an sie glauben. Wir schlagen an dieser Stelle vor, drei Aspekte dieses Problems zu untersuchen: den Ursprung der charismatischen Führung; die psychologische Verfassung derjenigen, die an sie glauben; endlich ihre gesellschaftliche Funktion".[548] Da Neumanns Antworten auf diese drei Fragen bis auf den heutigen Tag nicht überholt sind und sie darüber hinaus mit zu den bedeutendsten Beiträgen gehören, welche die Politikwissenschaft zur Faschismusforschung beigesteuert hat, ist die Auseinandersetzung mit ihnen eine Selbstverständlichkeit.

In seiner Untersuchung der charismatischen Herrschaft geht Neumann von der einschlägigen idealtypischen Fassung Max Webers aus. Im Gegensatz zur traditionalen und legalen Herrschaft bezeichnet ihm zufolge „'Charisma' (...) eine außeralltäglich (ursprünglich, sowohl von Propheten wie bei therapeutischen wie bei Rechtsweisen wie bei Jagdführern wie bei Kriegshelden: als magisch bedingt) geltende Qualität einer Persönlichkeit (...), um derentwillen sie als mit übernatürlichen oder übermenschlichen oder mindestens spezifisch außeralltäglichen, nicht jedem andern zugänglichen Kräften oder Eigenschaften (begabt) oder als gottgesandt oder als vorbildlich und deshalb als *Führer*' gewertet wird".[549] Bleibt die Bewährung des charismatischen Führers durch den Erfolg aus oder droht sie, zu veralltäglichen, so ist der Verlust charismatischer Autorität wahrscheinlich. Neumann hatte keine Mühe, historische Beispiele für eine so verstandene Herrschaftslegitimation in der europäischen Geschichte seit der Antike zu finden: Er nennt u.a. Alexander den Großen, Heinrich VIII., Luther und vor allem Calvin. Insbesondere dessen Prädestinationslehre ist ihm zufolge eine Charisma generierende Doktrin: Wenn der sündige Mensch nur dann hoffen darf, in den kleinen Kreis der von Gott Auserwählten zu gelangen, sofern er in seinem Arbeitsleben berufliche Erfolge für sich reklamieren kann, dann hat er die Grundlagen für eine Autorität mit charismatischer Aura gelegt. Während Calvins Schüler Hotman und Duplessis-Mornay auf der Grundlage der calvinistischen

---

[547] Zur Biographie Neumanns vgl. Kapitel IV, FN 28.
[548] Neumann 1977, S. 117.
[549] Weber 1964, S. 179.

Theologie dem traditionellen Naturrecht verpflichtete Vertragstheorien entwickelten[550], aus denen sie ein Widerstandsrecht der Stände gegen die absolutistische (tyrannische) Obrigkeit ableiteten, sei dieser Aspekt für Calvin selbst peripher gewesen. Er habe vielmehr auf eine messianisch-charismatische Lösung des Despotieproblems gesetzt. „Gott, sagt Calvin (...), kann seinem Volk einen auserwählten Retter senden. (...) Freilich soll das Volk nicht zu leichtgläubig sein, wenn ein solcher Erretter kommt. Hier wird der charismatische Führer angekündigt, der Mann, der im Namen der göttlichen Vorsehung bevollmächtigt ist, die Regierung zu stürzen und das Volk zu befreien".[551]

Man muss also wohl davon ausgehen, dass an der Wiege des modernen Kapitalismus in der Frühen Neuzeit eine Herrschaftslegitimation steht, die nicht nur älter ist als dieser, sondern die, wie Neumann betont, im Gegensatz zu dessen System der Rationalität, Berechenbarkeit und Verlässlichkeit steht. Subkutan also gleichzeitig mit ihrem Widerpart, der Herrschaftslegitimation legaler Art, präsent, kann sie jederzeit auch unter den Bedingungen der bürgerlichen Gesellschaft selbst in ihrem industrialisierten Stadium zum Durchbruch gelangen, wenn bestimmte sozialpsychologische Bedingungen gegeben sind. „Dieser vollkommen irrationale Glaube tritt in Situationen auf, die der Durchschnittsmensch nicht verstehen und rational erfassen kann. Nicht die Angst allein treibt die Menschen in die Arme des Aberglaubens, sondern das Unvermögen, die Ursachen ihrer Hilflosigkeit, ihres Elends und ihrer Erniedrigung zu erkennen. In Zeiten des Bürgerzwistes, des religiösen Aufruhrs und tiefgreifender sozialer und ökonomischer Umwälzungen, die Not und Elend erzeugen, sind die Menschen oft außerstande, oder werden vorsätzlich unfähig gehalten, die Entwicklungsgesetze zu erkennen, die ihre Lage herbeigeführt haben. Die am wenigsten von der Vernunft geleiteten Gesellschaftsschichten wenden sich Führern zu. Wie die Primitiven halten sie nach einem Erretter, der ihre Not abwenden und sie aus ihrem Elend befreien soll, Ausschau. Dabei gibt es immer – und häufig auf beiden Seiten – einen Faktor der Berechnung. Der Führer macht sich das Gefühl der Ehrfurcht zunutze und fördert es; die Gefolgsleute strömen ihm zu, um ihre Ziele zu erreichen".[552] Diese Beobachtung deutet auf allgemeine, aus der historischen Erfahrung ableitbare Strukturelemente charismatischer Herrschaft hin. Der Faschismus jedoch, so Neumann, hat diesen Grundprinzipien charismatischer Autorität ein neues Element hinzugefügt: Er bleibt insofern Ausfluss der modernen Zivilisation, als er die zweckrationalen Elemente charismatischer Herrschaft in weitaus höherem Maße betont als bei seinen historischen Vorgängern seit der

---

[550] Vgl. Saage 1981, S. 23-61.
[551] Neumann 1977, S. 124f.
[552] A.a.O., S. 130.

Antike oder in akephalen Agrargesellschaften. „Der charismatische Anspruch der modernen Führer fungiert als bewusstes Mittel, Hilflosigkeit und Hoffnungslosigkeit des Volkes zu nähren, Gleichheit zu beseitigen und stattdessen eine hierarchische Ordnung einzuführen, in der der Führer und seine Gruppe den Ruhm und den Nutzen des *numen* teilen".[553]

Die Herrschaft Hitlers, so müssen wir Neumann interpretieren, potenzierte aber die charismatische Identifikation der Massen mit dem Führer noch in zwei anderen entscheidenden Aspekten. Mussolinis charismatischer Führungsstil verlor seine Wirkung, als spätestens 1943 klar war, dass Italien an der Seite des Dritten Reiches den Krieg nicht gewinnen konnte. Widerstandslos ließ er sich vom König entlassen, die Armee kündigte ihm die Gefolgschaft und, wie mehrfach hervorgehoben, reagierten auch die alten Eliten auf Mussolinis Misserfolge durch Rückzug aus der Kooperation. Wie in den älteren Varianten charismatischer Herrschaft, so löste sich mit dem ausbleibenden Erfolg auch deren legitimatorische Grundlage auf. Was Neumann als Signum moderner Diktaturen ausgibt, trifft aus diesem Grund zwar nicht allgemein, wohl aber für den Nationalsozialismus zu: „Das neue Charisma ist sogar noch wirksamer als das des primitiven Königtums: die Führer werden nicht entthront oder getötet, wenn es ihnen nicht gelingt, ihr Volk vom Übel zu befreien. Das *do ut des* gilt nicht mehr. Das Charisma ist absolut geworden; es verlangt Gehorsam gegenüber dem Führer nicht, weil dieser nützliche Funktionen versieht, sondern weil er angeblich übermenschliche Gaben besitzt".[554] Es kommt aber zur Charakterisierung dieses „Radikalcharisma" eine weitere Komponente hinzu, die in ihrer Negativität welthistorische Einzigartigkeit reklamieren kann: Noch nie hinterließ eine charismatische Herrschaftsform einen solchen Zivilisationsbruch in Gestalt einer industriellen Tötungsmaschinerie, der über sechs Millionen Juden und andere Minoritäten zum Opfer fielen, wie die Diktatur Hitlers. Soweit ich sehen kann, war Franz Neumann einer der ersten Sozialwissenschaftler, der die enge Korrelation von Radikalcharisma und rassistischem Antisemitismus systematisch aufgedeckt hat. Wenn eine Wirkungsbedingung der charismatischen Herrschaftslegitimation darin besteht, dass ein Gefühl kollektiver Bedrohung besteht, die in panische Angst umschlägt und so das Bedürfnis nach einem mit magischen Kräften ausgestatteten „Retter" erzeugt, dann hat Neumann sie in einer Weise am Nationalsozialismus auch sozialpsychologisch exemplifiziert, die bis auf den heutigen Tag nicht überholt ist.

---

[553] Ebd.
[554] Ebd.

Auf die Gründe, die Deutschland zwischen 1930 und 1933 vor allem durch die im „alten" und „neuen" Mittelstand ausgebrochene Panik zum „Land der Entfremdung und der Angst"[555] machten, ist in diesem Buch schon häufig hingewiesen worden: die traumatische Erfahrung der Materialschlachten des Ersten Weltkrieges; die „halbe" Revolution von 1918/19; die von vielen als Demütigung empfundenen Bedingungen des Friedens von Versailles; die dauerhafte Etablierung des sowjetischen Systems in Russland und die daraus resultierende Bolschewismusfurcht; das Versagen der Parteiendemokratie der WRV; die Inflation von 1923 und die Weltwirtschaftskrise ab 1929; die Phobie vor dem angeblich jüdischen „raffenden" Kapital etc. Diese Ausgangssituation der Neurotisierung ganzer Bevölkerungsschichten vorausgesetzt, war das Ziel der Nationalsozialisten, wie Neumann zeigen kann, klar: „die Zusammenschweißung des Volkes mit dem charismatischen Führer zum Zwecke der Eroberung Europas und vielleicht der Welt und die Herstellung rassischer Herrschaft der Deutschen über alle anderen Völker. Aber wie das Volk integrieren – trotz aller Spaltungen der Klassen, Parteien, Religionen? Nur durch den Haß gegen einen Feind. Aber wie bestimmt man den Feind? Der Bolschewismus konnte es nicht sein, weil er zu stark war. Die katholische Kirche konnte man nicht so designieren, weil man sie politisch brauchte und die Loyalitäten zu ihr zu tief verwurzelt waren. Blieben die Juden. Sie erschienen im öffentlichen Bewußtsein als mächtig – waren aber in Wirklichkeit schwach".[556] Angeblich Fremde sowie durch ihre Stellung in Handel und Finanz als Symbole eines parasitären Kapitalismus und durch ihre avantgardistischen Positionen in Literatur und Kunst stigmatisiert, hatte „die These der jüdischen Weltverschwörung das Wahrheitselement, das notwendig war, um dieses Geschichtsbild zu einer furchtbaren Waffe werden zu lassen".[557] Dass gleichwohl die bürgerlich-kapitalistischen Eigentumsverhältnisse im Prinzip unangetastet blieben und die falsche Realitätseinschätzung der kapitalistischen Reproduktionsmechanismen zu einem ideologischen, d.h. antisemitisch aufgeladenen „Primat der Politik" führte, der quer stand zum „politischen Kalkül der wirtschaftlichen Führung"[558], ist bereits gezeigt worden.[559]

Dass diese Waffe als ein „furchtbares" Instrument gegen die Juden nicht nur verbal artikuliert, sondern in kumulativ radikalisierter Weise auch tatsächlich praktisch umgesetzt wurde, weist Neumann nach am Beispiel des „Reichsbürgergesetzes" vom 15. September 1935, den Nürnberger Gesetzen vom 15. September

---

[555] Neumann 1967, S. 200.
[556] A.a.O., S. 200f.
[557] A.a.O., S. 201.
[558] Mason 1968, S. 195.
[559] Vgl. Kapitel II, § 4 sowie Horrn 1974, S. 173.

1935 sowie der „Arisierung" des jüdischen Vermögens nach der Ermordung vom Raths, des dritten Sekretärs an der deutschen Botschaft in Paris.[560] Dieser totalitäre Antisemitismus als Ausfluss charismatischer Herrschaft lief darauf hinaus, den Juden die Qualität von Menschen abzusprechen. Sie waren „zur Inkarnation des Bösen in Deutschland, ja in der ganzen Welt geworden. Mit anderen Worten, der totalitäre Antisemitismus trägt magischen Charakter und entzieht sich somit jeder Diskussion"[561] und endete, nachdem sich in den annektierten Gebieten auch die letzten Reste legaler Herrschaft durch die Dezision in Gestalt charismatisch legitimierter Maßnahmen auf der Basis von Führerbefehlen als hegemoniale Herrschaftsmittel durchgesetzt hatten, in jenem Genozid, für den der Name Auschwitz steht.[562] 1944 konnte Neumann diese Konsequenz noch nicht absehen, aber die Richtung, in dem die Logik der radikalcharismatischen Herrschaft ging, hat er ebenso antizipiert wie die gesellschaftliche Funktion, die der totalitäre Antisemitismus für die in konkurrierende Machtblöcke zerrissene Gesellschaft des Dritten Reiches ausübte. Zunächst wurden die Juden als integrierendes Feindbild instrumentalisiert. „Allen Haß, alle Ressentiments, alles Elend auf einen Feind ladend, der leicht vernichtet werden und keinen Widerstand leisten kann, läßt sich die arische Gesellschaft zu einem Ganzen integrieren".[563] Sodann bot der Antisemitismus eine Rechtfertigung für die Expansion nach Osten. „Sowohl in Hitlers Autobiographie als auch im Programm der NSDAP wird eine Befreiung aller Rassenbrüder vom Joch der Fremdherrschaft gefordert"[564], da im Osten und Südosten Europas eine zahlreiche jüdische Minorität lebte. Der Raub des jüdischen Eigentums im Zuge der Arisierung der deutschen Wirtschaft aber hatte die Funktion, der antikapitalistischen Sehnsucht im deutschen Volk entgegen zu kommen. „Da der Kapitalismus das Privateigentum generell nicht angetastet hat, ist es für das Regime von entscheidender Wichtigkeit zu zeigen, daß es die Macht besitzt, es zu nehmen. In den Augen der antikapitalistischen Massen läßt es die Enteignung eines Teils der Bevölkerung als möglich erscheinen, daß das Regime eines Tages zur vorbehaltlosen und totalen Verstaatlichung schreiten könnte – eine von vielen ausländischen Beobachtern, die dazu neigen, das NS-Regime als antikapitalistisch zu bezeichnen, geteilte Erwartung".[565]

Es ist Franz Neumanns Verdienst, nicht nur Fragen aufgeworfen zu haben, die bis auf den heutigen Tag in der Auseinandersetzung mit dem Faschismus auf der Tagesordnung stehen: „Wie kommt es, daß die Massen sich Führern ver-

---

[560] Vgl. Neumann 1977, S. 153-158. Vgl. hierzu auf erweiterter Quellenbasis Aly 2005.
[561] A.a.O., S. 159.
[562] Vgl. hierzu die erschütternde Dokumentation bei Levi 2006.
[563] A.a.O., S. 163.
[564] Ebd.
[565] A.a.O., S. 158.

schreiben und ihnen blindlings folgen? Worauf beruht die attraktive Kraft von Führern über Massen? Welches sind die historischen Situationen, in denen diese Identifizierung von Führer und Massen erfolgreich ist? Und wie sieht das Geschichtsbild derer aus, die Führer akzeptieren?"[566] Wie gezeigt, hat Neumann darüber hinaus auf diese Probleme Antworten gegeben, welche auch in Zukunft nicht obsolet sein werden. Wenig Beachtung findet freilich in Neumanns Untersuchung die Frage, aus welchen Quellen sich jener Vernichtungswille speiste, von dem die Führungskader der Freikorps in der Frühphase des Faschismus durchdrungen waren, wenn sie ihrem blutigen Tagesgeschäft der Bekämpfung angeblich innerer und äußerer Feinde nachgingen. Dieses Problem ist Gegenstand des nächsten Abschnitts.

§ 4   „Männerphantasien" und Urfaschismus bei Klaus Theweleit

1936 konstatierte Otto Bauer, dass neben der Verelendung breiter Massen des Kleinbürgertums (alter und neuer Mittelstand) und der Bauernschaft in den Wirtschaftskrisen nach dem Ende des Ersten Weltkrieges und den wegen der ökonomischen Rezession der Weltwirtschaft bedrohten Profiten des Großkapitals es vor allem die aus dem Krieg ins bürgerliche Leben „geschleuderten" Kriegsteilnehmer gewesen seien, welche die Basis des „Urfaschismus" darstellten. „Die Keimzellen der faschistischen Partei Italiens", schrieb Bauer, „bildeten sich aus nach dem Kriege demobilisierten Reserveoffizieren. Sie hatten jahrelang kommandiert, nun fanden sie im bürgerlichen Leben keine ihrem Selbstgefühl, ihrem Ehrgeiz entsprechende Stellung. Um sie scharten sich Deklassierte aus den Reihen der *Arditi*, der Stoßtruppen des Krieges, stolz auf ihre Kriegsauszeichnungen und Kriegswunden, erbittert, weil das Vaterland, für das sie geblutet hatten, ihnen keine oder keine ihren Ansprüchen genügende Stellung bieten konnte. Sie wollten die im Kriege erworbenen Gewohnheiten nicht aufgeben. Sie wollten kommandieren und kommandiert werden, Uniform tragen und marschieren. Sie begannen die Aufstellung einer Privatarmee".[567]

Dass sich ein analoger Vorgang, wenn auch auf noch breiterer Basis, in Deutschland abspielte, zeigt die zweibändige, in den 1970er Jahren erschienene Studie von Klaus Theweleit[568] „Männerphantasien".[569] Wie der Untertitel des

---

[566] Neumann 1967, S. 190.
[567] Bauer 1976, S. 137f.
[568] Klaus Theweleit, geboren 1942 in Ostpreußen, studierte Germanistik und Anglistik und lebt heute als freier Publizist und Dozent in Freiburg im Breisgau. 2003 wurde er mit dem Johann-Heinrich-Merck-Preis der Deutschen Akademie für Sprache und Dichtung ausgezeichnet (Quelle: Theweleit 2005, S. 2).
[569] Vgl. Stelly/Brock 1977; Augstein 1977; Baier 1978; Kunert 1978; Stelly 1978, Pietzker 1979, S. 936-942.

ersten Bandes „Frauen, Körper, Geschichte"[570] und des zweiten Buches „Männerkörper – zur Psychoanalyse des weißen Terrors"[571] bereits andeuten, handelt es sich um die psychoanalytische Rekonstruktion jener „soldatischen Männer", welche den harten Kern der Freikorps bildeten: der Speerspitze des weißen Terrors also, die sowohl im Baltikum als auch im Ruhrgebiet im Kampf gegen die vermeintliche „Rote Gefahr" des Bolschewismus für zahlreiche Massaker und Attentate verantwortlich war. Das Material, auf das Theweleit zurückgreift, sind Romane, Biographien und Tagebücher u. a. aus der Feder prominenter Autoren wie Ernst Jünger, Martin Niemöller und Ernst von Salomon, aber auch Feldzugsdarstellungen, Erlebnisberichte, Tagebuchblätter, Reflexionen, Lieder zur Zeitgeschichte etc. „Gefragt wird nach dem Wesen des ‚weißen Terrors'", umschreibt Theweleit seine systematische Fragestellung, „und der Sprache der soldatischen Männer als einem Teil davon".[572] Zwar will er deren „Bedeutung" und „Aussagen" nicht ignorieren. Doch mehr noch interessiert ihn die Frage, „wie sie funktioniert: welche Rolle sie im Verhältnis des Mannes zur übrigen Realität stellt und wo ihr körperlicher Ort ist".[573]

Im Gegensatz zu den „Faschismustheorien" und zur übrigen akademischen Faschismusforschung will Theweleit über die „Körperlichkeit" des faschistischen Mannes und ihren Beziehungen zur übrigen Objektwelt in eine Dimension der Konkretion des faschistischen Phänomens vordringen, die den konventionellen wissenschaftlichen Ansätzen aufgrund ihrer angeblich voreiligen begrifflichen Abstraktion verborgen bleibt. Dieses Muster ist Theweleit zufolge freilich nicht a priori der Untersuchung zugrunde gelegt worden. Auch sucht man vergebens nach einer theoretischen Begründung. Er ist vielmehr ein Resultat des ersten Bandes, in dem sich in den untersuchten Texten das Frauenbild der „Urfaschisten" in den Freikorps niederschlägt. „Darin fällt eine merkwürdig ambivalente Affektivität auf. Sie schwanken zwischen intensivem Interesse und kühler Gleichgültigkeit, Aggressivität und Verehrung, Haß, Angst, Fremdheit und Begehren – Vieldeutigkeiten, die interessant genug waren, ihnen nachzugehen".[574] Im zweiten Buch knüpft Theweleit an diese phänomenologische, freilich im Unterschied zu Ernst Nolte[575] psychoanalytisch und durchgehend kritisch ausgerichtete Methode an: Die Selbstexplikation seines Materials, der er „Vorrang vor Interpretationen"[576] einräumt, treibt ihn „auf manch unerwartetem Weg"[577] zur

---

[570] Theweleit 2005, Bd. I, S. 1-509.
[571] Theweleit 2005, Bd. II, S. 1-460.
[572] Theweleit 2005, Bd. I, S. 33.
[573] Ebd.
[574] Ebd.
[575] Vgl. Kapitel VII, § 5.
[576] Theweleit 2005, Bd. I, S. 33.

„Frage nach dem ‚weißen Terror'". Dabei werden „Wendungen der Argumentation (...) an den Stellen begründet, wo sie geschehen, aber nicht immer".[578]

Es ist klar, dass ein Text, der unter dekonstruktivistischen Prämissen verfasst worden ist, keine „große Geschichte" zu erzählen vermag, die sich auf eine schlichte Inhaltsangabe reduzieren ließe. Die durch zahlreiche Bilder illustrierte visuelle Ebene steht zwar in einem lockeren Zusammenhang zum Text selbst, aber dieser, nicht selten in sich fragmentiert, entzieht sich, durch Redundanzen gebrochen, von vornherein jeder das Material bewusst durchdringenden Systematik. Vielleicht liegt in dieser nicht selten unübersichtlich wirkenden Darstellungsweise der Grund, dass die Untersuchung Theweleits auf dem Büchermarkt ein großer Erfolg, in der akademischen Forschung hingegen nicht die Beachtung gefunden hat, die sie in Wirklichkeit verdient. Tatsächlich kommt niemand, der von der Relevanz der sozialpsychologischen Dimension des Faschismus ausgeht, um die Auseinandersetzung mit diesem Werk vorbei. Ausgehend von den einschlägigen theoretischen Grundlegungen bei Canetti[579] und Deleuze/Guattari[580] gelangt die Untersuchung zu Resultaten, die zentrale Aussagen der älteren sozialpsychologischen Faschismuskonzeption korrigieren bzw. es nahe legen, sie erneut zu überprüfen: So gingen die älteren sozialpsychologischen Faschismuskonzeptionen, allen voran Wilhelm Reichs, davon aus, dass der faschistische Mann geprägt wurde durch die Konfrontation mit dem autoritären Vater. Nach Theweleit ist das Gegenteil der Fall. „Der Vater hat versagt: sie treten an zum Kampf um seine Nachfolge bei der Mutter Deutschland. Das Patriarchat sichert seine Herrschaft im Faschismus in der Form eines ‚Juniorrats' (....). Weit und breit nur Söhne, Hitler eingeschlossen".[581] Wilhelm Reich sah darüber hinaus in der bürgerlichen Familie die „Brutstätte" faschistischer Mentalitäten; folgerichtig forderte er deren Abschaffung, wie er sie in Sowjetrussland erkennen zu können glaubte. Theweleit widerspricht: Nach seinen Befunden hat das faschistische Ich in der „Dreierkonstellation der Familie keinen psychischen Bezugspunkt mehr. „Der Vater als Instanz bedeutet ihm nichts. Die Mutter als Person bedeutet ihm nichts. Die Familiengrenzen sprengend steht es molaren Einheiten gegenüber: den andern, seinem Land, dem Universum, die er sich einzuverleiben (...) oder von denen er sich einzugliedern versucht. Seinem psychischen Bau nach ist dies Wesen antifamilialistisch".[582]

---

[577] Ebd.
[578] Ebd.
[579] Vgl. Canetti 1960 und Canetti 1972.
[580] Vgl. Deleuze/Guattari 1974.
[581] Theweleit 2005, Bd. I, S. 114.
[582] A.a.O., Bd. II, S. 248f.

Ferner ist der „weiße Terror" Theweleit zufolge nicht Ausfluss einer Regression, die ihrerseits ermöglicht wurde durch komplizierte Destrukturierungsprozesse, wie die älteren sozialpsychologischen Ansätze dies nahe legen. Das Gegenteil sei der Fall. „Die soldatischen Männer, die hier untersucht werden, leben keineswegs ‚ihren Trieben'. Der Terror entsteht aus ihren Versuchen, ‚Ich' zu werden im Sinne einer umgrenzten, nicht fragmentierten psychischen Einheit. Den Trieben wollen sie *entkommen*, nicht ihnen freien Lauf lassen. Deren Durchbruch erzeugt dann auch weniger Triebbefriedigung, als daß er zur Stabilität des Ganzheitspanzers beiträgt. So ist der weiße Terror (eher als die Funktion eines ‚Triebs') eine Funktion des fragmentierten/sich zusammenfügenden Ich (des Körper-Ich)".[583] In den älteren sozialpsychologischen Faschismuskonzeptionen spielte schließlich die Mutter bei der Konzipierung des psychischen Apparates faschistischer Dispositionen keine oder nur eine periphere Rolle. Diese Unterlassung wird von Theweleit massiv kritisiert. „Daß sie, die adligen, die bürgerlichen, die bäuerlichen und zu einem Teil die proletarischen (Mütter, R.S.) entscheidend mitverantwortlich waren für die die Existenz von Söhnen, die sich begierig in tötende Makromaschinen fügten, blieb und (bleibt) unausgesprochen; die Arbeit der Mütter ist kein Gegenstand für die Wissenschaft. (....) Die öffentliche Einsicht, daß ohne die entscheidende Hilfe von Müttern solch zerstörerische, halbgeborene Ordnungsirre, wie sie in den faschistischen Blöcken auftraten, nicht *möglich* gewesen wären – sie wäre spätestens nach 1945 nicht mehr aufschiebbar gewesen".[584]

Freilich kann der Geltungsanspruch des Untersuchungsansatzes Theweleits – wie der aller sozialpsychologischen Faschismuskonzeptionen – nur eingeschränkte Relevanz beanspruchen. Obwohl auf einer beträchtlichen Materialbasis argumentierend, sind seine Quellen insofern nicht authentisch, als sie durch das Filter literarischer Konstruktionen des schreibenden Subjekts hindurchgegangen sind. Außerdem setzt Theweleit Faschismus immer mit Nationalsozialismus gleich, ohne entsprechende vergleichende Studien über die psychische Struktur der *Arditi* des italienischen Faschismus oder der Offiziere der Armee General Francos im spanischen Bürgerkrieg durchgeführt zu haben. Vor allem aber kann auch Theweleits Studie keine Auskunft darüber geben, warum ähnliche Entwurzelungsprozesse mit womöglich analogen psychischen Depravationen von Weltkriegsteilnehmern z.B. in Frankreich, England und den Vereinigten Staaten in diesen Ländern nicht zum Faschismus führten. Diese offenen Fragen sind nur in Kooperation mit einer „objektivistischen" Faschismustheorie zu beantworten: Nur sie kann uns Auskunft darüber geben, „welche objektiven Konflikte psycho-

[583] A.a.O., S. 374.
[584] A.a.O., S. 375.

logisiert wurden"[585] und dadurch zu einer Massenbewegung des Faschismus führten oder sie verhinderten. Damit bestätigt sich, was von allen Konzeptionen des Faschismus, die in diesem Buche behandelt worden sind, gesagt werden muss: Sie alle legen mehr oder weniger relevante Aspekte des faschistischen Syndroms frei, scheitern aber stets dann, wenn sie den Anspruch erheben, ihn in seiner Totalität zu „erklären". Eine neue Sicht des Faschismus ist nur dann möglich, wenn das Lagerdenken der einzelnen Konzeptionen aufgegeben wird und sich die „wahren" Teilaspekte zu einem durchaus heterogenen „Ganzen" fügen würden. Wie ein solches Programm aussehen könnte, ist ein Desiderat zukünftiger Untersuchungen.

---

[585] Horn 1974, S. 175.

Neuntes Kapitel
Epilog

Die Geschichte des Faschismus ist die Geschichte objektiver und subjektiver Aspekte struktureller Fehlentwicklungen bürgerlicher Gesellschaften im 20. Jahrhundert. Wie diese sich in den diskutierten Konzeptionen niedergeschlagen haben, konnte die vorliegende Darstellung zeigen; in ihr ist versucht worden, deren kognitive Grenzen ebenso aufzuzeigen wie ihr analytisches Potential. Doch ausgeblendet wurde bisher eine Frage, die sich ebenfalls zwangsläufig aus den Faschismuskonzeptionen ergibt: Wie muss im Licht dieser krisenhaften Fehlentwicklungen eine Gesellschaft aussehen, die den Faschismus vermeidet? Diesem Problem haben wir uns, wenn auch in der gebotenen Kürze, im Folgenden zuzuwenden. Auch wenn die meisten der hier vorgestellten Konzeptionen nicht immer explizit die sozio-politische Alternative thematisierten, die sie dem Faschismus gegenüberstellten, so lässt doch der mehr oder weniger kritische Anspruch, mit dem sie ihn analysierten, vermuten, dass sie zumindest *indirekt* von Elementen eines gegenüber den faschistischen Fehlentwicklungen immunisierten Modells ausgingen.

Von allen Ansätzen, die im Zentrum dieser Untersuchung stehen, hat das sowjetmarxistische Paradigma zu diesem Problem die dezidierteste Stellung bezogen.[586] Da zwischen dem Faschismus und dem Monopolkapitalismus ein instrumentelles Verhältnis in dem Sinne besteht, dass jener das Werkzeug und dieser das es benutzende Subjekt ist, kann es zur Abschaffung der spätbürgerlichen Gesellschaft in ihrem vermeintlich imperialistischen Stadium keine Alternative geben, wenn die Wurzeln des Faschismus wirklich ausgerissen werden sollen. Doch wir haben gesehen, dass die kommunistische Analyse des Funktionierens faschistischer Herrschaftssysteme in ihren Schlussfolgerungen brüchig ist: Sie ordnet den Faschismus nicht in eine gesamtgesellschaftliche Analyse ein und reduziert ihn auf eine Soziologie der herrschenden Klasse. Aus einer nachweisbaren fehlerhaften Analyse des Faschismus ist aber auch nur eine defizitäre Alternative ableitbar. Doch um welches Gegenmodell handelt es sich? Selbstverständlich lebte die kommunistische Faschismuskonzeption von dem Credo, dass die Sowjetunion das Gesellschaftssystem sei, in dem sich grundsätzlich keine faschis-

---

[586] Vgl. Kapitel II, §§ 1-4.

tischen Potentiale bilden und akkumulieren könnten. Mit der Abschaffung kapitalistischer Strukturen sei dessen extremster Depravation gleichsam der Boden entzogen. Mit diesem Enthauptungsschlag fehlten aber möglichen autoritären subjektiven Dispositionen der Bevölkerung jene Verankerung in objektiven Rahmenbedingungen, die sich im Sinne des Faschismus manipulieren ließen. Doch diese Annahme ist historisch widerlegt.

Wenn der Sowjetunion auch das Verdienst zukommt, einen entscheidenden militärischen Beitrag zur Zerschlagung des Faschismus in Europa, speziell in Deutschland, geleistet zu haben, so ist sie heute von der politischen und geographischen Landschaft verschwunden. Ihre Entwicklung von 1945 bis 1990 hat nicht nur gezeigt, dass sich unterhalb der Ebene des offiziellen Antifaschismus erhebliche rechtsradikale Potentiale ausgebildet haben. Im Kern besteht ihr wesentlichstes Resultat darin, dass sie ihren Test als stabile Alternative zu faschistischen Regimen nicht bestehen konnte. Die Gründe sind oft genannt worden. Wer Minoritäten nur um den Preis ihrer politischen Konformität duldet, lässt innovative Potentiale ungenutzt, ohne die eine Gesellschaft stagnieren muss. Dieselbe Konsequenz ergibt sich aus der Unterdrückung individueller Grund- und Menschenrechte. Deren entscheidende Konsequenz ist, dass sie die Talente von Millionen verkümmern läßt. Und schließlich muss sich ein politisches System auf Dauer selbst delegitimieren, das seine Stabilität fast ausschließlich aus der Überwachung der Bevölkerung mit Hilfe gigantischer Sicherheitsapparate ableitet. Wo die freiwillige Loyalität der Masse der Bevölkerung fehlt, haben wir es unter den Bedingungen der Moderne mit strukturell labilen Gesellschaftssystemen zu tun, wie gerade das Beispiel der SU zeigt.

Die Alternative zum sowjetmarxistischen Ansatz in seiner Spielart als Sozialfaschismusthese und als Dimitroff-Formel innerhalb der Linken der Zwischenkriegszeit war die bonapartismustheoretische Faschismuskonzeption.[587] Sich auf die Marxsche Analyse der 1848er Revolution in Frankreich berufend, nahm sie den Faschismus als dritte politische Kraft zwischen Kapital und Arbeit in dem Maße ernst, wie es ihm gelang, sich vor allem in den Zwischenschichten auf eine veritable Massenbasis zu stützen. Deren Dynamik erschöpft sich in ihrer Sicht nicht in der Funktion der Stabilisierung des kapitalistischen Systems in der größten Krise seiner Geschichte. Einerseits klärt uns nämlich der bonapartismutheoretische Ansatz darüber auf, dass die „verselbständigte" Exekutive, also die diktatorische Tendenz, sich vor der Machtübernahme des Faschismus herausbildet. Diese ist der Nutznießer der Krise der liberalen Demokratie, die immer dann eintritt, wenn aufgrund mangelnder Koalitionsbereitschaft der politischen Partei-

---

[587] Vgl. Kapitel III, §§ 1-4.

en das demokratisch gewählte Parlament zur positiven Politikgestaltung unfähig erscheint. Andererseits insistiert die bonapartismustheoretische Deutung zugleich darauf, dass der Faschismus nicht monokausal das Resultat ökonomischer Interessen der imperialistischsten Kreise des Monopolkapitals gewesen sein kann. Von Anfang an verband sie nämlich, wie insbesondere der in Anlehnung an Gramsci entwickelte Ansatz Nicos Poulantzas[588] und vor allem Otto Bauers Muster[589] zeigt, das Konzept des „Klassengleichgewichts" mit dem der „Hegemonie": Diese schließt ökonomische Interessen nicht aus. Aber sie lässt sich auch nicht auf sie reduzieren. „Hegemonie" ist nämlich – jenseits eines ökonomistischen Reduktionismus – ein geistig-psychischer Prozess, der, bestimmte soziopolitische Bedingungen vorausgesetzt, die Massen erfasst und sie in die Richtung der Demokratie, der aktiven Teilhabe am politischen Geschehen, oder in die Arme des Faschismus treibt.

Niemand hat diesen strukturellen Zusammenhang gültiger beschrieben und in seine Faschismuskonzeption integriert als der Bonapartismustheoretiker Otto Bauer. Er kann zeigen, dass die Erste Österreichische Republik insofern am meisten vom Faschismus entfernt war, als unmittelbar nach dem Zusammenbruch der Habsburger Monarchie in Österreich die proletarischen Massen der Industriegebiete den Organisationen der Arbeiterbewegung zuströmten und dieser ihren Stempel aufprägten. Unter ihrem hegemonialen Druck war ein Regieren nur mit geistigen Mitteln, nur mit den Mitteln des diskursiven Überzeugens möglich. Jeder Versuch, die Anwendung offener oder latenter Gewalt als die *ultima ratio* der Politik zu verstehen, wäre zum Scheitern verurteilt gewesen.[590] In der Zeit der österreichischen Revolution von 1918/19, so müssen wir Bauer interpretieren, trat das Gegenteil dessen ein, was als Markenzeichen des Faschismus zu gelten hat: Statt die Massen unter propagandistisch-choreografischen Vorzeichen nur in „Form" zu bringen, kamen sie, zumindest temporär, zu ihrem Recht. Kanalisierung ihrer Energien hieß nicht ihre Unterwerfung unter einen „Führerwillen", sondern ihre Selbstbetätigung im Sinne der Durchsetzung weitgehender sozialer Reformen. Faschismus, so die Botschaft der Bonapartismustheoretiker in ihren sehr unterschiedlichen Akzentuierungen, ist nur möglich, wenn die demokratisch-politischen Kräfte ihre geistig-politische Hegemonie verlieren und reaktionäre und faschistische Ideologien das entstandene Vakuum füllen, für die insbesondere die von der Revolution enttäuschten mittelständischen Massen ansprechbar waren.

---

[588] Vgl. Kapitel III, § 2.
[589] A.a.O., § 3.
[590] Vgl. Bauer 1923, S. 182-195.

Allerdings sind, wie die Untersuchung auch zeigen konnte, die analytischen Grenzen des bonapartismustheoretischen Ansatzes evident. Wie insbesondere am Beispiel des italienischen Faschismus verdeutlicht wurde, setzt er eine staatliche Disziplinierung der anarchischen Kräfte der „Bewegung" voraus: Nur so kann die Arbeitsteilung zwischen dem Primat der faschistischen Diktatur und der sozialen Herrschaft der kapitalistischen Oligarchien wirklich funktionieren. Die in der Verfügung über das Privateigentum an den Produktions- und Arbeitsmitteln gesetzte Systemgrenze des Faschismus vermag sich aber gegenüber dessen Dynamik nur dann aufrechtzuerhalten, wenn die am autoritären Rechtsstaat orientierten traditionellen Eliten als effektives Gegengewicht zu ihrem faschistischen Bündnispartner stabil bleiben. Das war in Italien weitgehend der Fall; in Deutschland jedoch wurde die bürgerliche Gegenmacht um so brüchiger, je länger das nationalsozialistische Regime andauerte. Zwar fungierte der alte preußische Staat zumindest im Reichsgebiet noch immer als ordnende Instanz der gesellschaftlichen Prozesse. Aber unübersehbar war auch, dass er zunehmend geschwächt wurde durch die Infiltration nationalsozialistischer Elemente. Die katastrophalen Folgen, auf die als erste exilierte Autoren wie Otto Kirchheimer und Franz Neumann hinwiesen, waren evident.[591] In dem Maße, wie das „Recht" des autoritären Ordnungsstaates sich in eine Fülle technischer Regeln und auf den Einzelfall bezogener Maßnahmen auflösten, entwickelte sich eine dezisionistische Dynamik, welche, durch rivalisierende Machtakkumulation der wichtigsten Herrschaftsträger in Partei, Großindustrie, Staat und Armee verschärft, sich zunehmend von den Reproduktionsbedingungen der Gesellschaft des Dritten Reiches lösten.

Der „Leviathan", das Leitbild der konservativ-autoritären „Ordnungskräfte", mutierte zum „Behemoth", zum Symbol der anarchischen und selbstdestruktiven Kräfte der „Bewegung". Martin Broszat und Hans Mommsen konnten in diesem Zusammenhang zeigen, dass die mangelnde eigene Substanz des Nationalsozialismus zur Integration der negativ pluralisierten Gesellschaft den Zwang generierte, der in dem von Kirchheimer und Neumann analysierten normenlosen Raum des „Behemoth" zur Vernichtung der Juden führte, wie chaotisch und durch kontingente Umstände gebrochen auch immer der Weg zu diesem größten Verbrechen in der Geschichte der Menschheit gewesen sein mochte.[592] Eine Alternative zum Faschismus, so lehrt uns der konflikttheoretische Ansatz, kann nur ein solches politisches System sein, das kompromisslos an den emanzipatorischen Errungenschaften des Rechtsstaates mit seinen unantastbaren Grund- und

---

[591] Vgl. Kapitel III, § 1.
[592] Vgl. a.a.O., §§ 2 u. 3.

Menschenrechten festhält und allen Tendenzen widersteht, das Recht zu einer technischen Maßnahme zu reduzieren, die unter rein funktionalistischen Prämissen ihren Erfolg oder Misserfolg misst. So gesehen, war es eine der deprimierendsten Erfahrungen der faschistischen Regime, dass eben jene bürgerliche Klasse, die einst die freiheitlichen Errungenschaften des Rechtsstaates gegen absolutistische und feudale Willkür erkämpft hatte, zumindest in großen Teilen Europas die Bedingungen mitschuf, unter denen sie im Faschismus destruiert wurden.

Obwohl die Ursprünge des konflikttheoretischen Ansatzes einer Faschismusanalyse in die 1930er und 40er Jahre des vergangenen Jahrhunderts zurückreichen, stand er bis Ende der 1960er Jahre im Schatten der identifizierenden Totalitarismustheorie. Dieser gelang es in der Zeit des Kalten Krieges, eine normativ-legitimatorische Kraft zu entfalten, die bis auf den heutigen Tag nachwirkt und im Kontext des Zusammenbruchs der realsozialistischen Staaten eine deutliche Konjunktur erlebte. Die einfache Gleichsetzung von stalinistischer Sowjetunion und dem Dritten Reich ist selbst von Friedrich und Brzezinski relativiert worden, wenngleich sie genügend gemeinsame Merkmale ausmachen zu können glaubten, um wenigstens von einer Gleichartigkeit zu sprechen: Sie erlaube es, beide Regime unter den Titel des Totalitarismus zu subsumieren.[593] Gewiss ist in empirisch-analytischer Hinsicht sowohl Friedrich/Brzezinskis als auch Hannah Arendts struktureller Beschreibung der stalinistischen Sowjetunion und des Dritten Reiches[594] zuzustimmen, wenn man deren Identität auf die Fokussierung neuartiger Herrschaftsmethoden einschränkt. Auf wissenschaftlich-industriellem Niveau angesiedelt, hat in der Tat die Weltgeschichte bisher nicht solche Propaganda-, Überwachungs- und Unterdrückungsapparate erlebt, wie sie die SU unter Stalin mit ihrem System der Gulags und der gnadenlosen Verfolgung und Liquidierung so genannter „innerer Feinde" und das Dritte Reich unter Hitler mit seinen Konzentrations- und Vernichtungslagern und der Durchführung eines Genozids im industriellen Maßstab hervorbrachten. Aber die Hegemonie der Totalitarismustheorie gründete in ihrer normativ-legitimatorischen Funktion. Wie keine andere Faschismuskonzeption verdankte sie ihre massenhafte Akzeptanz dem Umstand, dass sie sich in der Ablehnung der antiindividualistischen, die Freiheit der einzelnen zerstörenden rechten und linken Totalitarismen explizit als sozio-politische Alternative in Gestalt des Pluralismus verstand.

Doch nach dem Ende der faschistischen Diktatur in Italien und Deutschland war sie einer eigenartigen Metamorphose unterworfen. Da die westliche Welt

---

[593] Vgl. Kapitel V, § 4.
[594] Ebd.

sich nun nur noch *einer* Bedrohung, nämlich der Konfrontation mit den realsozialistischen Staaten jenseits des „Eisernen Vorhanges" (Churchill), ausgesetzt sah, blieben die Sowjetunion und ihre Satelliten als ernst zu nehmende Feindbilder übrig. Den ehemaligen Anhängern des Faschismus bot die Totalitarismustheorie nun aber die Möglichkeit, sich in die liberale Demokratie zu „integrieren" und ihre Verstrickung mit dem verbrecherischen System des Dritten Reiches zu „neutralisieren". Damit waren einer Demokratisierung des liberalen Regierungssystems enge Grenzen gesetzt. Im Zuge eines militanten Antikommunismus konnten alle linken, d. h. den erreichten Stand der Demokratie überschreitenden Strömungen als die fünfte Kolonne Moskaus ausgegrenzt und stigmatisiert werden. Zugleich sahen sich Modelle einer reduzierten Demokratie bestätigt, welche den Demos weitgehend aus dem politischen Geschehen heraushalten wollten. Nicht zufällig begann parallel zum Aufstieg der Totalitarismustheorie als der Quasi-Weltanschauung der westlichen Welt die Hegemonie der Demokratietheorie Schumpeters.[595] Sein Modell der Konkurrenzdemokratie reduzierte die Rolle des Demos auf den Akt der Wahl zirkulierender Eliten. Aber waren es nicht gerade die herrschenden Eliten gewesen, die in Italien und Deutschland dem Faschismus zur Macht verhalfen?

Mit dieser Frage ist übergeleitet zum empirisch-analytischen und normativ-legitimatorischen Standort der Modernisierungstheorie im Gesamtszenario der Faschismuskonzeptionen. Auch sie ist – wie die Totalitarismustheorie – affirmativ auf die westliche Industriegesellschaft, insbesondere auf die Weltmachtrolle der USA, bezogen. Als wissenschaftliches Instrumentarium bei der Faschismusanalyse erscheint sie nur dann tauglich, wenn man von ihrem imperialistischen Überlegenheitsanspruch[596] abstrahiert und Modernisierung als eine selbstreflexive Aufklärung begreift, die ihre eigene Gefährdung durch rationalistische Totalisierungen erkennt und an ihren universalistischen Emanzipationspostulaten festhält. Die vorliegende Untersuchung konnte zeigen, dass der Faschismus einerseits die Konsequenz einer defizitären Modernisierung, andererseits aber auch als treibende Kraft derselben interpretiert worden ist. Die erste Auslegungsvariante[597] hebt auf die Tatsache ab, dass der Faschismus nur in einer solchen Gesellschaft aufgrund endogener Faktoren an die Macht kommen konnte, in der es eine bürgerliche Revolution nicht gegeben hat oder diese gescheitert ist. Tatsächlich haben sich westliche Staaten wie die USA, Großbritannien und Frankreich sowohl im Blick auf die Eliten als auch hinsichtlich der Massen weitgehend immun gegenüber der faschistischen Lösung der aus der Weltwirtschaftskrise resultie-

---

[595] Vgl. Saage 2005, S. 246-252.
[596] Vgl. Wehler 1975, S. 11-13.
[597] Vgl. Kapitel VI, § 1.

renden sozio-politischen Probleme gezeigt. In den Ländern aber, in denen – wie vor allem in Deutschland – der Nationalstaat nicht von unten, von den Massen gewollt und den Eliten demokratisch legitimiert, erkämpft wurde, hatte der Faschismus eine Chance.

Wenn diese Variante der faschismusanalytischen Modernisierungskonzeption[598] eine hohe Plausibilität für sich reklamieren kann, so erscheint die Deutung des Faschismus als Modernisierungsinstanz in einem ambivalenten Licht. Die fortgeschrittensten Varianten dieses Ansatzes konzedieren dem Nationalsozialismus eine Modernisierung seiner industriellen Mittel, nicht aber seiner Ziele. Andere Autoren tragen plausible Argumente vor, dass der Faschismus, parasitär von der Substanz seiner bürgerlichen Herkunftsgesellschaft lebend, Modernisierung nur propagandistisch vorgetäuscht habe.[599] In jedem Fall wird jedoch gesagt werden können, dass das Verhältnis des Faschismus zur Modernisierung zwiespältig ist: Sofern diese sich *ökonomisch und sozio-politisch* durchgesetzt hat, scheint die Faschismusgefahr weitgehend gebannt zu sein. Dominiert aber ausschließlich die ökonomische und technische Modernisierung, ohne ihre Resultate durch eine tiefgreifende Demokratisierung und Liberalisierung in Gestalt einer politischen Zivilgesellschaft zu korrigieren, sind faschistische Potentiale vor allem dann nicht auszuschließen, wenn soziale und wirtschaftliche Krisen das Gesamtsystem bedrohen. So gesehen, ist der Schluss unausweichlich, dass die Faschismusgefahr in dem Maße steigt, wie die Modernisierungsprozesse auf halbem Weg ins Stocken geraten. Sie spielen dann modernste Technik in die Hände derer, deren Mentalitäten vorzivilisatorischen Leitbildern einer sozialdarwinistisch ausgelegten völkischen Rassenideologie folgen.

Was haben die geistesgeschichtlichen Faschismuskonzeptionen den bisher diskutierten Ansätzen entgegenzusetzen? Wie weit reicht ihre Kritik am nationalsozialistischen Herrschaftssystem? Gibt es eine Grenze der Distanzierung, die sich an den Rändern gemeinsamer Schnittmengen verdeutlichen lässt? Wie wir sahen, setzten Friedrich Meinecke und Gerhard Ritter den Nationalsozialismus mit dem Einbruch eines dämonischen Prinzips im Zeitalter der Massendemokratie, personalisiert in der Figur Hitlers, in die ansonsten „normal" verlaufende deutsche Geschichte gleich. Durch diese Ontologisierung der sozio-politischen Ursachen des Dritten Reiches wird in letzter Instanz die deutsche Katastrophe als unabwendbares Verhängnis gedeutet, das unter der Hand durch punktuelle Kontinuitäten mit dem politischen Standort dieser Autoren verbunden ist. So gibt Meinecke den Juden zumindest eine Teilschuld an ihrem Schicksal im Dritten

---

[598] Vgl. Kapitel VI, § 2.
[599] Vgl. a.a.O., § 4.

Reich, weil sie im Rahmen ihrer Emanzipation Negatives und „Zersetzendes" zur „Entwertung und Diskreditierung der liberalen Gedankenwelt"[600] seit dem Ende des 19. Jahrhunderts beigetragen hätten. Und bei Ritter ist kein Wort der Kritik an Goerdeler nachzulesen, wenn dieser in seinen Deutschlandplänen die von Hitler usurpierten Gebiete in Österreich[601] in der Zeit nach dem Nationalsozialismus beibehalten und die „neue" Demokratie – unter strikter Ablehnung des westlichen Parlamentarismusmodells[602] – an den kommunalpolitischen Vorstellungen des Freiherrn vom und zum Stein ausrichten wollte.[603] Immerhin forderte Meinecke die Deutschen auf, den Machtstaatsgedanken zu verabschieden und, orientiert an kleinen Nationen wie Schweden, der Schweiz und den Niederlanden[604], unter der Hegemonie der Siegermächte einer Föderation mittel- und westeuropäischer Länder beizutreten.[605]

Helmuth Plessner und Ernst Nolte dagegen sehen den Nationalsozialismus eher in der Kontinuität der deutschen Geschichte, weil er Ausfluss der in ihr angelegten historischen Möglichkeiten war. Aber sie ziehen aus diesem Befund sehr unterschiedliche Konsequenzen. Plessner fordert insbesondere von den Eliten ein radikales Umdenken im Sinne einer selbstreflexiven Aufklärung. Deutschland wird ihm zufolge nur dann eine humane Zukunft haben, wenn es gelingt, den Anschluss an die emanzipatorischen Traditionen und Werte des Westens zu gewinnen und den hybriden Nationalismus des Faschismus dadurch zu überwinden, „daß wir Klarheit über das Geschick unserer verspäteten Nation (...) gewinnen. Wer in diesem Sinne historische Psychoanalyse treibt, indem er versucht, zu den Quellen seiner eigenen Existenz zurückzufragen und sich mit sich als Nation zu konfrontieren, wird die vergiftende Wirkung, die von den ungehobenen historischen Komplexen ausgeht, entkräften".[606] Nolte leugnet zwar auch nicht die „dunklen Seiten" des Nationalsozialismus, aber er ist bestrebt, dessen positive Intentionen herauszustellen. Bereits in seiner frühen Studie angelegt[607], vertritt er im Historikerstreit die These, der faschistische Terror der Nazis sei lediglich eine Reaktion auf den roten Terror der Bolschewiki. „Auschwitz resultiert nicht in erster Linie aus dem überlieferten Antisemitismus und war im Kern nicht ein bloßer ‚Völkermord', sondern es handelte sich vor allem um die aus Angst geborene Reaktion auf die Vernichtungsvorgänge der Russi-

---

[600] Meinecke 1946, S. 29.
[601] Vgl. Ritter 1964, S. 313.
[602] Vgl. a.a.O., S. 299.
[603] Vgl. a.a.O., S. 301.
[604] Vgl. Meinecke 1946, S. 162.
[605] Vgl. a.a.O., S. 151.
[606] Plessner 1982a, S. 260.
[607] Vgl. Kapitel VII, § 5.

schen Revolution. Diese Kopie war um vieles irrationaler als das frühere Original".[608] Wenn es also den sowjetischen Kommunismus an der Macht nicht gegeben hätte, so wäre uns nach dieser Lesart der Faschismus erspart geblieben. Da die Oktoberrevolution nun einmal stattgefunden hat, so müssen wir Noltes Logik weiterführen, war die notwendige Konsequenz der faschistische Vernichtungswille als Reaktion auf die tödliche Bedrohung des Bürgertums. Damit wiederholt Nolte das bereits aufgezeigte Dilemma der identifizierenden Totalitarismustheorie, die, wie hervorgehoben, nach 1945 vielen Nazis die Möglichkeit bot, ihre Verstrickung in das verbrecherische System des Faschismus im Zeichen eines militanten Antikommunismus zu rehabilitieren.

Wie man sieht, sind die vorwiegend geistesgeschichtlichen Deutungen des Faschismus von Geschichtspolitik nicht immer zu trennen. Aber der Faschismus ist auch nicht zu erklären, wenn man seine gemeinsame Schnittmenge mit den im Unbewussten wirkenden psychischen Kräften der Individuen und Kollektive ignoriert. Wilhelm Reich war einer der ersten Psychoanalytiker, der insbesondere auf die Schere der sozio-politischen Lage der Mittelschichten, die eher eine Wende nach links nahe legte, und der tatsächlichen ideologischen Orientierung hinwies, die dem deutschen und italienischen Faschismus eine Massenbasis verschaffte.[609] Erich Fromm zeigte am Beispiel des deutschen Faschismus, dass Massen bereit sein können, auf eines der höchsten Güter der westlichen Zivilisation, die persönliche Freiheit, zu verzichten, um sich freiwillig einer gnadenlosen Diktatur zu unterwerfen, die jede freiheitliche Regung im Ansatz zu ersticken sucht.[610] Franz Neumann wies auf die sozio-politischen und wirtschaftlichen Bedingungen hin, unter denen hilflos gewordene und desorientierte Massen der charismatischen Aura eines Führers erliegen, und zwar auch dann, wenn er längst nicht mehr den Nimbus des Erfolges für sich reklamieren kann. Er machte schon sehr früh deutlich, dass insbesondere die Juden und ihre Verfolgung herhalten mussten für die kumulative Radikalisierung der nationalsozialistischen Massenbasis im Dritten Reich.[611] Und Klaus Theweleit verdeutlichte die psychischen Strukturen jener Freikorpsmentalität, ohne die der unbedingte faschistische Vernichtungswille gegenüber seinen wirklichen oder auch nur imaginierten Feinden nicht zu erklären ist.[612]

Aber diese sozialpsychologischen Ansätze verdeutlichten zugleich, dass sie auf objektivistische Konzeptionen ihrerseits angewiesen sind wie umgekehrt

---

[608] Nolte 1988, S. 33.
[609] Vgl. Kapitel VIII, § 1.
[610] Vgl. a.a.O., § 2.
[611] Vgl. a.a.O., § 3.
[612] Vgl. a.a.O., § 4.

auch. Konzeptionen, die sich nur auf die sozio-ökonomischen und politischen Rahmenbedingungen des Faschismus konzentrieren, neigen dazu, die Tatsache auszuklammern, dass dieser ein Produkt von Menschen gewesen ist, die sich in ihrem krisenhaften Bewusstsein mit ihm psychisch, geistig und auch intellektuell identifizierten, weil sie von ihm die Lösung ihrer privaten und kollektiven Probleme erwarteten. Umgekehrt können sie aber nicht erklären, warum bei ähnlichen psychischen Dispositionen mittelständischer Schichten wie in Deutschland und Italien in anderen hochindustrialisierten Ländern der Faschismus nicht nur nicht an die Macht gekommen ist. In den westlichen Industrieländern schwoll er nicht einmal zu einer politisch ernst zu nehmenden Massenbewegung an. Diese Frage ist nur beantwortbar, wenn sozialpsychologische Ansätze Erkenntnisse assimilieren, die aus dem bonapartimus-, dem konflikt-, dem totalitarismus- und dem modernisierungstheoretischen Ansatz folgen. Die bisherige Forschung ist weit davon entfernt, ein solches integratives Faschismusmodell, das die Lagergrenzen überwindet, entwickelt oder gar empirisch erprobt zu haben. Wenn diese Studie gezeigt haben sollte, dass es dennoch unverzichtbar ist, weil eine fachspezifische Reduktion des Faschismus seiner Verharmlosung – wenn auch nur unbewusst – Vorschub leistet, hätte sie ihr selbst gestecktes Ziel erreicht.

Doch ebenso wichtig wie die korrekte analytische Durchdringung des faschistischen Syndroms sind die aus den hier diskutierten Ansätzen folgenden Kriterien, die eine Gesellschaft erfüllen muss, wenn sie sich gegenüber Faschisierungstendenzen immunisieren will. In objektiver Hinsicht ist durch die Einbindung der beiden Kernländer des Faschismus – Italien und Deutschland – in die EU, die außenpolitische Grundlage eines extremen Nationalismus zerstört: eine politische Tatsache, die, neben dem Ausgleich der Bundesrepublik mit Frankreich, zu den großen politischen Leistungen des 20. Jahrhunderts gehört. Ferner muss die Souveränität des Demos, vermittelt über Wahlen etc., gewahrt bleiben. Zugleich dürfen die politischen, wirtschaftlichen, sozialen und kulturellen Eliten sich nicht nach unten abschotten und zu Oligarchien depravieren. Flankierend müssen die politischen Parteien auch in Krisenzeiten unbeirrt auf einen demokratischen Regelkonsens beharren und ihren Wählern genuine Alternativen anbieten, die deren wirkliche Interessen entsprechen. Es versteht sich auch von selbst, dass der gesamtgesellschaftliche Wert der Gleichheit nicht durch Kräfte ausgehebelt werden darf, die für sich ein höheres Recht im Namen einer Ethnie, Klassse oder Religion gegenüber dem Rest der Gesellschaft reklamieren: Es ist also ein hoher Grad der Säkularisierung der Gesellschaft zu unterstellen, ohne den es keine funktionierende „civil society" als Alternative zum Faschismus geben kann. Und schließlich muss die Prämisse in der Gesamtgesellschaft verankert sein, dass der Bürger mündig ist, d.h. über ein Mindestmaß an rationaler Urteilskraft verfügt. Diesen Kriterien hat eine in den Massen verankerte subjektive Disposition zu entsprechen, die sich auch dann den Zugang zur Vernunft nicht verbauen lässt, wenn sie unter dem Druck individueller und sozialer Konflikte steht. An die Stelle sado-masochistischer Charakterstrukturen müssen solche Orientierungen treten, die sich dem Problem verdrängter Triebenergien stellen, ohne diesen Prozess gesellschaftlich zu tabuisieren. Ein korrigierendes Zusammenspiel permanenter Kritik und Selbstkritik an sich selbst und der Gesellschaft, ihre faschistische Vergangenheit mit inbegriffen, könnte erreichen, dass beide in einer entscheidenden Perspektive konvergieren: sich auf einen konstruktiven Zustand hinbewegen zu wollen, der – gemessen an dem Stand der jeweils erreichten materiellen Verhältnisse – das historisch mögliche Glück aller erreicht und das Elend, das der Mensch dem Menschen antut, auf ein geschichtlich mögliches Minimum reduziert.

Es ist leicht, dieses Modell als eine „Utopie" abzutun. Aber was wäre gewonnen, wenn wir auf ein solches regulatives Prinzip verzichteten?

Quellen und Literatur

Abendroth 1970
Wolfgang Abendroth: Soziale Funktion und soziale Voraussetzungen des Faschismus, in: Das Argument 58, 12 Jg. (1970), S. 251-257.

Adorno 1963
Theodor W. Adorno: Erpresste Versöhnung, in: Ders.: Noten zur Literatur II, Frankfurt am Main 1963, S. 152-187.

Adorno/Frenkel-Brunswik/Levinson/Sanford 1982
T.W. Adorno/Else Frenkel-Brunswik/Daniel J. Levinson/R. Nevitt Sanford: The Authoritarian Personality. Abridged Edition, New York/London 1982.

Agnoli o.J.
Johannes Agnoli: Zur Faschismus-Diskussion, Berlin o.J.

Alber 1989
Jens Alber: Nationalsozialismus als vorgetäuschte Modernisierung, in: Kölner Zeitschrift für Soziologie und Sozialpsychologie, 41. Jg. (1998), S. 346-365.

Aly 2005
Götz Haydar Aly: Hitlers Volksstaat: Raub, Rassenkrieg und nationaler Sozialismus, Frankfurt am Main 2005.

Alff 1971
Wilhelm Alff: Der Begriff Faschismus und andere Aufsätze zur Zeitgeschichte, Frankfurt am Main 1971.

Arendt 1974
Hannah Arendt: Ideologie und Terror. Eine neue Staatsform (1951), in: Seidel/Jenkner 1974, S. 133-167.

Augstein 1977
Rudolf Augstein, Rez. Theweleit 2005, in: Der Spiegel v. 19.12.1977.

Aquarone 1974
Alberto Aquarone: The Rise of the Fascist State, 1926-1928, in: Sarti 1974, S. 101-115.

Bahne 1960
Siegfried Bahne: Zur Vorgeschichte der Volksfront. Die kommunistische „Einheitsfrontpolitik" gegenüber der Sozialdemokratie in den Jahren 1933-1935, in: Zeitschrift für Politik, N.F., Bd. 7 (1960), S. 168-178.

Bahne 1965
Siegfried Bahne: „Sozialfaschismus" in Deutschland. Zur Geschichte eines politischen Begriffs, in: International Review of Social History, Bd. 10 (1965), S. 211-244.

Baier 1978
L. Baier, Rez. Theweleit 2005, in: FAZ v. 18.4.1978.

Bast 1999
Jürgen Bast: Totalitärer Pluralismus. Zu Franz L. Neumanns Analysen der politischen und rechtlichen Struktur der NS-Herrschaft, Tübingen 1999.

Bauer 1923
Otto Bauer: Die Österreichische Revolution, Wien 1923.

Bauer 1976
Otto Bauer: Zwischen zwei Weltkriegen?, in: Ders.: Werksausgabe, Bd. 4, Wien 1976, S. 49-331, hier: S. 136-159.

Beetham 1983
David Beetham (Hg.): Marxism in Face of Fascism, Manchester 1983.

Besson 1968
Waldemar Besson: Die Interpretation des Faschismus, in: NPL, Bd.13 (1968), S. 306-313.

Borkenau 1984
Franz Borkenau: Zur Soziologie des Faschismus, in: Ernst Nolte (Hg.): Theorien über den Faschismus, 6. Auflage, Königstein/Ts. 1984, S. 156-181.

Blanke/Reiche/Werth 1965
Bernhard Blanke/Reimut Reiche/Jürgen Werth: Die Faschismus-Theorie der DDR, in: Das Argument 33, 7. Jg. (1965), S. 35-48.

Botz 1976
Gerhard Botz: Austro-Marxist Interpretations of Fascism, in: JCH, Bd. 11 (1976), S. 129-156.

Bracher 1969
Karl Dietrich Bracher: Die deutsche Diktatur. Entstehung, Struktur, Folgen, Frankfurt am Main/Wien/Zürich 1969.

Bracher 1976
Karl Dietrich Bracher: Zeitgeschichtliche Kontroversen. Um Faschismus, Totalitarismus, Demokratie, München 1976.

Bracher 1980
Karl Dietrich Bracher: Totalitarismus und Faschismus, in: Totalitarismus und Faschismus. Eine wissenschaftliche und politische Begriffskontroverse. Kolloquium am Institut für Zeitgeschichte am 24. November 1978, München/Wien 1980, S. 15.

Breuer 2005
Stefan Breuer: Nationalismus und Faschismus: Frankreich, Italien und Deutschland im Vergleich, Darmstadt 2005.

Broszat 1970
Martin Broszat: Soziale Motivation und Führerbindung des Nationalsozialismus, in: VjhZG, Bd. 13 (1970), S. 392-409.

Broszat 1983
Martin Broszat: Die Struktur der NS-Massenbewegung, in: VjhZG, Bd. 31 (1983), S. 52-76.

Broszat 1986
Martin Broszat: Der Staat Hitlers. Grundlegung und Entwicklung seiner inneren Verfassung, 11. Auflage, München 1986.

Broszat 1987
Martin Broszat: Nach Hitler. Der schwierige Umgang mit unserer Geschichte. Hg. v. Hermann Graml und Klaus-Dieter Henke, München 1987.

Broszat 1987a
Martin Broszat: Plädoyer für eine Historisierung des Nationalsozialismus, in: Broszat 1987, S. 159-173.

Browning 1993
Christopher R. Browning: Ganz normale Männer. Das Reserve-Polizeitbataillon 101 und die „Endlösung" in Polen, Hamburg 1993.

Canetti 1960
Elias Canetti: Masse und Macht, Hamburg 1960.

Canetti 1972
Elias Canetti: Macht und Überleben. Drei Essays, Berlin 1972.

Clemenz 1972
Manfred Clemenz: Gesellschaftliche Ursprünge des Faschismus, Frankfurt am Main 1972.

Columba 1994
Cesare Columba: Aerodynamische Moderne. Planungskoordination und Design im Bahnwesen, in: Tabor 1994, S. 620-623.

Czichon 1968
Eberhard Czichon: Der Primat der Industrie im Kartell der nationalsozialistischen Macht,
in: Das Argument Nr. 47, 10. Jg. (1968), S. 168-192.

Dahrendorf 1961
Ralf Dahrendorf: Gesellschaft und Freiheit. Zur soziologischen Analyse der Gegenwart,
München 1961.

Dahrendorf 1965
Ralf Dahrendorf: Gesellschaft und Demokratie in Deutschland, München 1965.

Dahrendorf 1972
Ralf Dahrendorf: Konflikt und Freiheit. Auf dem Weg zur Dienstleistungsgesellschaft,
München 1972.

Dahrendorf 1975
Ralf Dahrendorf: Pfade aus Utopia, München 1975.

Deleuze/Guattari 1974
Gilles Deleuze/Felix Guattari: Anti-Ödipus, Frankfurt 1974.

Delzell 1971
Charles F. Delzell (Hg.): Mediterranean Fascism 1919-1945, New York u.a. 1971.

Deutscher 1963
Isaac Deutscher: Trotzki. Bd. III: Der verstoßene Prophet 1929-1940, Stuttgart 1963.

Dimitroff 1971
Georgi Dimitroff: Arbeiterklasse und Faschismus, in: Reinhard Kühnl (Hg.): Texte zur
Faschismusdiskussion I. Positionen und Kontroversen, Reinbek bei Hamburg 1974, S. 57-75.

Diner 1993
Dan Diner: Zwischen Aporie und Apologie. Über Grenzen der Historisierbarkeit des Nationalsozialismus, in: ders. (Hg.): Ist der Nationalsozialismus Geschichte? Zu Historisierung
und Historikerstreit, Frankfurt am Main 1993.

Dülffer 1976
Jost Dülffer: Bonapartism, Fascism, and National Socialism, in: JCH, Bd. 11 (1976), S. 109-
128.

Eatwell 1995
Roger Eatwell: Fascism. A History, London 1995.

Eichholtz/Gossweiler 1968
Dietrich Eichholtz/Kurt Gossweiler: Noch einmal: Politik und Wirtschaft 1933-1945, in: Das Argument Nr. 47, 10. Jg. (1968), S. 210-227.

Eichwede 1971
Wolfgang Eichwede: Revolution und internationale Politik. Zur kommunistischen Interpretation der kapitalistischen Welt 1921-1925, Köln 1971.

Ellenbogen 1923
Wilhelm Ellenbogen: Faschismus! Das faschistische Italien, Wien 1923.

Euchner 1979
Walter Euchner: Naturrecht und Politik bei John Locke, Frankfurt am Main 1979.

Falter 1979
Jürgen W. Falter: Wer verhalf der NSDAP zum Sieg?, in: aus politik und zeitgeschichte, B 28-29. 14. Juli 1979, S. 4-21.

Feichter 1975
Helmut Feichter: Das Linzer Programm (1926) und die österreichische Sozialdemokratie, in: Historisches Jahrbuch der Stadt Linz 1973/74, Linz 1975, S. 233-239.

Felice 1974
Renzo de Felice: From the Liberal State ot the Fascist Regime: The First Steps, in: Sarti 1974, S. 87-99.

Felice 1977
Renzo De Felice: Der Faschismus. Ein Interview. Mit einem Nachwort von Jens Petersen, Stuttgart 1977.

Ferraris 1988
Luigi Vittorio Graf Ferraris: Kultur und Politik in den deutsch-italienischen Beziehungen, in: aus politik und zeitgeschichte, B 39/88, 23. September 1988, S. 24-30.

Fetscher 1962
Iring Fetscher: Faschismus und Nationalsozialismus. Zur Kritik des sowjetmarxistischen Faschismusbegriffs, in: PVS, 3. Jg. (1962), S. 42-63.

Fetscher 1995
Iring Fetscher: Lernfähigkeit eine Voraussetzung für das Überleben politischer Einheiten. Gegenbeispiele: Drittes Reich und Sowjetunion, in: Saage 1995, S. 257-272.

Fischer 1961
Fritz Fischer: Der Griff nach der Weltmacht. Die Kriegszielpolitik des kaiserlichen Deutschland 1914-18, Düsseldorf 1961.

Fraenkel 1968
Ernst Fraenkel: Deutschland und die westlichen Demokratien. Vierte, unveränderte Auflage, Stuttgart/Berlin/Köln Mainz 1968.

Fraenkel 1974
Ernst Fraenkel: Der Doppelstaat. Rückübersetzung aus dem Englischen von Manuela Schöps in Zusammenarbeit mit dem Verfasser, Frankfurt am Main/Köln 1974.

Freud 1994
Sigmund Freud: Das Unbehagen in der Kulur, in: Ders.: Das Unbehagen in der Kultur und andere Schriften. Einleitung v. Alfred Lorenzer und Bernard Görlich, Frankfurt am Main 1994, S. 31-108.

Friedländer 1993
Saul Friedländer: Überlegungen zur Historisierung des Nationalsozialismus, in: Dan Diner (Hg.): Ist der Nationalsozialismus Geschichte? Zur Historisierung und Historikerstreit, Frankfurt am Main 1993, S. 34-50.

Friedrich/Brzezinski 1974
Carl Joachim Friedrich/Zbigniew Brzezinski: Die allgemeinen Merkmale der totalitären Diktatur (1965), in: Seidel/Jenkner 1974, S. 600-617.

Fromm 1971
Erich Fromm: Escape from Freedom, 11. Auflage, New York 1971.

Fromm 2005
Erich Fromm: Die Furcht vor der Freiheit. Aus dem Englischen von Liselotte und Ernst Mickel, 12. Auflage, München 2005.

Funke 1989
Manfred Funke: Starker oder schwacher Diktator? Hitlers Herrschaft und die Deutschen. Ein Essay, Düsseldorf 1989.

Garofalo/Veresani 1994
Francesco Garofalo/Luca Veresani: Die großen Totems der Revolution. Die Propagandarchitektur von Adalberto Libera, in: Tabor 1994, S. 640-645.

Gess 1995
Brigitte Gess: Zu Hannah Arendts Totalitarismustheorie nach dem Zusammenbruch des Realsozialismus, in: Saage 1995, S. 331-341.

Goldhagen 1996
Daniel Jonas Goldhagen: Hitlers willige Vollstrecker. Ganz gewöhnliche Deutsche und der Holocaust, Berlin 1996.

Gramsci 1967
Antonio Gramsci: Philosophie der Praxis. Eine Auswahl. Hg. u. übersetzt v. Chr. Riechers, Frankfurt 1967.

Gramsci 1962
Antonio Gramsci: Note sul Machiavelli, sulla politica e sulla stato moderno, Turin 1949.

Grebing 1974
Helga Grebing: Aktuelle Theorien über Faschismus und Konservatismus. Eine Kritik, Stuttgart/Berlin/Köln/Mainz 1974.

Grebing 19986
Helga Grebing; Der „deutsche Sonderweg" in Europa 1806-1945. Eine Kritik, Stuttgart/Berlin/Köln/Mainz 1986.

Griepenburg/Tjaden 1966
Rüdiger Griepenburg/K. H. Tjaden: Faschismus und Bonapartismus, in: Das Argument Nr. 48, 8. Jg. (1966), S. 461-472.

Griffin 1991
Roger Griffin: The Nature of Fascism, London 1991.

Hamburger o.J.
Ernst Hamburger: Aus Mussolinis Reich. Die faschistische Episode in Italien, Breslau o.J.

Haug u.a. 1965
Wolfgang Fritz Haug u.a.: Ideologische Komponenten in den Theorien über den Faschismus, in: Das Argument Nr. 33, 7. Jg. (1965), S. 1-34.

Haug 1967
Wolfgang Fritz Haug: Der hilflose Antifaschismus, Frankfurt am Main 1967.

Hennig 1977
Eike Hennig: Bürgerliche Gesellschaft und Faschismus in Deutschland. Ein Forschungsbericht, Frankfurt am Main 1977.

Hildebrand 1981
Klaus Hildebrand: Monokratie oder Polykratie? Hitlers Herrschaft und das Dritte Reich, in: Hrschfeld/Kettenacker 1981, S. 43-72.

Hildebrand 1980
Klaus Hildebrand: Das Dritte Reich, 2. Auflage, München/Wien 1980.

Hirsch/Majer/Meinck 1984
Martin Hirsch/Diemut Majer/Jürgen Meinck (Hg.): Recht, Verwaltung und Justiz im Nationalsozialismus, Köln 1984.

Hirschfeld/Kettenacker 1981
Gerhard Hirschfeld/Lothar Kettenacker (Hg.): Der „Führerstaat": Mythos und Realität. Studien zur Struktur und Politik des Dritten Reiches, Stuttgart 1981.

Hobbes 1966
Thomas Hobbes: Leviathan oder Stoff, Form und Gewalt eines bürgerlichen und kirchlichen Staates. Hg. u. eingeleitet v. Prof. Dr. Iring Fetscher, Neuwied/Berlin 1966.

Hobbes 1969
Thomas Hobbes: Behemoth ort he long parliament. Ed. By Ferdinand Tönnies. 2. ed., London 1969.

Horn 1974
Klaus Horn: Zur politischen Psychologie in Deutschland, in: Kühnl 1974, S. 164-175.

Jaschke 1982
Hans-Gerd Jaschke: Soziale Basis und soziale Funktion des Nationalsozialismus, Studien zur Bonapartismustheorie, Opladen 1982.

Jänicke 1971
Martin Jänicke: Totalitäre Herrschaft. Anatomie eines politischen Begriffs, Berlin 1971.

Jaspers 1931
Karl Jaspers: Die geistige Situation der Zeit. 2. Auflage, Berlin/Leipzig 1931.

Jesse 1996
Eckhard Jesse (Hg.): Totalitarismus im 20. Jahrhundert. Eine Bilanz der internationalen Forschung, Bonn 1996.

Kaminski 1925
Hans-Erich Kaminski: Fascismus in Italien. Grundlagen, Aufstieg, Niedergang, Berlin 1925.

Kershaw 2002
Ian Kershaw: Der NS-Staat. Geschichtsinterpretationen und Kontroversen im Überblick. Deutsch von Jürgen Peter Krause. 3. Auflage, Reinbek bei Hamburg 2002.

Kirchheimer 1977
Otto Kirchheimer: Von der Weimarer Republik zum Faschismus: Die Auflösung der demokratischen Rechtsordnung. Hg. v. Wolfgang Luthardt, Frankfurt am Main 1976, S. 213-245.

Kirchheimer 1977a
Otto Kirchheimer: Bemerkungen zu Carl Schmitts „Legalität und Legitimität", in: Kirchheimer 1977, S. 113-161.

Kirchheimer 1981
Otto Kirchheimer: Politik und Verfassung, 2. Auflage, Frankfurt am Main 1981.

Kirchner 1983
Harald Kirchner: Diskussionsbeitrag, in: Kolloquium des Instituts für Zeitgeschichte (Hg.): Der italienische Faschismus. Probleme und Forschungstendenzen, München/Wien 1983, S. 83.

Kitchen 1976
Martin Kitchen: Fascism, London 1976.

Kocka 1980
Jürgen Kocka: Ursachen des Nationalsozialismus, in: aus politik und zeitgeschichte, B 25/80, 21. Juni 1980, S. 3-15.

Kraushaar 1996
Wolfgang Kraushaar: Sich aufs Eis wagen. Plädoyer für eine Auseinandersetzung mit der Totalitarismustheorie, in: Eckhard Jesse (Hrsg.): Totalitarismus im 20. Jahrhundert. Eine Bilanz der internationalen Forschung, Bonn 1996.

Krockow 1990
Christian Graf von Krockow: Die Entscheidung. Eine Untersuchung über Ernst Jünger, Carl Schmitt, Martin Heidegger, Frankfurt/New York 1990.

Kühnl 1970
Reinhard Kühnl: Die Faschismusinterpretation Ernst Noltes, in: PVS, Bd. 11 (1970), S. 318-341.

Kühnl 1971
Reinhard Kühnl: Formen bürgerlicher Herrschaft. Liberalismus-Faschismus, Reinbek bei Hamburg 1971.

Kühnl 1972
Reinhard Kühnl: Deutschland zwischen Demokratie und Faschismus, München 1972.

Kühnl 1974
Reinhard Kühnl (Hg.): Texte zur Faschismusdiskussion I. Positionen und Kontroversen, Reinbek bei Hamburg 1974,

Kühnl 1979
Reinhard Kühnl (Hg.): Faschismustheorien. Texte zur Faschismusdiskussion 2. Ein Leitfaden, Reinbek bei Hamburg 1979.

Kuhn 1973
Axel Kuhn: Das faschistische Herrschaftssystem und die moderne Gesellschaft, Hamburg 1973.

Kulka 1988
Otto Dov Kulka: Singularity and its Relativization. Changing Views in German Historiography on National Socialism and the ‚Final Solution', in: Yad Vashem Studies, Bd. 19 (1988), S. 151-186.

Kunert 1978
Günter Kunert: Rezension Theweleit 2005, in: Frankfurter Rundschau v. 18.11.1978.

Lange 1961
Peer H. Lange: Stalinismus versus „Sozialfaschismus" und „Nationalfaschismus". Revolutionspolitische Ideologie und Praxis unter Stalin 1927-1935, Göppingen 1969.

Larsen u.a. 1980
Stein Ugelvik Larsen u.a.: Who were the Fascists? Social Roots of European Fascism, Bergen 1980.

Levi 1990
Primo Levi: Die Untergegangenen und die Geretteten, München 1990.

Levi 2006
Primo Levi: Bericht über Auschwitz, Berlin 2006.

Lukács 1953
Georg Lukács: Die Zerstörung der Vernunft, Berlin 1953.

Luthardt 1977
Wolfgang Luthardt: Bemerkungen zu Otto Kirchheimers Arbeiten bis 1933, in: Kirchheimer 1977, S. 7-31.

Mandel 1973
Ernest Mandel: Trotzkis Faschismustheorie, in: Trotzki 1971, Bd. I, S. 9-52.

Mansilla 1971
H.C.F. Mansilla: Faschismus und eindimensionale Gesellschaft, Neuwied/Berlin 1971.

Marcuse 1937
Herbert Marcuse: Rezension von Helmuth Plessner: Das Schicksal des deutschen Geistes im Ausgang seiner bürgerlichen Epoche, Zürich und Leipzig 1935, in: Zeitschrift für Sozialforschung. Hg. v. Max Horkheimer, 6. Jg. (1937), S. 184f.

Martin 1982
Bernd Martin: Zur Tauglichkeit eines übergreifenden Faschismusbegriffs. Ein Vergleich zwischen Japan, Italien und Deutschland, in: Vierteljahreshefte für Zeitgeschichte, 29. Jg. (1981), S. 48-73.

Marx 1970
Karl Marx: Der achtzehnte Brumaire des Louis-Bonaparte, in: Karl Marx/Friedrich Engels: Ausgewählte Schriften in zwei Bänden, Bd. I, Berlin 1970, S. 222-316.

Marx/Engels 1970
Karl Marx/Friedrich Engels: Manifest der Kommunistischen Partei, in: Karl Marx/Friedrich Engels: Ausgewählte Schriften in zwei Bänden, Bd. I, Berlin 1970, S. 17-57.

Mason 1966
Tim Mason: Der Primat der Politik – Politik und Wirtschaft im Nationalsozialismus, in: Das Argument Nr. 41, 8. Jg. (1966), S. 473-494.

Mason 1981
Tim Mason: Intention and Explanation: Current Controversy about the Interpretation of National Scoialism, in: Hirschfeld/Kettenacker 1981, S. 23-42.
Matteotti 1924

Matteotti 1924
Giacomo Matteotti: The Fascisti exposed, London 1924.

Meinecke 1946
Friedrich Meinecke: Die deutsche Katastrophe. Betrachtungen und Erinnerungen, 2. Auflage, Wiesbaden 1946.

Mommsen 1981
Hans Mommsen: Hitlers Stellung im nationalsozialistischen Herrschaftssystem, in: Hirschfeld/Kettenacker 1981, S. 43-72.

Mommsen 1995
Hans Mommsen: Die NSDAP als faschistische Partei, in: Saage 1995, S. 257-271.

Mommsen 1996
Hans Mommsen: Leistungen und Grenzen des Totalitarismus-Theorems: Die Anwendung auf die nationalsozialistische Diktatur, in: Hans Maier (Hrsg.): ‚Totalitarismus' und ‚Politische Religionen'. Konzepte des Diktaturvergleichs, Paderborn/München/Wien/Zürich 1996, S. 291-300.

Mommsen 1999
Hans Mommsen: Nachwort zu: David Schoenbaum: Die braune Revolution. Eine Sozialgeschichte des Dritten Reiches, Berlin 1999, S. 317-329.

Mühlberger 1987
Detlef Mühlberger (Hg.): The Social Basis of European Fascist Movements, London/Sydney 1987.

Müller-Hegemann 1955
Diefried Müller-Hegemann: Zur Psychologie des deutschen Faschisten, Rudolstadt 1955.

Neumann 1966
Franz Neumann: Behemoth. The Structure and Practice of National Socialism 1933-1944, New York/Evanston 1966.

Neumann 1967
Franz Neumann: Angst und Politik, in: Ders.: Demokratischer und autoritärer Staat. Beiträge zur Soziologie der Politik, Frankfurt am Main 1967, S. 184-214.

Neumann 1977
Franz Neumann: Behemoth. Struktur und Praxis des Nationalsozialismus 1933-1944. Hg. und mit einem Nachwort „Franz Neumanns Behemoth und die heutige Faschismusdiskussion" von Gert Schäfer. Aus dem Amerikanischen übersetzt von Hedda Wagner und Gert Schäfer, Frankfurt am Main 1977.

Nipperdey 1970
Thomas Nipperdey: Der Faschismus in seiner Epoche. Zu den Werken von Ernst Nolte zum Faschismus, in: HZ Bd. 210 (1970), S. 620-638.

Nolte 1979
Ernst Nolte: Der Faschismus in seiner Epoche. Action francaise. Italienischer Faschismus. Nationalsozialismus, 5. Auflage, München/Zürich 1979.

Nolte 1984
Ernst Nolte (Hg.): Theorien über den Faschismus, 6. Auflage, Königstein/Ts. 1984.
Nolte 1988

Nolte 1988
Ernst Nolte: Zwischen Geschichtslegende und Revisionismus? Das Dritte Reich im Blickwinkel des Jahres 1980, in: „Historikerstreit". Die Dokumentation um die Einzigartigkeit der nationalsozialistischen Judenvernichtung, München/Zürich 1988, S. 13-35.

Olberg 1923
Oda Olberg: Der Fascismus in Italien, Jena 1923.

Parsons 1968
Talcott Parsons: Beiträge zur soziologischen Theorie, Neuwied/Berlin 1968.

Paxton 2006
Robert O. Paxton: Anatomie des Faschismus. Aus dem Englischen von Dieter Zimmer, München 2006.

Payne 1980
Stanley G. Payne: Fascism. Comparison and Definition, Madison/Wisconsin 1980.

Payne 1995
Stanley G. Payne: A History of Fascism, 1914-1945, London 1995.

Petersen 1988
Jens Petersen: Italien nach dem Faschismus. Eine Gesellschaft zwischen postnationaler Identität und europäischer Integration, in: aus politik und zeitgeschichte, B 39/1988, 23. September 1988, S.12-23.

Petersen 1996
Jens Petersen: Die Geschichte des Totalitarismusbegriffs in Italien, in: Hans Maier (Hg.): ‚Totalitarismus' und ‚Politische Religionen'. Konzepte des Diktaturvergleichs, Paderborn, München/ Wien/Zürich 1996, S. 25-35.

Pieck, Dmitroff, Togliatti 1957
Wilhelm Pieck, Georgi Dimitroff, Palmiro Togliatti: Die Offensive des Faschismus und die Aufgaben der Kommunisten im Kampf für die Volksfront gegen Krieg und Faschismus. Referate auf dem VII. Kongreß der Kommunistischen Internationale (1935), Berlin 1957.

Pietzker 1979
C. Pietzker: Rez. Theweleit 2005, in: Psyche, Bd. 33 (1979), S. 936-942.

Plessner 1982
Helmuth Plessner: Die verspätete Nation. Über die politische Verführbarkeit des bürgerlichen Geistes (1935/1959), in: Ders.: Gesammelte Schriften, Bd. IV, Frankfurt am Main 1982, S. 7-223.

Plessner 1982a
Helmuth Plessner: Analyse des deutschen Selbstbewusstseins, in: Ders.: Gesammelte Schriften, Bd. IV, Franfurt am Main 1982, S. 251-260.

Popper 1992
Karl R. Popper: Die offene Gesellschaft und ihre Feinde, Bd. I: Der Zauber Platons, 7. Auflage, Tübingen 1992.

Poulantzas 1973
Nicos Poulantzas: Faschismus und Diktatur. Die Kommunistische Internationale und der Faschismus. Übersetzung aus dem Französischen und deutsche Bearbeitung Hartmut Mehringer, München 1973.

Priester 1972
Karin Priester: Der italienische Faschismus. Ökonomische und ideologische Grundlagen, Köln 1972.

Protokoll 1926
Protokoll des sozialdemokratischen Parteitages 1926. Abgehalten in Linz vom 30. Oktober bis 3. November 1926, Wien 1926.

Protokoll 1972, Bd. I u. Bd. II
Protokoll des IV. Weltkongresses der Kommunistischen Internationale (Reprint), Bd. I u. Bd. II, Erlangen 1972.

Protokoll 1973, Bd. I u. Bd. II
Protokoll des V. Weltkongresses der Kommunistischen Internationale (Reprint), Bd. I u. Bd. II, Erlangen 1973.

Rafalski 1984
Traute Rafalski: Italienischer Faschismus in der Weltwirtschaftskrise (1925-1936). Wirtschaft, Gesellschaft und Politik auf der Schwelle zur Moderne, Opladen 1984.

Reich 1934
Wilhelm Reich: Massenpsychologie des Faschismus, 2. Auflage, Kopenhagen/Prag/Zürich 1934.

Reichardt/Nolzen 2005
Sven Reichardt/Armin Nolzen (Hg.): Faschismus in Italien und Deutschland. Studien zu Transfer und Vergleich, Göttingen 2005.

Ritter 1948
Gerhard Ritter: Europa und die deutsche Frage. Betrachtungen über die geschichtliche Eigenart des deutschen Staatsdenkens, München 1948.

Ritter 1962
Gerhard Ritter: Das deutsche Problem. Grundfragen des deutschen Staatslebens gestern und heute, München 1962.

Ritter 1964
Gerhard Ritter: Carl Goerdeler und die deutsche Widerstandsbewegung, München 1964.

Rosenberg 1974
Arthur Rosenberg: Geschichte der Weimarer Republik. Hg. v. Kurt Kersten, 16. unveränderte Auflage, Frankfurt am Main 1961.

Saage 1981
Richard Saage: Herrschaft, Toleranz, Widerstand. Studien zur politischen Theorie der Niederländischen und der Englischen Revolution, Frankfurt am Main 1981.

Saage 1983
Richard Saage: Rückkehr zum starken Staat? Studien über Konservatismus, Faschismus und Demokratie, Frankfurt am Main 1983.

Saage1987
Richard Saage: Arbeiterbewegung, Faschismus, Neokonservatismus, Frankfurt am Main 1987.

Saage 1987a
Richard Saage: Der italienische und der deutsche Faschismus, in: Saage 1987, S. 121-159.

Saage 1987b
Richard Saage: Bemerkungen zur Faschismusinterpretation Ernst Noltes, in: Saage 1987, S. 160-175.

Saage 1995
Richard Saage (Hg.).: Das Scheitern diktatorischer Legitimationsmuster und die Zukunftsfähigkeit der Demokratie. Festschrift für Walter Euchner, Berlin 1995.

Saage 1997
Richard Saage: Faschismustheorien. Mit einem Vorwort „Zwanzig Jahre danach: ‚Faschismusthorien' und ihre Kritiker. 4. Durchgesehene Auflage, Baden-Baden 1997.

Saage 2005
Richard Saage: Demokratietheorien. Historischer Prozess – Theoretische Entwicklung - Soziotechnische Bedingungen. Eine Einführung, Wiesbaden 2005.

Sarti 1971

Roland Sarti: Fascism and the Industrial Leadership in Italy, 1919-1940. A Study in the Expansion of Private Power under Fascism, Berkerly/Los Angeles/London 1971.Sarti 1974

Sarti 1974

Roland Sarti (Hg.): The Ax within Italien Fascism in Action. Edited with an Introduction by Roland Sartei, New York 1974.

Schäfer 1973

Gert Schäfer: Die Kommunistische Internationale und der Faschismus, Offenbach 1973.

Schäfer 1977

Gert Schäfer: Franz Neumanns Behemoth und die heutige Faschismusdiskussion, in: Neumann 1977, S. 665-676.

Schäfer 1994

Michael Schäfer: Die ,Rationalität' des Nationalsozialismus. Zur Kritik philosophischer Faschismustheorien am Beispiel der Kritischen Theorie, Weinheim 1994.

Schieder 1968

Wolfgang Schieder: Faschismus, in: Sowjetsystem und demokratische Gesellschaft. Eine vergleichende Enzyklopädie, Bd. II. Diplomatie bis Identität, Freiburg/Basel/Wien 1968, Sp. 438- 477.

Schissler 1975

Jakob Schissler: Faschismus und Bonapartismus, in: NPL XX. Jg. (1975), S. 236-241.

Schlangen 1976

Walter Schlangen: Die Totalitarismus-Theorie. Entwicklung und Probleme, Stuttgart/ Mainz/Köln/Berlin 1976.

Schmidt 1985

Roland Schmidt: Nationalsozialismus – ein deutscher Faschismus?, in: aus politik und zeitgeschichte, B 13/14, 30. März 1985, S. 41-53.

Schoenbaum 1968

David Schoenbaum: Die braune Revolution. Eine Soziageschichte des Dritten Reiches, Köln/Berlin 1968.

Schönherr-Mann 2006

Hans-Martin Schönherr-Mann: Hannah Arendt. Wahrheit, Macht, Moral, München 2006.

Seidel/Jenkner 1974
Bruno Seidel/Siegfried Jenkner (Hg.): Wege der Totalitarismusforschung, Darmstadt 1974.

Silone 1978
Ignazio Silone: Der Fascismus. Seine Entstehung und seine Entwicklung (1934), Frankfurt am Main 1978.

Stelly/Brock 1977
G. Stelly/B. Brock: Rez. Theweleit 2005, Bd. I, in: Die Zeit v. 25.11.1977.

Stelly 1978
G. Stelly: Rez. Theweleit 2005, Bd. II, in: Die Zeit v. 1.12.1978.

Tabor 1994
Jan Tabor (Hg.): Kunst und Diktatur. Architektur, Bildhauerei und Malerei in Österreich, Deutschland, Italien und der Sowjetunion 1922-1956, Bd. 2, Baden 1994.

Thalheimer 1967
August Thalheimer: Über den Faschismus, in: Otto Bauer, Herbert Marcuse, Arthur Rosenberg: Faschismus und Kapitalismus. Theorien über die sozialen Ursprünge und die Funktionen des Faschismus, Frankfurt am Main/Wien 1967, S. 19-38.

Thamer/Wippermann 1977
Hans-Ulrich Thamer/Wolfgang Wippermann: Faschistische und Neofaschistische Bewegungen, Darmstadt 1977.

Theweleit 2005, Bd. I u. II
Klaus Theweleit: Männerphantasien. Bd. I Frauen, Fluten, Körper, Geschichte. Bd. II: Männerkörper – zu Psychoanalyse des weißen Terrors, München/Zürich 2005.

Trotzki 1971, Bd. I u. II.
Leo Trotzki: Schriften über Deutschland. Hg. v. Helmut Dahmer. Eingeleitet v. Ernest Mandel. Zwei Bände, Frankfurt am Main 1971.

Turner 1980
Henry Ashby Turner: Faschismus und Anti-Modernismus, in: Ders.: Faschismus und Kapitalismus in Deutschland. Übersetzung: Gabriele Neitzert, 2. Auflage, Göttingen 1980, S. 157-182.

Ulpins 1983
Klaus Ulpins: Die Einheitsfront der KPD in der Endphase der Weimarer Republik. Unveröffentlichtes Manuskript, Göttingen 1983.

Weber 1964

Max Weber: Wirtschaft und Gesellschaft. Grundriss der verstehenden Soziologie. Hg. v. Johannes Winckelmann, Erster Halbband, Köln/Berlin 1964.

Weber 1968

Max Weber: Die drei reinen Typen der legitimen Herrschaft, in: Ders.: Soziologie. Weltgeschichtliche Analysen, Politik. Hg. v. Johannes Winckelmann. Vierte, erneut durchgesehene u. verbesserte Auflage, Stuttgart 1968, S. 151-166.

Wehler 1975

Hans-Ulrich Wehler: Modernisierungstheorie und Geschichte, Göttingen 1975.

Wehler 1983

Hans-Ulrich Wehler: 30. Januar 1933 – ein halbes Jahrhundert danach, in: aus politik und zeitgeschichte, B 4-5/83, 29.1.1983, S.43-54.

Weingartner 1970

Thomas Weingartner: Stalin und der Aufstieg Hitlers. Die Deutschlandpolitik der Sowjetunion und der Kommunistischen Internationale 1922-1934, Berlin 1970.

Winkler 1978

Heinrich August Winkler: Revolution, Staat, Faschismus. Zur Revision des Historischen Materialismus, Göttingen 1978.

Winkler 1983

Heinrich August Winkler: Wie konnte es zum 30. Januar 1933 kommen?, in: aus politik und zeitgeschichte B 4-5/83, 29. Januar 1983, S. 3-15.

Wippermann 1976

Wolfgang Wippermann: Faschismustheorien. Zum Stand der gegenwärtigen Diskussion, Darmstadt 1976.

Wippermann 1981

Wolfgang Wippermann: Zur Analyse des Faschismus. Die sozialistischen und kommunistischen Faschismustheorien 1921-1945, Frankfurt am Main/Berlin/München 1981.

Wippermann 1983

Wolfgang Wippermann: Die Bonapartismustheorie von Marx und Engels, Stuttgart 1983.

Wippermann 1983a

Wolfgang Wippermann: Europäischer Faschismus im Vergleich 1922-1982, Frankfurt am Main 1983.

Wistrich 1976

Robert S. Wistrich: Leon Trotzky's Theory of Facism, in: JCH, Bd. 11 (1976), S. 170-171.

Zitelmann 1994

Rainer Zitelmann: Die totalitäre Seite der Moderne, in: Michael Prinz/Rainer Zitelmann (Hg.): Nationalsozialismus und Modernisierung. 2. durch ein Nachwort ergänzte Auflage, Darmstadt 1994, S. 1-20.

Personenregister

Abendroth, W. 20
Adorno, T. W. 193
Agnoli, J. 20, 144f.
Alber, J. 126, 139, 145, 148f.
Alexander der Große 194
Alff, W. 20
Amendola, G. 101
Aquarone, A. 76
Arendt, H. 22, 104-108, 112, 209
Aristoteles 161
Augstein, R. 199
Bahne, S. 25
Bauer, O. 21, 41, 49-51, 64-69, 199, 206
Beck, L. 98, 151f., 155
Beetham, D. 20
Besson, W. 170
Beza, T. 192
Bismarck, O. von 130, 135, 154, 157, 159f., 163f., 169f.
Blomberg, W. von 98
Bonaparte, L. (Napoleon III.) 48, 52-54, 56f.
Bordiga, A. 29
Borkenau, F. 20, 126, 131-135
Bortolotti, G. 102
Böttcher, P. 25
Botz, G. 65
Bracher, K. D. 15, 20, 22, 103f., 113-117
Brailsford, H. N. 41
Breuer, S. 20
Brock, B. 199

Broszat, M. 19, 20f., 37, 85-93, 96-98, 118, 170, 181, 207
Browning, C. R. 14
Brüning, H. 34, 39, 59, 87, 152, 155
Brzezinski, Z. 22, 108-112, 208
Burckhardt, J. 155
Calvin, J. 190-193, 195
Canetti, E. 201
Carter, J. 109
Cäsar, G. J. 159
Churchill, W. 209
Clemenz, M. 20
Columba, C. 146
Costamagna, C. 102
Cuno, W. 26
Czichon, E. 41, 46f.
Dahrendorf, R. 22, 75, 131, 134-140, 148
Daladier, È. 38
Deleuze, G. 178, 201
Delzell, C. F. 76, 144
Deutscher, I. 38
Dilthey, W. 175
Dimitroff, G. M. 21, 25, 37-41, 47, 205
Diner, D. 19f.
Droysen, J. G. 152
Dschingis Khan 158
Dülffer, J. 65
Duplessis-Mornay, P. 192, 194
Ebert, F. 27, 36
Eichholtz, D. 41, 47
Eichwede, W. 25

Neu im Programm
Politikwissenschaft

Maria Behrens (Hrsg.)

Globalisierung als politische Herausforderung

Global Governance zwischen Utopie und Realität
2005. 359 S. (Governance Bd. 3)
Br. EUR 32,90
ISBN 3-8100-3561-0

Der Band setzt sich kritisch mit dem Konzept der Global Governance auseinander. Ausgehend von dem Problem einer scheinbar unkontrollierten Globalisierung gehen die AutorInnen der Frage nach, ob und wie die politische Handlungsfähigkeit im internationalen System durch multilaterale Koordinationsmechanismen zurückgewonnen werden kann. Damit liefert der Band eine umfassende Einführung in das Thema und ermöglicht ein tieferes Verständnis von Global Governance.

Ludger Helms

Regierungsorganisation und politische Führung in Deutschland

2005. 237 S. mit 8 Tab. (Grundwissen Politik 38) Geb. EUR 19,90
ISBN 3-531-14789-7

Der Band bietet eine politikwissenschaftliche Gesamtdarstellung der Bedingungen und Charakteristika der Regierungsorganisation und politischen Führung durch Kanzler und Bundesregierung in der Bundesrepublik Deutschland. Im Zentrum der Studie steht eine vergleichende Analyse der politischen Ressourcen und Führungsstile deutscher Kanzler seit Konrad Adenauer. Diese werden auf zwei Ebenen – innerhalb des engeren Bereichs der Regierung und auf der Ebene des politischen Systems – betrachtet. Historische Rückblicke und ein internationaler Vergleich runden die Studie ab.

Richard Saage

Demokratietheorien

Historischer Prozess – Theoretische Entwicklung – Soziotechnische Bedingungen. Eine Einführung
2005. 325 S. mit 3 Abb. (Grundwissen Politik 37) Br. EUR 24,90
ISBN 3-531-14722-6

Dieser Band stellt die Entwicklung der Demokratie und der Demokratietheorien von der Antike bis zur Gegenwart dar. Er erläutert die Veränderungen des Demokratiebegriffs und der wissenschaftlichen Diskussion über die Herrschaftsform und erklärt den Übergang von der alten, auf die Selbstbestimmung des Volkes abzielenden (direkten) Demokratie zur reduzierten Demokratie als Methode der Generierung staatlicher Normen und effizienter Elitenrekrutierung, wie sie sich in der Folge von Kontroversen und politischen Kämpfen herausgebildet hat.

Erhältlich im Buchhandel oder beim Verlag.
Änderungen vorbehalten. Stand: Januar 2006.

www.vs-verlag.de

VS VERLAG FÜR SOZIALWISSENSCHAFTEN

Abraham-Lincoln-Straße 46
65189 Wiesbaden
Tel. 0611.7878-722
Fax 0611.7878-400

If you have any concerns about our products,
you can contact us on
ProductSafety@springernature.com

In case Publisher is established outside the EU,
the EU authorized representative is:
**Springer Nature Customer Service Center GmbH
Europaplatz 3, 69115 Heidelberg, Germany**

Printed by Libri Plureos GmbH
in Hamburg, Germany